COMFORT ZONE

コンフォート・ゾーン

「居心地のいい場所」でこそ成功できる

クリステン・バトラー◎著
長澤あかね◎訳

朝日新聞出版

COMFORT ZONE

コンフォート・ゾーン

「居心地のいい場所」でこそ
成功できる

心優しくて慎ましい「ミジー」おばあちゃんに。
あなたは子どもの頃の私に、
果てしなく深い愛と、心地よさと、安全と、
ひらめきと、喜びをくれました。

ブックデザイン：遠藤陽一（design workshop jin）
校閲：くすのき舎

推薦の声

「この本は、成長と心地よさに対する考え方を永遠に変えるだろう！」

――**ルイス・ハウズ**（『ニューヨーク・タイムズ』紙のベストセラー『The School of Greatness』の著者）

「僕たちはみんな、『成長はコンフォート・ゾーンの外で起こる』という決まり文句を耳にしている。でも、クリステン・バトラーはそんな言葉を打ち消して、心地よい場所に戻って望み通りの人生を創造するパワーを教えてくれる。思いやりに満ちたこの素晴らしいハンドブックは、あなたが今いる場所から、コンフォート・ゾーンを拡大することで成功を収めるのに必要な手段《ツール》をくれる。それはまさに、クリステンが自分のためにやってきたこと。そして今、彼女は世界中の何百万人もの人たちが、豊かさと喜びにあふれる人生を送れるよう励まし、導いている」

――**ヴェックス・キング**（イギリス『サンデー・タイムズ』紙のベストセラー第1位を獲得した作家）

「この本は、コンフォート・ゾーンに対する僕たちの認識に異を唱え、コンフォート・ゾーンとの健全な関係が、いかに最高の人生を生きる助けになるのかを明らかにしている」

――サイモン・アレクサンダー・オン（『Energize: Make the Most of Every Moment』の著者）

「この本は、成功、成長、心地よさに対するあなたの考え方を180度変えるだろう。コンフォート・ゾーンを出るのではなく、コンフォート・ゾーンを拡大するための手段《ツール》や習慣、マインドセットの変え方についてのクリステンの細やかな説明は、実用的で示唆に富んでいる。燃え尽き症候群に陥らずによりよい人生を送りたいなら、ぜひこの本を読んでほしい」

――デイヴ・ホリス（『ニューヨーク・タイムズ』紙のベストセラー作家／ポッドキャスト「Rise Together」のホスト）

「この革命的な作品は、世界中の人々の心を変容させるだろう。クリステンは、『行動すればするほど成功する』という古いイデオロギーをぶち壊すことで、正しく暗号を解いた。読者は、生き方、在《あ》り方、創造の仕方についての新しい視点に目覚め、人生で究極の幸せと心の平和を手に入れるために今すぐ取れる、シンプルな行動ステップを伝授される。世界がずっと切望してきた英知が、ここにようやく現れたのだ！　過去10年間に読んだ本の中でも、最高の1冊に数えられる。全人類が読むべき本だ」

――ローレン・メジャーズ（『The Happy Life System』の創設者）

「（私自身も、私が指導している学生アスリートも）クリステン・バトラーの著書『3 Minute Positivity Journal』の恩恵を受けていたので、私はすでに彼女の文章や考え方のファンであり信奉者だった。それでも、『The Comfort Zone』には、改めて目を開かされた。コンフォート・ゾーンを受け入れれば、コンフォート・ゾーンがどのような存在になり得るのか、クリステンのひらめきに満ちた、思いやりあふれるアプローチに私は心を奪われている。美しい文体で書かれたこのガイドブックは、自分自身への見方をリセットする力になってくれる。おかげで私たちは、最高の人生を誠実に生きることができる」

――**ドミニク・モセアヌ**（オリンピック体操競技の金メダリスト／『ニューヨーク・タイムズ』紙のベストセラー作家／「ドミニク・モセアヌ体操センター」創設者）

Part. 1

なぜ、心地よくいることが大切なのか

Part. 2

心地よい状態をつくるためのプロセス

Step 1 自分の現在地を明らかにしよう

Step 2 目標地点を決めよう

Part. 3 コンフォート・ゾーンのプロへの道

はじめに

「安全地帯《コンフォート・ゾーン》」で生きることについて、これまでに教わったことを丸ごと忘れてほしい――これが私からのお願いだ。なぜなら、あなたが気楽に、自然に――そう、**心地よく**――いられる場所で、望み通りの人生を創造できるときが、ついにやってきたからだ（そしておそらく、人生最大の、とびっきり大胆な夢までかなえてしまえる）。

この本は、「心地よい場所《コンフォート・ゾーン》にいたら、最高の人生は手に入らない」なんて思い違いだ、と明らかにするだろう。そろそろ時代遅れの枠組《パラダイム》みをぶっ壊し、新しい生き方を選ぶべきなのだ。

「コンフォート・ゾーン」とは、「今いる場所で満足だから」とぼんやり過ごしている、そんな場所ではない。あるいは、周囲に張られたバリアのせいで、夢をかなえられない、そういう場所でもない。この本でお話しする「コンフォート・ゾーン」とは、あなたの成長や可能性や喜びの本物のタネが息づいている場所だ。最高の人生は手の届くところにあり、それを手に入れるためにストレスにまみれる必要はない、と私はお伝えしたいのだ。

本書でお話しすることとは、あなたが普段耳にしていることとは違う。いや、あえて言うなら、「コンフォート・ゾーン」をこんなふうに説明されたことは一度もないだろう。新しいパラダイムに足を踏み入れるあなたを、私は心から歓迎したい。そこでは働き方や遊び方が変わり、心地よく生きるのか苦しんで生きるのか、成功するのか失敗するのか、縮こまるのか成長するのかも、大きく変わってくるだろう。

学校になじめなかった少女時代

「夢ばかり見ていたって成功しないよ。もっと現実的にならなきゃダメ」。これは私が、子ども時代によく耳にしていた言葉だ。物心ついた頃からずっと、夢見がちだったから。私には胸の奥底からわき上がる強い衝動があって、自分自身よりもはるかに大きなビジョンを見ていた。バラ色のメガネをかけて世の中を歩き、どんな状況でもわくわくしながら希望の光を探そうと努めていた。うまくいかず、不安や戸惑いでいっぱいの毎日であっても。

人生最初の数年間は、母が仕事をしている間、ずっと祖父母と過ごしていたので、厳しい家庭環境をアイデンティティの一部として取り込まずにすんだ。母が苦労していることを知らなかったのだ。まさに「知らぬが仏」。その後、祖父母の家を出て小学校に通い始めると、周りからフィードバックをもらうようになった。

毎朝教室に入ると、制服にできたシミや穴をからかわれる。私の服はたいていお下がりで、週に何度も着る上に、洗濯していない日もあったからだ。ランチタイムになると、食堂のレジ係の女性が、クラスのみんなに聞こえるような大声で言う。「あんたのランチはタダよ！」

休み時間には、クラスメートはたいていブランコの周りに集まって、趣味や楽しい遊びや、両親と出かけた家族旅行の話をしていた。私は一度もなじめなかった。母は独身で、生活保護を受けながら、女手ひとつで4人のきょうだいを育てていたから。当時、父はもう家を出ていたけれど、彼は子ども時代の私を「娘」と呼ぶ、4人の男性のうちの1人だった。

何年にもわたって「頭が足りない」「ほっそりしてない」「人気がない」とそしられ、バカにされていたけど、「足りない」というそのメッセージは、私が胸の奥で感じていた価値――内なる魂と深くつながっている感覚――とはまるで相容れないものだった。

私を変わった子だと思っていたのは、クラスメートだけではない。先生たちも「学ぶ準備」ができていない私に気づいて、しぶしぶ時間を取ってくれていた。ほかの子たちのように、授業をすんなり理解できなかったからだ。

イヤな気分はいいもの？

家での生活も、ラクではなかった。実のところ、どんなに仲間はずれにされ、バカにされても、私は登校できることに感謝していた。当時、学校は避難所だったから、そこでイヤな思いを我慢することくらい慣れっこだった。

実は、「イヤな気分はよいものだ」と教わっていたのだ。

「大事なことを成し遂げたいなら、コンフォート・ゾーンを出なくちゃいけないよ」と、担任の先生はいつも言っていた。うちのおじいちゃんも、「何事においても、心地よすぎると成功できない」と繰り返していたし、体育の時間に更衣室で、女子が友達にこう話すのを聞いたこともある。「美には痛みがつきものよね」

誰もがこのおかしな考えに賛同しているようだった——成功の度合いも人としての価値も、どういうわけかその人が喜んで耐えている痛みや不快感の度合いとつながっている。私が環境を変えたいなら、コンフォート・ゾーンを出て、イヤな気分にならなくてはいけないのだ。

「どんなに大変でも、絶対に環境を変えたい」と私は思っていた。大人になったら大きなことを成し遂げて、人々を助け、世の中をよりよい場所にしたい、と。この真実は私の心に深く根づいていた。その目標やビジョンを信じてくれる人は、周りに1人もいないようだったけど。

「いつか本物の本を書くね。その本が世界を変えるの！」。3年生のとき、担任の先生にそう宣言した。初めてエイブラハム・リンカーンについての本を書く宿題を提出したときのこと。今でも先生の顔に浮かんだあざけるような表情と、見下すような笑い声を覚えている。それは大声で、こう言っているみたいだった。「クリステン、あなたは読み書きもろくにできやしない。授業で小説を最後まで読み終えたこともないじゃないの。本なんて書けるもんですか」

今振り返ってみると、当時はありのままの自分と、自分にとってごく当たり前のありとあらゆることを、とがめられてばかりいた。おしゃべりを楽しんでいると「うるさい」「しゃべりすぎだ」と叱られ、ある考えをすばやくのみ込めないと「鈍い」「出来が悪い」と言われる。リーダーになろうとすると「生意気だ」ととがめられ、悪口に言い返そうとすると「ぴりぴりしすぎだ」とたしなめられた。最初のうちこそ自信にあふれていたけれど、年を追うごとに他人の意見を受け入れて、セルフイメージも自尊心もボロボロになって、そのうち、自分の才能のすべてを抑えつけるようになった。そして、自分は力も才能もなく、なんにもできない「どうしようもない」女の子だ、とさえ思い始めた。心の中で、こんなふうにつぶやいていたのだ。「もっとほしいなんて、一体何様のつもり?」

「コンフォート・ゾーンを出ないとダメ」という呪文

それでも私は、「もっとほしい」と思っていた。なら、一体どうすればいい? どうすれば運命を変えて、成功を手にすることができるのだろう？　それまでに学んだあらゆることから、答えは明白だった。もっと頑張って、もっとイヤな気分になればいい！

多くの人たちと同じように、私もそう心に刻んで、全力でそんな生き方を始めた。夢の実現に頑張りやイヤな気分がつきものだと言うなら、苦労を私のアイデンティティにすればいい。「こんなふうに生きたいわけじゃない」という思いが頭をかすめても、尊敬する誰かの「コンフォート・ゾーンを出なくちゃダメだ」という言葉を耳にしては、「頑張りすぎ」を認めてもらえた気になっていた。

ほらね、私は正しい道を歩んでる——たとえ最悪の気分でも、自分にそう言い聞かせた。「コンフォート・ゾーンからもっと遠ざかれば、自分にもっと自信が持てるようになるから」と。

こんな生き方には、危険な副作用がある。イヤな気分になればなるほど、「愛されたい」「受け入れてほしい」「認められたい」という思いが募って、いつの間にか他人の機嫌をうかがう人間になってしまうのだ。仮面をかぶって笑っていればつらさを覆い隠せる、と気づいたときは「私って頭がいい」と思った。当時はそれが、生き抜くための優れたメカニズムに見えた。

高校に入ると「今の環境から抜け出して、大きな夢をかなえたい」という願いはさらに強くなった。私は成功する必要があるの！　というわけで、しなくてはならないと思っていたことをした。そう、耐え得る限りの不快感に耐えたのだ。毎朝5時に起きて、目標で頭をいっぱいにし、他人の機嫌を取ることを初期設定《デフォルト》にして、ダイエットと1日2回の運動を始め、寸暇を惜しんで勉強した。

その努力はめざましい成果をあげた。成績はクラスでトップレベルになり、先生方を感動させた。体重が落ち始め、クラスメートにも受け入れられて、友達もできだした。「とうとう暗号が解けたね」。自分にそう語りかけたものだ。

限界まで頑張ることにこだわったのは、それで夢がかなう、と信じていたから。そんなわけで、痛みを隠し続け、もっともっと頑張ることは、荒海での錨《いかり》のように、私のよりどころになっていった。コンフォート・ゾーンから自分を追い出し続ける限り、才能もスキルも要らない。もっともっと頑張って、不快なことをやり遂げて、ふくらんでいくストレスや不安をただ覆い隠せばいいのだから。

とはいえ、こんな偏った生き方をしているときも、心の奥では、自分の選択を「しっくりこない」と感じていた。心は「イヤな気分が心地よい人生を生み出す」という理屈に首をかしげているのに、その直感を口にできない。それどころか、不快感に耐えたおかげで物事が進むと、さらに熱心にイヤな気分に浸るようになった。

大学に入ると、授業の予定をぎゅうぎゅうに詰め込んで、学内誌でバイトを始め、オンラインビジネスも立ち上げて、友達とのつき合いは最小限に抑えた。相変わらず過去を癒やさないまま仮面をつけて、成功者のふりをして成功を追いかけ、「ついに本当にうまくいく方法を見つけた」なんて思っていた。

外から見れば、私の状況は完璧だった。キャンパスで暮らし、自由を謳歌し、毎朝早めに教室に着いて、学部長表彰者にも名を連ねている。私の心の中で何が起こっているか、気づく人はいなかった。絶えず苦しみやストレスにまみれ、プレッシャーも耐えがたいほどにふくらんでいたのに。

当時は、背負っている重荷を下ろしたり癒やしたり、自分にかけてしまったプレッシャーに対処する前向きな手段《ポジティビティ・ツール》を持っていなかったので、とうとう人生が、文字通り崩壊しだした。すっかり燃え尽きて、ホルモンのバランスを崩し、体重が増え、極度の不安から発作に見舞われるようになった。授業中に、それまで経験したことのないパニック発作を起こし始めたのだ。あわててトイレに駆け込んで、何とか発作が治まると、動揺し、疲れ果てたまま教室に戻る。そうして結局、大学をやめてしまった。

もちろん打ちのめされ、失敗を恥ずかしく思った。それでも、頭の中では「痛みなければ、得るものもなし」ということわざが鳴り響いていたから、すぐに立ち直った。自分が知っている唯一の方法で。そう、情熱と行動と不快感で、自分をさらに焚《た》きつけたのだ。

必死で打たれ強いふりをして、今の私が「生存地帯《サバイバル・ゾーン》」と呼んでいる場所に留まり続けた。そこでめいっぱい努力して、逆境を生き延びようとしたのだ。もうキャンパスには住めないので、自分のアパートで仕事をするすべを学び、前に進み続けた。ウェブサイトを立ち上げて、ソーシャルメディアを駆使し、オークションサイトeBayの「パワーセラー」［訳注：eBayでは取引額によってショップのランクが3分類されていたが、その最高ランクにあたる］になった。このときも仕事は楽しかったものの、ストレスや疲労や圧迫感といった心のサインを無視していた。

絶望と自己嫌悪のブラックホールにはまる

当時、私の頭を牛耳っていた言葉は、「クリステン、コンフォート・ゾーンに戻ってはいけないよ。この道を行くしかないんだから」というもの。だから、限界にぶち当たるたびに、ぐいぐい突破していった。うまく「やり遂げた」自分に胸を張り、絶対に夢をあきらめないつもりだった。学ぶべきスキルがあればすかさず習得し、チャンスがあれば全力でゲットする。休息、休憩、セルフケア、楽しみ――そんなものは私の辞書にはない。大事なのはどんなときも、腕を上げ、自分を次のレベルに引き上げること。

さらに何度か燃え尽きたあと、私はようやく静かな内なる声に耳を傾け始めた。その声は「そんなにイヤな気分になる必要があるの？」と尋ねていた。実のところ、どん底に落ちて人生を心底あきらめて初めて、「イヤな思いをしろ」と命じる心の声が消えたのだ。

当時は20代。自分にも他人にももう何も与えられないほど、クタクタに疲れ切っていた。鬱《うつ》状態で、不安で、太りすぎで、破産もしていて、完全に道に迷っていた。疲労の限界をはるかに超えたところまで、自分を追い込んでしまったのだ。要するに、自分を「サバイバル・ゾーン」からも追い出して、今の私が「自己満足ゾーン」と呼んでいる場所に押し込んでしまったせいで、身体が動かなくなっていた。人生の3つのゾーンについてはChapter3で詳しく説明するが、とりあえず知っておいてほしいのは、「自己満足ゾーン」が恐れに支配されていること。そして、ここに足を踏み入れた私が、何週間も寝込んでいたこと。人生のあらゆる分野が、ボロボロになってしまった。とにかく翌日まで――いや、あと1時間だけ――生きていようと努める日々……。1日中ベッドに伏せって、心配、非難、憤り、鬱、不安など、ありとあらゆるネガティブ感情に浸っては、絶望と自己嫌悪のブラックホールに深々とはまり込んでいた。どうやって抜け出せばいいのか、抜け出す方法があるのかどうかさえわからない。

20代半ばに、生まれて初めてセラピーを受けにいったことを覚えている。心の状態を調べるために入院した病院から、受けるように勧められたからだ。当時の恋人が、「自殺しかねないし、ベッドから起き上がれない」と伝えてくれていた。

初めてセラピールームに入ったときは、何が待っているのかわからなかった。自分の話をするなんて恥ずかしかったけれど、話してみたあの晩、とてつもない癒やしが起きた。生まれて初めて、自分の痛みや恥の意識を言葉にし、ずっと背負ってきた重荷を他人にちらりと見せたのだ。涙がどっとあふれ、幾度も安堵のため息が漏れて、すっかりクタクタになった。セラピストの反応は、思いも寄らないものだった。

「ねえ、『マンスターズ』を観たことはある?」と、彼女が聞いた。当時再放送されていた、人気テレビシリーズのことだ。「あります」と私。

「あのね、あなたは登場人物のマリリンにそっくりなの。ポジティブでノーマル。あなたはもっと、自分らしくなる必要があるわ」

人生で初めて、目を向けてもらえた、と感じた。

問題は、私がどういう人間で、世の中をどう見ているか、ではなかった。私にとって何がしっくりきて、何がしっくりこないのか、でもない。私が私を拒んでいること、自分の内なるアドバイス(直感)を無視していることが問題だったのだ。『マンスターズ』のマリリンのように、私も「ポジティブでノーマル」だったけれど、「自分は間違っていて、ほかの人たちが正しい」という考えを受け入れていた。私の人生も世界観も、成功のための計画も、他人の意見(やあざけり)に基づいていた。

そこでハッとした私は、他人の意見を真に受けるのをやめて、自分自身の真実に立ち戻り始めた。

他人に貼られたレッテルをベリベリと剥《は》がし、ようやく自分自身を感じて、自分自身を取り戻した。これは最高に心地よい感覚で、二度と振り返らなかった。私の癒やしの旅と、深い自己啓発の取り組みが始まった瞬間だった。

本当にコンフォート・ゾーンを出る必要があるのか、問おう

こうして私の話をするのは、あなたにも気づいてほしいからだ。成功するために、イヤな気分でいる必要はない。四六時中ストレスを感じたり、不安や心配事を抱えたりしなくていいのだ。悲しいことに、そんなふうに生きているのは私1人ではない。世の中には自己啓発やポジティブ思考の教材があふれているのに、研究によると、アメリカ人の半数以上が日常的にストレスや不安やイライラを感じている。最近の世論調査は、アメリカ人の5人に1人が「日常生活を続けられないほどの不安を感じるか、鬱状態にある」と伝えている。私たちは、働きすぎに報い、ほめたたえる時代を生きている。それは、さらに頑張るために楽しみや娯楽を先延ばしにするのがごく当たり前の社会だ。そして、家族や息抜きのために休みを取ると、ストレスや後ろめたさを感じる。

この本では、たびたび私の話に戻って、私がどんなふうにストレスや頑張りすぎの悪循環から抜

け出してフロー状態（真の「コンフォート・ゾーン」）に入ることができたのか、詳しくお伝えしていく。あなたにも役立つことを願って、どんな手段《ツール》やテクニックが役に立ったのかをシェアしたいと思う。また、コンフォート・ゾーンで暮らし始めたおかげで、私がついに手にしたような成功を手に入れている、ほかの人たちのサクセスストーリーもお伝えしたい。あなたもコンフォート・ゾーンで生きれば、そうした成功を手に入れられる。

今社会を支えている「コンフォート・ゾーンを出ろ」というパラダイムは、ストレスまみれのワーカホリックを生み出している。彼らは常に、不安や不満でいっぱいだ。私はこんなメールをくれる人たちの数に、危機感を募らせている――「1日（もしくは1週間）休みを取って、元気を取り戻したいけれど、考えただけで気がとがめる」。こんな生き方のせいで鬱病をはじめとした心の病がまん延しているのを、私たちは日々目にしている。

今日の私たちは、以前とはまるで異なる社会で暮らしながら、役に立たない古い信念体系や価値観に従っている。「自分を追い込まなければ成功できない」と吹き込まれ続けているのだ。

でも、こう問いかけてみてほしい。「本当にコンフォート・ゾーンを飛び出す必要があるの？」と。

声を大にして言いたいのは、「そこから出て、言われた通りにしてみたけど、うまくいかなかったよ」ということ。

イヤな気分は、何かを達成したり、何かに秀でたりする力にはならない。むしろ、内なる資源《リソース》を枯渇させ、すでにある問題をこじらせるだろう。

イヤな気分を追い求めれば、イヤな気分にしばられる。真実を言おう。イヤな気分でいたら、充実した人生を築くことはできない。

社会の間違った教えに背いて、コンフォート・ゾーンの中で生きることをよしとしたおかげで、私はついに過去のトラウマを癒やし、ずっと夢見ていた人生を築くことができた。自分の思い通りに。しかも、(私ならではの)フロー状態で。私が自分に許したのは、何事もマイペースでやり、身体の声を聞いて、必要なときにはスローダウンし、自分の欲求を大切にすること。

そのとき気づいたのは、頭上から「早くしろ」と急き立てるような時計の音などしないこと。私は真のパワーに、自分の本質にアクセスしていた。私が誰で、なぜここにいて、何をすべきなのかの本質に。私だけが見て、感じて、創造して、開花させることのできる真実に。


「イヤな気分を追い求めれば、イヤな気分にしばられる。イヤな気分でいたら、充実した人生を築くことはできない。」

あなたが今手にしている本には、私がコンフォート・ゾーンの外ではなく中で、夢見た通りの人生を築いたときに学んだ、すべてのことが詰まっている。読み進めるうちに、コンフォート・ゾーンで生きる心地よさを、じわじわ感じてくれたらうれしい。

一度コンフォート・ゾーンに足を踏み入れると、不思議に思うはずだ。これまで一体どうやって、このゾーンの外で過ごしてきたのだろう、と。あなたはついに、自分の内なる英知や創造力、目的意識にアクセスできる。そして、コンフォート・ゾーンで、ポジティブなパワー（パワー・オブ・ポジティビティ）を楽々と確実に使いこなせるようになる。そのゾーンに慣れれば、人はさらに創造的になり、エネルギーと自信にあふれ、パワフルになっていく。

コンフォート・ゾーンで生きることで、私の人生はポジティブに、めざましい変化を遂げた。多くの人が、私の旅を「奇跡のようだ」と感じるだろう。15年前の私ほどめげている人間もそうそういないと思うけど、今の私は「パワー・オブ・ポジティビティ」という自身のブランドを通して、世界中の人たちを勇気づけている。私が立ち上げたコミュニティ「パワー・オブ・ポジティビティ」はこの豊かな考えを世界中に広げる拠点となり、フォロワー数は全世界で5千万人を超えた。私は薬に頼らずに重度の不安症やパニック発作、鬱病を克服し、体重も半分に減らして、今、かつてないほど健康的に過ごしている。また、「一生子どもは持てません」と言われたあとに、2人のかわいい娘に恵まれた。破産から立ち直って経済的にも豊かになり、無職から起業して、大好きな仕事で成功している。私は情熱に従って生き、目的を果たし、本当の自分として世の中に姿を現すことができて、最高に幸せだ。

もちろん、私はまだまだ成長途中で、今も学び、変化し続けている。私の人生には課題もあれば、改善中の分野もあるけれど、私はこの旅に満足し、感謝している。成長がつらいものではなくなったからだ。今は健康や人間関係を犠牲にしなくても、成長することができている。コンフォート・ゾーンにいれば、息をするように自然に成長できる。成長は私の一部であり、ごく自然に、確実に起こることだから。

この本で伝えたいこと

想像してみてほしい。心の平和、健康、寿命、人間関係、幸せを犠牲にしなくても、ずっと望んでいたすべてが手に入るとしたら？　「必死で頑張らなくちゃ」なんて感じずに、大したストレスもなくフロー状態で、充実した豊かな人生を創造できるとしたら？

そんなお気楽かつ飛躍的な発展こそが、コンフォート・ゾーンの中で私が経験したことであり、あなたにも経験してもらいたいことだ。つまるところ、そのためにこの本を書いた。

あなたと一緒に旅をしている、と考えると、最高にわくわくする。この本でご紹介する方法やツールを使えば、あなたもきっと成功するだろう。ただし、心に留めておいてほしい。これは、私がたどった道をあなたにも歩んでもらう、というたぐいの本ではない。あなたが自分の道を切り拓くための本だ。あなたのコンフォート・ゾーンは、あなたならではのもの。だから、自分のコンフォート・ゾーンがどういうものかを発見するのは、あなたの仕事だ。それがわかれば、生涯にわたって、コンフォート・ゾーンと健全な関係を育めるだろう。

私はあなたと、あなたの夢と、あなたのユニークな道を信じている。そろそろあなたにも信じてもらいたい！　あなたがコンフォート・ゾーンに息づく本当の自分と出会い、自分自身に恋をすることを私は確信している。これは人生で成功を収める、とびっきり効果的で底抜けに楽しい、最高の方法なのだ。

私たちは苦しむために、あるいは、ただ生き延びるためにこの地球にやってきたのではない。誰もが大きな喜び、至福、自由、愛を経験する能力を持つ、驚くほどパワフルで、どんどん拡大していく存在なのだ。

私はもう10年以上コンフォート・ゾーンで暮らしているから、この生き方が幸せで充実した人生をつくる、と1000パーセント信じている。その上、ほかの幸せな成功者たちのリサーチも行い、彼らもコンフォート・ゾーンの住人であることを目の当たりにしてきた（時々、その自覚がない人もいるけど）。

私が気づいたのは、人は生まれながらに心地よく生きることを目指している、ということ。まさに人生のすべてにおいて、人はさらに心地よく過ごそうと、物事をシンプルに体系化する。心地よく生きることは、自然な在《あ》り方なのだ。

自分をコンフォート・ゾーンから追い出すのは、自分を拒絶すること。だから、コンフォート・ゾーンの外で生きることにこだわると、自分を見失ってしまう。いつもイヤな気分でいると、自分の直感や価値、「私は愛される存在だ」という事実を疑い始める。自分をコンフォート・ゾーンから追い出すと、自分も他人も信じられなくなって、自分の能力に自信をなくし、世の中を危険で恐ろしい場所だと感じるようになる。

これは、私がたどった道をあなたにも歩んでもらう、というたぐいの本ではない。あなたが自分の道を切り拓くための本だ。あなたのコンフォート・ゾーンは、あなたならではのもの。だから、自分のコンフォート・ゾーンがどういうものかを発見するのは、あなたの仕事だ。それがわかれば、生涯にわたって、コンフォート・ゾーンと健全な関係を育めるだろう。

コンフォート・ゾーンとは、あなたがとりわけ深い充実感を覚える場所だ。だから私は、コンフォート・ゾーンと、コンフォート・ゾーンで生きる方法についての気づきを、熱く語らずにいられないのだ。あなたにも、心地よさや安心感、自信や充実感に包まれて、夢に見た人生を生きてほしいから。あなたの夢は、私の夢とは違っているだろう。学位を取りたい、家庭を持ちたい、転職したい、病気を治したい、身体を鍛えたい、家を持ちたい、趣味を仕事に変えたい、外国語を学びたい、世界中を旅したい――そんなふうに願っているかもしれない。コンフォート・ゾーンで生き、創造することが素晴らしいのは、どんな願いにも効果があるし、人生の浮き沈みにも対処できること。つまりそれは、外界がどんなに荒れ狂っていても、揺らぐことのない錨。人生でどんな境遇に置かれ、何をしていようと、コンフォート・ゾーンに入れば、心地よく自信に満ちた穏やかな気分になって、どんな願いにだって楽々と、着実に近づいていける。

私はあなたに、そんな気分を味わってほしい。
私はあなたに、心が望むものは何だって手に入れられる、と知ってほしい。
私はあなたに、試練の最中《さなか》にも幸せでいてほしい。
私はあなたに、夢に見た人生を幸せに生きてほしい。

私はあなたに、人生の流れに沿って創造してほしい。
私はあなたに、そんなすべてをあなたのコンフォート・ゾーンで実現してほしい。

この本を徹底的に使う方法

この本を読み始めるにあたって、新しい始まりのパワーを信じてほしい。そう、変化は怖いことかもしれないけれど、コンフォート・ゾーンでの変化は、本当にわくわくするから。

この本を読む一番いい方法は、冒頭から各章を順序通りに読み進めることだ。途中を読み飛ばすのが楽しい本もあるが、本書でお伝えする概念は、事前の章で話したことを土台にしている。この本は、次の3つのパートに分かれている。

パート1「なぜ、心地よくいることが大切なのか」では、私がコンフォート・ゾーンで生きる旅を始めたり、この本を書いたりするきっかけとなった考え方やリサーチ、物語をお伝えしたい。あなたが各章を深く掘り下げ、コンフォート・ゾーンで暮らし、成功する方法を学んでくれたらと願っている。また、パート1では、この本に繰り返し出てくる大きな概念をいくつかご紹介する。たとえば、「自分を制限する思い込み《リミッティング・ビリーフ》」「人生の3つのゾーン」「心地よい状態をつくるためのプロセス」といった概念だ。パート1の各章を、私たちが一緒に築く建物の土台だと考えてほしい。

パート2「心地よい状態をつくるためのプロセス」では、あなたならではのコンフォート・ゾーンで成功するために必要な概念、ツール、テクニックをもれなくお伝えする。ここが本書の核となる部分だ。私が10年間にわたって、コンフォート・ゾーンという安全な場所で夢の人生を築くのに活用してきた、パワフルな3ステップのプロセスをご紹介する。

最初の2つのパートを読み終えたら、パート3「コンフォート・ゾーンのプロへの道」では、コンフォート・ゾーンで生きることを息の長い習慣にするための、さらなるツールやアイデア、プロセスを提供する。ここでは、多くの人がよしとしない生き方を選びながらも、人間関係を壊すどころかさらに強化してきた、私の戦略をシェアしたい。

多くの章に、あなたが学びを深め、学んだ内容を実践できるよう、「コンフォート・ゾーンを拡大する練習」をご用意している。最大の効果を得るために、無地のノートか日記帳、ペンを用意して読み始めることをお勧めする。1章読み終えるたびに、自分の思いや「なるほど！」と思った瞬間やアイデアを、ささっとメモしておくこと。「練習」に到達したら、ひと息ついて、日記帳を使って取り組んでほしい。

練習に取り組むことは、極めて重要だ。この本で紹介する概念をしっかりと理解し、実践していくためには、進んでワークに取り組む必要がある。日記に書けば、学んだ概念と自分とのつながりを掘り下げ、心のブロックを明らかにして、対処することができる。そうすれば、コンフォート・ゾーンで暮らし、そこから創造する旅を始められるだろう。ちなみに、多くの練習では、すでに終えた練習への回答をとっかかりに使っていく。

この本を読み終えて、ひと通り練習を終了すれば、いつでも戻って参照できる。さっと気になる箇所に戻って記憶を強化したり、もう一度練習に取り組んだりもできる。ただし、読み終えるまでは、すべての章を順序通りに読むことをお勧めする。この本はあなたを心の旅へと連れ出し、あなたがコンフォート・ゾーンで暮らし、創造することができるよう、優しく導くつくりになっている。

最後に、この本を読み進めるときは、ぜひ私や「パワー・オブ・ポジティビティ」のコミュニティとつながろう。あなたの思いや「なるほど！」と思った瞬間やひらめきをシェアして、コミュニティを支えにしてほしい。私たちのチームは、あなたの旅をサポートするために、資料《リソース》のページをご用意している。そこでは追加資料をダウンロードしたり、コンフォート・ゾーンで活動している人たちの感動的なエピソードを読んだり、私たちのコミュニティとつながったりできる。ぜひサイトを訪問してほしい（https://www.thecomfortzonebook.com/resources)。

さあ、今すぐスタートを切ろう！　では、一緒に飛び込もう！

つながりを保つ4つの方法！

私たちは今、わくわくしながら新たな領域に飛び込もうとしている。だからあなたには、一瞬たりとも「一人旅だ」なんて感じてほしくない。そういうわけで、次のような方法で、ぜひつながりを保ってほしい。

1. お気に入りのソーシャルメディアに、私を**加えて**もらいたい。この本の写真を投稿し、私（@positivekristen）をタグづけすることで、あなたの旅の告知をしよう。
2. **SMS（ショートメッセージ）**で828-237-6082番＊に「Comfort Zone」と送って、心に響く無料のメッセージを受け取ろう。
3. あなたが心地よく感じる場所を**シェア**しよう。コミュニティの革新者《イノベーター》になって、「ゾーン（もちろん、コンフォート・ゾーン！）に入った」あなたの写真をシェアしよう。私をタグづけし、ハッシュダグ（＃comfortzone）を使ってほしい。

＊アメリカとカナダにお住まいの方が対象。

4.「コンフォート・ゾーン・クラブ」に**参加**しよう。この本を読んで活用している、地元や世界中に住む前向きな人たちのネットワークとつながろう。ぜひこちらを訪問してほしい(https://thecomfortzonebook.com/club)。

PS:さあ、せっかくつながったのだから、いつでも挨拶してね!「なるほど!」と思う瞬間があったり、名言に出会ったりしたときは、自由にシェアして私をタグづけしてほしい。見逃さないように気をつけて、なるべくたくさんシェアするから!

コンフォート・ゾーンとは、あなたがストレスなく安心してくつろげる場所のこと。そこではおびえることなく、100パーセント自分自身でいられる。そこはあなたの心の家、つまりは聖域なのだ。

Part. 1

なぜ、心地よくいることが大切なのか

Chapter 1

コンフォート・ゾーンに対する新しい考え方

成長と心地よさは共存する

「コンフォート・ゾーンを飛び出す必要がある」――これは、一般常識のように世の中にはびこっている、とんでもない言葉だ。この言葉は、社会のみんなが納得している「心地よく過ごすなんて恥ずかしいことだ」という思いを反映している。まるで「満足は進歩の敵」と言わんばかり。「夢はコンフォート・ゾーンの対極にある」という言葉がみんなのマントラになったおかげで、ストレスや不安が、私たちの自然な在り方になっている。

生産性や競争力を高め、頑張りすぎることが今のトレンドなのだ。多くの人はさらに大きな目標を打ち立て、自分をコンフォート・ゾーンからせっせと追い出して、進歩のためにバカでかいリスクを取ることに夢中だ。クタクタになるまで24時間頑張ることを、名誉のしるしだと思っている。私たちは、多くの人がストレスで心身ともに疲れ果てている状態を「これも人生の現実だ」と受け入れている。それでいて、ポジティブに心穏やかに健康を保ち、大事な人間関係も維持しなくては、とプレッシャーを感じている。

そんな価値観を「何となく、私の幸せや満足感や人生の目的とは相容れない気がする」と感じているなら、あなたはまともだ！ 自分を限界まで追い込みながら、健康でいるなんてできっこない。目標は達成できるかもしれないが、一体何を犠牲にするつもり？ そんなことをして、旅を心から楽しめるだろうか？ あるいは、目的地に着くまで、幸せを先延ばしにするつもりだろうか？ 幸せの先延ばしが問題なのは、それではたぶん、一生幸せがやってこないから。

そもそも、心地よくいることの何がそんなにいけないのだろう？ 心地よさと進歩を対立させることで、一体どんな得をするのだろう？

何の得もしない、と私は思う。それどころか、生きる喜びをたくさん手放すことになるだろう。成長を追いかけて喜びを手放せば、成長が生きている実感をくれることを忘れてしまう。人は本来、目標を達成したときには、ヘトヘトになって燃え尽きるのではなく、エネルギーにあふれ、爽快感を覚えるものなのだ。

では、成長と心地よさは共存できるのだろうか？　できる、と私は知っている。自分の人生でもほかの人の人生でも、共存しているのを見てきたから。でも、一体どうすれば自分の力でそんな人生を生み出せるのだろう？　それを、ぜひこの本で学んでほしい。

あなたに見つけてほしいのは、本当の自分との関係を育み、ありのままの自分のパワーを今いる場所で使いこなす方法だ。私はあなたに、成功のためにほかのみんなのアドバイスや指針《ロードマップ》に従うのをやめて、心から望む人生の、本物の青写真を作成してもらいたいのだ。結局のところ、あなたを誰よりよく知っているのは、あなた自身ではないだろうか？　そのユニークな青写真を手に入れたいなら、自分のコンフォート・ゾーンにいなくてはならない。

すると、こう思うかもしれない。「わかった。でも、コンフォート・ゾーンはどこにあるの？」「コンフォート・ゾーンって何？」

「心地よさ《コンフォート》」の定義は、苦しみのない気楽な状態のこと。心地よさとはまさに、人間が問題解決のたびに求めているものだ。車輪を発明したとき、人は心地よさを求めていたし、木とれんがで住まいをつくったときも、心地よさを目指していた。

周りをぐるりと見回してみよう。人生をさらに心地よくするために設計されていないものなんて、この世にあるだろうか？　椅子、テーブル、枕、リモコン、今手にしている本の装丁、ペンのデザイン……どれもこれもあなたの人生を、さらに心地よくするためにつくられている。
「コンフォート・ゾーン」とは、あなたがストレスなく安心してくつろげる場所や状況のことだ。そこではおびえることなく、100パーセント自分自身でいられる。そこはあなたの心の家、すなわち聖域であり、安全な場所。そこでは自信にあふれ、そう、心地よくいられる。

成長を追いかけて喜びを手放せば、成長が生きている実感をくれることを忘れてしまう。人は本来、目標を達成したときには、ヘトヘトになって燃え尽きるのではなく、エネルギーにあふれ、爽快感を覚えるものなのだ。

誰もが成功したいし、末永く幸せに、満たされて、心穏やかに暮らしたい、と願っている。それに、よりすばやく、よりよい結果を手にしたいはずだ。人生であなたが望むどんなものも、コンフォート・ゾーンという安全な場所から手を伸ばせば、やすやすと手に入れられる――私はそう信じている。一貫してそれができる方法を学ぶのが、本書の目的だ。

成功vs.コンフォート・ゾーン

「夢をかなえるためには、イヤな思いをしなくてはいけない」という考えには、一度も共感したことがない。だからこの20年間、心地よさと成功との関係をじっくり観察してきたのだ。

私は子どもの頃からずっと、成功者を尊敬している。思い出すのは、中学時代にあるレポートを書いたこと。あるとき、「何か1つ言葉を選んで、それについて10ページ書きなさい」と先生が言った。クラスメートたちは、たったひと言のために注がなくてはならない労力にうんざりしていたけれど、私はわくわくしながら「成功」という言葉を探求した。当時はGoogleがなかったから、図書館を探検して学ぶいい機会になった。貧しい家庭に生まれた私は、幼い頃から何が人を成功させるのか、なぜ成功できるのかに興味があった。私には夢があったから、夢をかなえたいなら社会に出て、自分でかなえなくてはならない、と知っていた。でも……どうやって？

大人になると、成功について書かれたものは片っ端から読んだ。そして、このテーマを深く掘り下げるうちに、頭の中で成功者を2つに分類し始めた。

❶目標を達成し、心から満足している幸せな成功者。
❷すべてを犠牲にしてストレスをためている、頑張りすぎの成功者。

両者が達成したことの間には、決定的な違いがあるはずだ。何が違うのかはわからなかったけれど、自分が1つ目のカテゴリーに入りたいことはわかっていた。

とはいえ、成功者が成功のためにしていることを調べてみると、やはりおなじみのアドバイスが繰り返されるのだ。「コンフォート・ゾーンを出なくてはいけない」と。


でも、自分を追い込んで無理をさせると、思いも寄らない報いを受けることがある。そう身をもって学んだときに気がついた。もっといいやり方があるに違いない、と。その暗号を解かなくてはならない。

時が経つうちに私は、世間の人が夢にも思わないほどでっかく生きている人たちを観察・研究するようになった。それと同時に、恐ろしく不幸せで、ごく小さな目標さえなかなか達成できない人たちにも目を向けだした。

両者を隔てたものは何だったのか？

彼らはどんな物の見方《マインドセット》や信念を持っているのだろう？

彼らは自分にとって心地よい場所の外で活動しているのか、それとも、中で活動しているのか？
少しずつ、「コンフォート・ゾーンにいるとはどういうことか」についての新たな理解が、私の中で形成されていった。「心地よさと調和した成功とはどういうものか」についての考えが、まとまり始めたのだ。それは、私が読んでいたあらゆるものとは対照的な考え方だった。

実は、とても面白い発見をしたのだ。まさに人生を変える発見を！

途方もない夢をあっさりかなえた人たちはたいてい、自分にとってごく自然で心地よい活動に携わっていた。また、なじみのない新しいことに挑戦するときは、本書で紹介するいくつかのツール（「順応」「足場かけ」「視覚化《ビジュアライゼーション》」など）を使って、意図的に自分の能力を伸ばし、今のコンフォート・ゾーンを広げて、そこに目標や夢を取り込んでいた。彼らは（私が「拡大自己」と呼んでいる）より大きな自分をイメージし、「引き寄せ」や「勢い《モメンタム》」を生み出す具体的な行動を取っていた。こうしたテクニックやツールについては、のちの章で学び、練習していきたいと思う。

コンフォート・ゾーンで充実した人生を生きているように見える人たちをつぶさに観察したことで、私は重大な結論に達した。それは、**コンフォート・ゾーンの定義や理解そのものが間違っている――もしくは、少なくとも不完全だ――ということ。実は、息の長い成功が手に入るのは、コンフォート・ゾーンの外ではなく中にいるときなのだ。**人生の旅を楽しめば楽しむほど、夢はあっさりとかなう。

私は子ども時代から青年期の大半にわたって、心地よさを求める自分を恥ずかしく思っていた。自然で心地よく感じる場所から自分を追い出したのは、「ラクな人生を望むなんてどうかしてる」と思っていたせいでもあった。

アメリカの作家、ジグ・ジグラーの有名な言葉、「成功へのエレベーターなどない。階段を上るしかないのだ」には、若干の真実が含まれている。コツコツ小さな一歩を積み重ねれば成功に行き着く、というわけ。ただし、この言葉が醸し出すキツくてつらくて骨身を惜しまないイメージは、コンフォート・ゾーンで手にする、心の底から満たされるような成功を映し出してはいない。成功が自分の目的とぴったり合っている場合は、エレベーターで高層ビルのてっぺんまでさっと一気に駆け上る、魔法のような旅ができるものだ。

今の私は、「成功へのエレベーターに乗りたい」という気持ちを、恥ずかしいなんて思っていない。だからあなたにも、コンフォート・ゾーンの中で、ラクに楽しく成功し、夢をかなえることを心地よく感じてほしい。

本書でご紹介する、新しい「コンフォート・ゾーン理論」に飛び込む前に、古い理論がいかに間違った思い込みであるかを、一緒にチェックしよう。

コンフォート・ゾーンの既成概念

「成功するためにコンフォート・ゾーンを出る」という考え方は、何ら新しいものではない。ただし、主流になったのは、2008年に経営理論学者のアラスデア・ホワイトが、「コンフォート・ゾーンから業績管理へ」と題した論文で研究結果を発表したときだ。

3つの研究を紹介した論文の中で、ホワイトはありふれたその概念を新しい切り口でこう明言した。「私たちは、コンフォート・ゾーンを飛び出して初めて、最高の業績を挙げられるのだ」

心理学者はコンフォート・ゾーンを、次のように定義している。「人が不安のない状態で活動する行動状態のこと。その領域では、たいていリスクを感じることなく、限られた行動を取り、一定レベルの力を発揮できる」。心理学者はまた、次の主張にも同意していている。「過度の不安は人を消耗させ、混乱させかねないが、ある程度の不安は成績の向上を促す役目を果たすことがある」。ただし、どの程度の不安はよくて、どの程度だと害になるのかは、かなりあいまいなままだ。

コンフォート・ゾーンについてのそうした見解はどれも、ホワイトの論文が発表された当時、目新しいものではなかった。ホワイトはただ、コンフォート・ゾーンについて心理学者が理解していたことを使って、「社会によるコンフォート・ゾーンの定義」を明確にしただけ。ホワイトの大きな貢献は、人が最高の成績をあげるゾーンを定義し、それを「最適パフォーマンス・ゾーン」と名づけて、そのゾーンをコンフォート・ゾーンの外に置いたこと。

以来、この見解が何百という記事やネットミーム、人々を鼓舞する投稿やサウンドバイト［訳注：放送用に抜粋された言葉や映像］で拡散されている。インターネットには「最高の自分になりたいなら、コンフォート・ゾーンを出なくちゃいけない」という声があふれ、その主張がおおむねまかり通ってきた……今日までは。

では、よーく目を凝らして、異議申し立てを始めよう。

想像してみてほしい。あなたが「今とはまったく違う仕事をしたい」と夢見ているとしよう。それは今より努力が必要で、まるで畑違いの仕事かもしれない。そして、生まれてこのかた、「ほしいものを手に入れたいなら、コンフォート・ゾーンを出なくちゃいけない」と教わっていたとしよう。その場合あなたは、コンフォート・ゾーンを出たことを一体どうやって知るのだろう？ 教わったことに基づくなら、自分が進んで取っている不快なリスクや、喜んで耐えているストレスの度合いから知ることになる。

そういうわけで、あなたはつらい仕事を引き受け始める。そう、しっくりこない仕事を。リスクを取って、目標を達成するために、おそらくさらにお金や時間を投資するだろう。限界を超えるまで自分を追い込んで、「全力」を尽くすはずだ。

ストレスを感じても、自分にこう言い聞かせる。「これでいい！　努力していれば報われる。コンフォート・ゾーンに戻っちゃダメだ。あと少しの辛抱だからね！」と。

家族や友達と、なぜこんなに忙しいのか、いつかのんびりするために、今どんなに頑張っているかについて、話すこともあるだろう。いずれすべては報われる。そうに決まっていると。

時間が経つうちにラクになっていく仕事もあれば、キツいままの仕事もあるけれど、とにかく自分を追い込んでやり遂げる。でも、ほどなく疲れを感じ始め、やるべきことへのやる気がどんどんしぼんでいく。しかも、やり遂げた仕事が期待通りの結果を出すとは限らないから、さらに無理をすることになる。「コンフォート・ゾーンからもっともっと離れないと、成功できないんだな」と。

そうしてイヤな思いをしているうちに、ストレスと不安を味わうのがごく当たり前の在り方になっていく。「生きることは必死で頑張ること」「恐れは人生に当然必要なもの」と思い込むまであっという間だ。ごくまれに身体が〝シャットダウン〟して休むしかなくなっても、「僕は怠け者だ」「役立たずだ」と感じていたり、なぜか悦に入ったり、罪悪感を覚えていたりする。

心地よく過ごすことは自己満足？

たとえ夢の仕事を手に入れても、みるみる不満が募るだろう。立ち止まって、自分が持っているものに感謝することを、すっかり忘れているからだ。さっとストレス状態に入るようプログラムされているのは、「ストレス＝進歩」だから。脳も人生も何とか配線し直してとりわけ厄介な道を選ぶのは、ストレスは生きることを、満足は死を意味するからだ。「死んだらゆっくり休むわ」と口にし、野心を燃料に、自分を疲労困憊《こんぱい》させているかもしれない。

この恐ろしいシナリオは、そこら中に転がっている。あなたもそんな生き方をしていた時期があるかもしれないし、今まさに、そんなふうに生きているかもしれない。あるいは、周りにそういう人がいるかもしれない。もはやおなじみすぎて、立ち止まって首をかしげる人もいないはず。「成功するために、イヤな思いをするのは当然でしょ」とあなたは言い、それが真実かどうかさえ確かめようとしない。

「そんなの時代遅れよ」と私は思うけれど、その考え方が広く受け入れられて、時代遅れな世界を生み出している。

そうかな？　と疑問に思うなら、よくあるこんな事例に目を向けてほしい。

●私たちはつらい仕事や犠牲をほめたたえ、どんな代償を払っても、目標を目指して頑張っている。でも、死の床で「もっと頑張って働けばよかった」と言う人はいない。それどころか、「大切な人たちともっと一緒に過ごせばよかった」「もっとくつろげばよかった」「もっと旅をすればよかった」「もっと人とつながればよかった」「もっと心地よいことをすればよかった」と後悔する。つまり、真っ当な世界なら、人間関係やつながり、くつろぐことや楽しいことを優先するはずだ。ところが、時代遅れな世界では、自分にとって何より大切なものを喜んで犠牲にしてしまう。

●私たちは夢をかなえようと、自分の外に目を向ける。でも、自分が向かうべき方向を知っているのは自分だけだ。真っ当な世界では、神さまの導きを求めて、自分自身の声に耳を傾ける。ところが、時代遅れな世界では、その導きを疑って、「道を示してほしい」と他人に頼ってしまう。その結果、多くの人が道に迷って、行き詰まっている。

●私たちはほとんどの時間、世の中のどこがおかしいのか、何がうまくいっていないのか、自分が何に反対しているのか、そんなことばかりに目を向けている。いつ何時でもテレビをつければ、自分を取り巻く最悪の事態に、何時間でも釘づけになっていられる。同時に、自分は、どこに注意を向けるかによって現実を自由に創造できる意志を持つ存在だ、と認めることもできる。うまくいっていないことを観察するのに注意やエネルギーを注ぎながら、一体どうやって美しくて正しい、どんどん拡大していく世界をつくれるだろう？　真っ当な世界では、人は問題ではなく解決策に目を向ける。問題に注目すれば、さらに問題を生み出すだけ、と知っているからだ。

おそらく、時代遅れな世界で生きる、とくに害のある要素の1つは、不快なことを美化して、コンフォート・ゾーンで生きる人たちを辱めること。

でも、ほとんどの人が人生に不満そうだなんて、おかしくないだろうか？

自分がどこにいて、どういう人間で、何をしているかにずっと不満なままなのは、「コンフォート・ゾーン撲滅運動」の成果にほかならない。まったくどうかしている。

まるで、おいしいものがどっさり並んだ部屋の真ん中に立ちながら、食べるのを拒んでいるようなもの。代わりに、わざわざ荒野へ出かけて、獲物を探し回っている。ナンセンスな話だけれど、その価値観が受け入れられて、私たちの人生や決断の指針になっている。

時代遅れな世界では、心地よく過ごすことは自己満足だと見なされている。でも実は、Chapter 3で詳しくお話しするように、自己満足はコンフォート・ゾーンではなく、「自己満足ゾーン」に属している。

真っ当な世界では、コンフォート・ゾーンの外に出ると、ちゃんと気づける。そして、真のパワーがコンフォート・ゾーンの中に宿っていることを知っているから、そこに戻ることを優先させる。真っ当な世界では、誰もが安心やつながりを感じ、心穏やかでいられるコンフォート・ゾーンで暮らし、そこから拡大していく。そんなふうに生きれば、人生や社会のもめごとは大きく減少し、ほとんど消えるだろう。もちろん、人は多様な生きものだから対立することもあるけれど、コンフォート・ゾーンにいれば、安心し、自信を持って自分の好みを口にできるから、他人を攻撃する必要はなくなる。また、自分の欲求が表現され、満たされると、他人の好みにも寛容になれる。

コンフォート・ゾーンで生きると、人は自由になり、ずっとフロー状態でいられる。本当の自分でいることを許せば、自分の目的に沿った選択が自由にできるようになる。

とはいえ、他人のシステムや考えや理想に従うよう求めてくる時代遅れな世界で、一体どうすればそんな生き方ができるのだろう？　そんな生き方を恥だと考える世の中で、あなたはどうすれば心地よくいられる？　時には、コンフォート・ゾーンの中で楽しく暮らし、活動している、と認めることさえ恥ずかしく思うかもしれない。人は他人の目を恐れるから。

今挙げた問いには、あとの章で一緒に答えを出していこう。

あなたが成し遂げたこと

Chapter1を読み終えたね！　私たちは一緒に旅を始めたばかり。この章で私が目指していたのは、コンフォート・ゾーンについての自分の大きな気づきをいくつかお伝えすること。読み進める中で、あなたがコンフォート・ゾーンに対する自分の理解に疑問を持ってくれたならうれしい。少なくとも、子ども時代にコンフォート・ゾーンの外で暮らすことで、どれほどストレスや不安を感じていたか、あるいは今も感じているかに目を向けてくれたら、と願っている。

次の章では、時代遅れな世界にまん延するメッセージによって、無意識に取り込んでしまったコンフォート・ゾーンについての信念／思い込み《ビリーフ》を、いくつか探ってみたいと思う。次の章でもぜひ心を開いて、自分の思考や考えを掘り下げてほしい。ちょっぴり心の余裕をなくしたり、サポートが必要になったりしたときは、いつものようにソーシャルメディアで私とつながってほしい。私がそばにいるよ！

Chapter
2

「思い込み」がいかにあなたを不快にしているか

コンフォート・ゾーンに留まることに抵抗を覚える大きな理由の1つは、社会から吹き込まれたウソの話を信じているからだ。心地よく過ごすことや、心地よさが夢の実現に及ぼす影響について、間違った話を聞かされている。

物事がうまくいかないとき、人はこう考える。「コンフォート・ゾーンにいたら、何もかもうまくいかなくなる。変化が起こるのは、未知の世界に踏み出したときだけだから」。うまくいったらいったで思う。「コンフォート・ゾーンでくつろいでいたら、せっかく前に進んだのにすべてが無駄になってしまう」

悲しいことに、あなたは気づいていないのだ。こんな思い込みが、どれほど幸せや健康、充足感や成功を奪っているか。そうして刷り込まれたたくさんの思い込みのせいで、人はコンフォート・ゾーンを避けている。

本書は、そんな思い込みに異を唱えるものだ。もっとラクで、もっと自然で、もっと楽しい、新しい生き方や夢のかなえ方を提案する本だ。ただし、その方法をうまく活用するためには、自分が抱えている思い込みをじっくり見なくてはならない。

ここからの数ページは、ゆっくり時間をかけて読んでほしい。もしかしたら、この本全体で一番重要な部分かもしれない。じっくり時間をかけて読み、そのあとの診断に正直に取り組んでほしい。本の後半でもう一度チェックしたときに、あなたの進歩を確認する役に立つから。

自己診断をするのはたしかに大変だけど、私が約束しよう。「努力すれば、結果は必ずついてくる」。この場合の努力とは、自分の思い込みを明らかにすること。そして、結果とは、夢をかなえる邪魔をする、数々の思い込みからあなたを解放すること――楽しくて簡単な、わくわくする方法で！

脳は、日々「思い込み」を育てている

あなたの足を引っ張る思い込みを明らかにするには、まず、思い込みとは何なのかを理解しなくてはいけない。

たびたびある思考を抱くと、脳はすこぶる効率的なことをする。その思考を自動プログラムに変

えて、あなたが毎日意識的に抱くあらゆる思考の下で、絶えず働くようにするのだ。思考が自動プログラムに変わると、改めて「その思考を抱く」という選択をしなくてもよくなる。それがあなたにとっての「まぎれもない事実」、つまりは思い込みに変わるからだ。

脳は常に、思考を思い込みに変えている。だから人は、一度に多くの意識的な思考を抱くことができる。要するに脳は、脳内のスペースを広げるために、なるべく思考を自動化するのだ。

これはとても便利な能力だ。過去の経験にまつわる情報を何度も思い出さなくても、そもそもその思考を生み出した状況を覚えていなくても、情報を記憶していられる。

たとえば、熱いストーブに触ったら、「ストーブは熱い」という思考が生まれる。そして、その思考がまぎれもない事実に変われば、一生ストーブを警戒していられる。初めてストーブでやけどした日のことを覚えているかどうかは、問題ではなくなる。

だが残念ながら、思考をまぎれもない事実に変えるこの能力は、その後の経験を厳しく制限してしまうかもしれない。信念に変えた思考が枠にはまったものだったり、あなたを枠にはめるものだったりした場合は。たとえば、「人前で話すとパニック発作が起こる」と思い込んでしまったら、せっかく人前で話すチャンスをもらっても、「人前で話すのはわくわくする」と考えている人とは違った経験をするだろう。

「どんな問題も解決できる」という信念は創意工夫の能力を大いに刺激してくれるが、「私は絶対に正解を見つけられない」と信じていたら、創造力も成長も押しつぶされてしまうだろう。

ある友人は、「自分は運がいい」と信じている。その結果、彼には年がら年中、幸運なことが起こる。宝くじに当たるし、どんなに道が混んでいても駐車スペースが見つかるし、たまたま出会った人がどういうわけかいつも、彼に必要なものを持っている。あるときなど、運転免許証をなくしたら、なくしたことに気づく前に、拾った人から郵便で届いたという。

信念《ビリーフ》／思い込みとは、脳が周りの世界を理解し、解釈する方法のことだ。それは環境や体験した出来事から生まれるのだが、結局のところ、どんな信念も思い込みも選択によって生まれる。思考を思い込みに変えるには、「その通りだ」と本人が受け入れなくてはならない。その考えに賛同しなくてはいけないのだ。

心理学教授で疑似科学のまん延に抵抗する雑誌『スケプティック』の創設者でもあるマイケル・シャーマーによると、人はまず信念や思い込みを形成してから、それを裏づける証拠を集め始める。脳は思い込みを生み出したあとで、その思い込みにまつわる物語をつくって正当化し、説明し始めるのだ。たとえば、先ほどの幸運な友人は、どこへ行っても幸運になる方法を見つける。別の友人は「爪が完璧じゃないと、彼氏にフラれる」と信じている。すると、どういうわけか、欠けた爪やマニキュアしていない爪が苦手という、稀有《けう》な男性とつき合う羽目になる。

つまり、あなたが信じていることがあなたの現実を決めるのであって、その逆ではないのだ。

だから、自動車王のヘンリー・フォードは言った。「あなたが『できる』と思おうが『できない』と思おうが、いずれにせよ、あなたは正しい」と。

そう思えば、納得がいくはずだ。「人生はつらいものだ」と信じている人が、なぜラクな人生を送れないのか。「数学が苦手だ」と思い込んでいる人は、なぜ数学が得意にならないのか。そして、「億万長者は悪党だ」と信じている人は、なぜ悪党になるまで億万長者になれないのか。

「信念《ビリーフ》／思い込みとは、
脳が周りの世界を理解し、解釈する方法のことだ。
それは環境や体験した出来事から生まれるのだが、
結局のところ、どんな信念も思い込みも選択によって生まれる。」

思い込みは変えられる

ある知り合いは、素敵なものを手に入れたいから一生懸命働いて、「いつか宝くじを当てる」と話し、実際に週に何度か宝くじを買っている。ところが彼女は「お金持ちは欲張りだ」「お金は悪いもので、結局、人間の最悪の部分を引き出してしまう」と信じている。お金を使い、散財しては、またお金のために働いている。お金にまつわる思い込みのせいで、お金を持っていられないのだ。その結果、ひどい借金を抱えて、それが人生のあらゆる分野に悪影響を及ぼしている。お金にまつわるネガティブな思い込みのせいで、どんなに一生懸命働いても、何度昇給しても、金欠に陥ってしまう。

自分の思い込みに逆らって生きることは、文字通り不可能だ。

思い込みをなかなか変えられないのも、同じ理由からだ。何かがまぎれもない事実になると、間違いだと証明するのがどんどん難しくなる。ある時点で、それを裏づける証拠が山となり、真実じゃないとは到底思えなくなるからだ。思い込みが子ども時代にできたものなら、それが正しい証拠を何十年も積み上げてきたはずだから。

あなたが不本意な現実を生きているなら、たぶん自分のためにならない思い込みを現実化している。あなたの創造力やひらめきや、成功する能力を制限する思い込みを。

でも、希望はある！　思い込みを変えることはできる！

思い込みはもともと思考なので、「自分を制限する思い込み《リミッティング・ビリーフ》」を変えられるのは、もとになった思考を受け入れるのをやめる、と決めたときだけ。そう決めて初めて、別の思考を選び直すことができるのだ。あなたのためになり、力をくれる思考を！

今からご紹介する練習は、コンフォート・ゾーンにまつわるあなたのリミッティング・ビリーフを明らかにするだろう。このステップを飛ばしてはいけない。思い込みに関する自分の現在地を認めることで、読み進めながら、思い込みに異を唱え、変えることができるのだから。

コンフォート・ゾーンを拡大する練習―1

コンフォート・ゾーンへの思い込みを自覚しよう

自分の内側で、今までと同じ古いプログラムを動かしたまま、人生を変えることはできない。同じように、自分が今抱えている思い込みに気づかなければ、人生は変えられない。この練習では、コンフォート・ゾーンにまつわるよくある思い込みを列挙することで、あなたが今抱えている思い込みを、ごく簡単に診断できる。この練習に取り組むのは重要なことだ。本書を読み終えたときに、自分の進歩を知り、変化を目の当たりにできるからだ。さあ、今すぐ時間を取って腰を下ろし、一文ずつ読んで、「共感できる」「真実だ」と感じる文の上にチェックマークを入れよう。ここに挙がっていない思い込みを見つけたら、忘れずにノートに書き込もう。

「コンフォート・ゾーンに身を置くこと」への、あなたの今の思い込み

□コンフォート・ゾーンで生きることは、その人の足を引っ張る。
□人は、心地よいときには成長しない。
□コンフォート・ゾーンを飛び出した瞬間に、変化が始まる。
□常にコンフォート・ゾーンの外にいなくてはいけない。
□偉大なことは、コンフォート・ゾーンの中では生まれない。
□夢は、コンフォート・ゾーンの対極にある。
□人生は、コンフォート・ゾーンの外で始まる。
□ノーリスク・ノーリターン。
□成功するためには、イヤな思いをしなくてはならない。
□よい人生を望むなら、コンフォート・ゾーンを出なくてはならない。
□痛みなければ、得るものもなし。
□安全策を取るなら、勝ち目はない。
□コンフォート・ゾーンは言い訳まみれだ。
□コンフォート・ゾーンで成長するのは不可能だ。

- □人はコンフォート・ゾーンの外で、最もイキイキする。
- □コンフォート・ゾーンでは生産的になれない。
- □コンフォート・ゾーンを出て初めて、自分の可能性《ポテンシャル》がわかる。
- □コンフォート・ゾーンで生きているときは、自分の人生に責任を負っていない。
- □コンフォート・ゾーンでは、成長も変化も起こらない。
- □人はコンフォート・ゾーンに留まることで、夢をあきらめている。
- □常にラクな道を選んでいたら、一生コンフォート・ゾーンを出られない。
- □恐れと不安は、正しい方向に進んでいるしるしだ。
- □イヤな思いをしてこそ、真の目的が果たされる。
- □コンフォート・ゾーンは成果の敵だ。
- □コンフォート・ゾーンに留まれば留まるほど、自己満足に浸るようになる。
- □想像力と創造力は、イヤな思いをした副産物だ。
- □コンフォート・ゾーンにいる人は、自分にウソをついて、言い訳ばかりしている。
- □コンフォート・ゾーンは、その人を枠にはめ、制限してしまう。
- □心地よいとき、人は怠けている。
- □コンフォート・ゾーンを出なければ、人は成長しない。
- □コンフォート・ゾーンで生きるのは、夢をあきらめるに等しい。

□コンフォート・ゾーンを選ぶのは、やめるのと同じだ。

□心地よさを望むなんて恥ずかしいことだ。

□コンフォート・ゾーンはラクな道だ。

□魔法はコンフォート・ゾーンの外で起こる。

□コンフォート・ゾーンを飛び出して初めて、創造力や才能が花開く。

□コンフォート・ゾーンに留まることで、自分と自分の人生を制限している。

□コンフォート・ゾーンにいる人は、間違ったことをしている。

□コンフォート・ゾーンで罪悪感を覚えるのは当たり前だ。

□コンフォート・ゾーンに留まることで、自分にも他人にも害を及ぼしている。

□コンフォート・ゾーンはじっと動かない場所だ。変化も進化もない。

□あなたが心地よいとしたら、自分にウソをついている。

□人はコンフォート・ゾーンでは、適切なタイミングで行動しない。

□コンフォート・ゾーンでは、夢が死んでしまう。

あなたが成し遂げたこと

やった！　Chapter2を読み終えたね！　自分を制限する思い込み《リミッティング・ビリーフ》と向き合うのはラクではないけれど、向き合ったあなたは素晴らしい！　この練習を完了するのがとても大切なのは、本の最後に、自分の進歩をチェックできるからだ。さらにいいのは、コンフォート・ゾーンへの今の思い込みを明らかにしたおかげで、それを変える準備ができたこと。そして、何より最高なのは、思い込みを変えるために今していること以外、何もしなくていいことだ。この本を読んで練習に取り組んでいるうちに、コンフォート・ゾーンにまつわる思い込みが勝手に変わり始めるのに気づくだろう。遠からず、リミッティング・ビリーフが、あなたに力をくれる信念に変わっているはず！

これで、ストレスの少ないフロー状態で人生を創造する準備ができた。次は、私が「人生の3つのゾーン」と呼んでいるものを掘り下げよう。あなたは今、どのゾーンにいる？　それを見つけてほしい。

Chapter 3

人生の3つのゾーンを解き明かす

どんな人も、私が「人生の3つのゾーン」と呼んでいる場所で人生を送っている。それは、「自己満足ゾーン」「サバイバル・ゾーン」「コンフォート・ゾーン」の3つだ。たいていの場合、私たちは人生において、この3つのゾーンを出たり入ったりしている。一番長く過ごしているゾーンが、あなたの選択の質を決め、ひいては人生の質を決めている。

「人生の3つのゾーン」を理解し、どんなときも自分が今いる場所を知り、心の安らぎやつながりを育めるゾーンに向かうこと――それが私の知る限り、さらに幸せな人生を生き、楽しく充実した経験を生み出す、何より効果的な方法だ。

自己満足ゾーンとは何か

人生の3つのゾーン

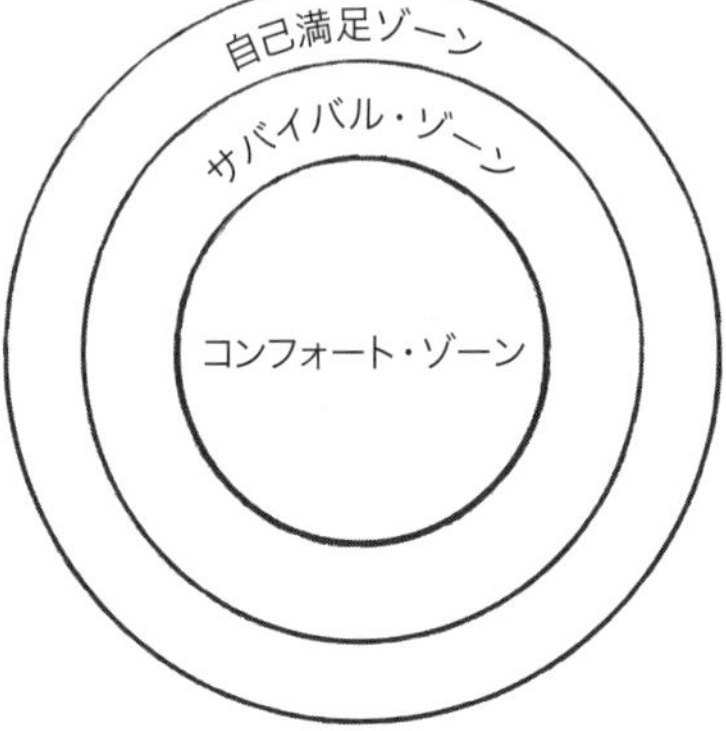

ほとんどの人は、コンフォート・ゾーンの話をするとき、実は「自己満足ゾーン」を思い浮かべている。だから、自己満足ゾーンを理解するには、もう少し深く掘り下げて、中身をよく見なくてはならない。

たとえ「満足している」と話していても、このゾーンで生きている人は、少しも心地よく過ごしていない。主に自己満足ゾーンにいる人は、たとえ今の場所で行き詰まりを感じ、何らかの恐れのせいで行動できずにいても、「満足している」と主張することが多いのだ。そこに恐れが潜んでいることに、気づいていない人もいる。

時にはやる気のなさが、漠然とした無関心として現れることもある。このゾーンで暮らしている人は、何に対してもあまり関心を持たずに生きている。「もっと」と求める気力も、明晰さも、方向性も失っているから、現状で「満足」なのだろう。あるいは、山ほど失敗したせいで疑心暗鬼になって、「もっとほしい」と思えないのかもしれない。「それに何の意味があるの？」「なんでまた挑戦しなくちゃいけないの？」と思っているのだ。

自己満足ゾーンに入ると、人やプロジェクトや活動と深くつながるのが難しくなる。自分の弱さをさらけ出すのが怖くて仕方ないからだ。その一方で、関心のなさをごまかそうと、つい自分のプライベートな情報を漏らしすぎたり、説明しすぎたりしてしまう。

このゾーンにいると、自分をあまり好きになれない。それどころか、自分の人となりや見た目、自分の能力や能力のなさを疎ましく思っているだろう。自分を厳しくたたいて、他人をうらやみ、自分よりラクをしているように見える人たちに腹を立てている。そして、何事もほかの人や、自分にはどうしようもない状況のせいにしてしまいがちだ。また、自分を制限する思い込み《リミッティング・ビリーフ》に永続性を持たせる「いつも」「絶対」という言葉をよく使っている。

「私は何をやっても絶対にうまくいかない」
「僕は絶対そこには到達しない」
「私はいつも気づかれないか無視されるかだ」

ほとんどの人は人生で時折、自己満足ゾーンに足を踏み入れる。そこで生きているうちに、ただその日その日をやり過ごすだけになり、ネガティブな感情に浸っているうちに、いつの間にか月日が経っている。自己満足ゾーンで生きるのが当たり前になると、顕在意識も潜在意識も自動運転に切り替わって、目に映るあらゆるものによって恐れや不足や制限が強化されてしまう。

周りの人たちにこんなことが起こるのを、目にしたことがあるはずだ。たぶんあなたの家族にも、磨けば光る才能やスキルがあるのに、自分を十分活かせていない人がいるだろう。進歩するどころか斜に構えたり無気力になったりして、人生にまともに向き合おうとしない。こういう場合、誰もが思うだろう。この家族がほしいもの（もしくは、「ほしがるべきだ」とみんなが思うもの）を取りにいかないのは、現状が「心地よすぎる」せいだ、と。でも、この解釈は大ハズレだ。自己満足ゾーンで経験するのは、心地よさや満足感ではない。恐れだ。失敗への恐れ、成功への恐れ、弱さへの恐れ、何かに関心を持つことへの恐れ、真のつながりへの恐れ……。

このゾーンでは、いわゆる「行動の麻痺」が起こって、やる必要のあること――やりたいこと――ができなくなる。しっかり目を凝らさなければ、「今いる場所で幸せだから」「僕は多くを望まないタイプだから」と、行動しないことを正当化するようになる。自分自身や、自分をこのゾーンにしばりつけている世の中にまつわるリミッティング・ビリーフから目を背けていたら、本当は不幸せなことを、いとも簡単に否定してしまう。自己満足ゾーンにいると、何もかもが不可能に思えて、そこから抜け出せなくなるからだ。頑張ってきたすべてがダメになってしまう気がするし、実現したい夢はどれもこれも絶対にかなわない気がしてくる。自己満足ゾーンには、それはそれは重苦しくてとにかく心地よくない、ある種の絶望感が漂っているのだ。

夢は自己満足ゾーンで死ぬ

自己満足している人たちは、コンフォート・ゾーンにはいない。自己満足は、まったく心地よくないから。自己満足ゾーンに長くいすぎると、人生の迷子になってしまう。

あなたも、そんな気分に陥ったことはない？

私はある。どん底に落ちたとき――この本の冒頭で話した経験をしたとき――は、自己満足ゾーンにはまり込んでいた。頭の中は自己批判、恐れ、寂しさ、自信のなさで埋め尽くされ、時には自殺願望まで現れる始末（長引くことはなかったけれど）。心は不安定で身体も弱り、「助けて！」と悲鳴を上げていた。

どんどん悪化していく事態を止められなかったのは、どの段階でも、自分の行動に満足しているつもりだったからだ。自分の行動にしっかり目を向けるのが怖くて、自分を自己満足ゾーンに押し込んでいる恐れや間違った思い込みを見つけられなかった。

自己満足ゾーンでは、行き詰まりを感じ、燃え尽きて絶望していた。私は**どんなとき**も問題解決型の人間だった。道がなければ、道を見つけるか、自分でつくる。でも、このゾーンにいるときは、何もできないと感じた。そして、どうすればいいのかわからないから、ひたすら食べていた。結果、体重が増えて、増えて、増えまくった。食べものが自分を満たしてくれる、と思っていたけれど、本当は、過食がどんな恐れを覆い隠しているのかに目を向けられなかったのだ。

食べれば食べるほど、自分の身体も自分自身も嫌いになって、ますます落ち込んでいった。私にまつわるあらゆるものが——収入さえも——落ち込みだした。パワーセラーだったのに、繁盛していたeBayのストアも失ってしまった。鬱状態になって、すべての注文に応えきれなくなったからだ。友達や家族との集まりも避けるようになった。何もかもが、無意味に感じられる。大事にしていた夢も手放して、ただ行き詰まり、文字通り、人生なんてどうでもよくなってしまったのだ。歯を磨くような小さな行動でさえ、どうでもいい気がしてしまう。電話も取らなくなり、ベッドに横たわって、ただ眠っていた。

あなたのどん底は、私のどん底とはまるで違っているかもしれない。それは私にもわかる。あの頃の私には、休むベッドもあれば、住む家や食べものもあり、心配してくれる人たちもいた。それでも、どん底に共通しているのは感情——深い絶望感——だ。そこは、自分が許せば、自分をダメにしてしまいかねない場所。ただしその場所は、究極の成長のために、心の奥にある最悪の部分を教えてくれたりもする。

「自己満足ゾーン＝どん底」というわけではない。たとえば、自分をバッテリーが低い状態のスマホだと考えるとわかりやすいだろう。だから、時折電源が落ちてしまう。充電もするにはするが、何とか動く程度にしかしない。たぶん自分を100パーセント充電しようという気力がないか、バッテリーをフル充電できない、修理が必要な状態なのだ。ここは、次に紹介する「サバイバル・ゾーン」で疲れ果てたあとに足を踏み入れるゾーンだ。ここで長居すればするほど、自分自身からも、心から楽しい、心地いい、満足だ、と感じさせてくれるものからも遠ざかってしまう。だから夢は、コンフォート・ゾーンではなく自己満足ゾーンで死を迎えるのだ。

それでも、自己満足ゾーンから戻って、成功することはできる――私がいいお手本だ。この本で紹介するテクニックを使って、私はあの暗闇から抜け出すことができた。だから、あなたが今このゾーンにいるなら、心配しないでほしい。一緒に歩んでいくために、私がここにいるから。

自己満足ゾーンで暮らし、そこで創造している人たちの頭の中にあるのは、こういうことだ。

「現状のままでいい。なんでもっと頑張らないといけないの？　結局、世の中は厳しくて不公平な場所でしょ。私は何をやってもなかなかうまくいかないの。夢を見たってムダよ。希望を持てばガッカリする羽目になる」

サバイバル・ゾーンとは何か

あなたが頑張り屋で、自分をコンフォート・ゾーンから追い出すクセがあるなら、たぶんほとんどの時間を「サバイバル・ゾーン」で過ごしている。とてつもない努力が、このゾーンの原動力だ。ここは果てしない比較・競争の場でもあるから、ねたみ、批判、恨みといった感情が生まれやすい。サバイバル・ゾーンでは、絶えず外に目を向けては、自分がほしいものを持っている人たちとわが身を比べて、「世間に実力を示さなくちゃ」という考えにとらわれている。

サバイバル・ゾーンでは、あらゆることが日々揺れ動くようだ。「できる」という信念も、ビジョンや恐れや疑いの明確さも、一瞬ごとに変わる。だから結局、たくさん勝ち星をあげても、つかの間の成功に終わったり、心もとない結果や思わぬ失敗に見舞われたりする。このゾーンでは、点数をつけるかのように進歩を測ることが多いから、本物の人間関係を築いたり維持したりしづらい。

サバイバル・ゾーンで活動していると、物事はうまくいくが、見返りが予測できないままに、途方もない努力を求められ、満足感もすぐ消えてしまう。最高の気分で成功を感じる日もあれば、へコんでしまう日もある。

サバイバル・ゾーンでは、次のいずれかの理由で、クタクタになることが多い。

❶必死で努力したのに、平凡な結果に終わる。
❷素晴らしい結果を維持するために、さらに努力を求められる。

このゾーンでは、せっかく望ましい結果を手に入れても、そのうち失敗や疲労や病気といった副作用に見舞われる事態に、自ら陥ってしまうことが多い。

サバイバル・ゾーンは、落とし穴だらけだ。そこには「私の行動はうまくいっている」と錯覚させるような前のめりの勢いが働いているからだ。そういうわけで、人は、イヤな気分になるような、なかなか結果の出ない行動や、心もとない結果しか出せない行動をやめられない。そうしたささやかな勝利や、達成できそうもない大きな勝利を求めて生きているから、いつも忙しくて、頑張りすぎで、ストレスがたまっている。

ストレスまみれだった祖父の話

サバイバル・ゾーンでは、いとも簡単に激務を美化して、ストレスと進歩を取り違える。そして、そんな生き方と相容れない価値観には、皮肉な態度を取りがちだ。たとえお金で買える最高のものがもれなく手に入っても、時間とエネルギーと、何より大切な健康をすべて犠牲にしてしまうだろう。

　私はそれを間近に見てきた。私が愛情を込めて「パパ」と呼んでいた祖父は、ピッツバーグの鉄鋼業界が熱かった20世紀半ばから後半にかけて、トップセールスマンに上り詰めた。祖父はそういう人だった。

　祖父の会社に対する忠誠心と献身ぶりは、現役時代、家族を連れて何度も転勤し、いくつもの州に住んだことからもうかがえる。週末には全米を回って研修を行い、商談をまとめた。平日は毎日、朝早く出勤し、夜遅くまで残業し、通勤の渋滞にも耐えた。家にいるときも、ビジネス系のラジオを聴いて勉強し、キャリアに磨きをかけていた。

　祖父は、アメリカンドリームを実現するために働いた。人生でよりよいものを手に入れて、家族の安全を守り、退職後も素敵な暮らしをするために。祖父が知る限り、そんな人生には、猛烈な努力と激務と献身が必要だった。努力すればするほど、大きな成功を収められる。

　幼い頃は、祖父に憧れていた。都会に立派なオフィスを構え、美しい家と何台ものクラシックカーを持っていた。祖父は、私が知る一番の成功者だった。祖父母と暮らしていた頃は、毎朝いそいそ5時に起きては「行ってらっしゃい」と祖父を見送った。祖母と私は、ほとんど真っ暗なディナーの時間になるまで、祖父に会えないのだった。

　家に帰ってくると、祖父はたいていストレスと疲労のせいでイライラしていた。帰宅するとすぐパイプにタバコを詰めて台所へ行き、ウオッカをオンザロックであおる。それがどういうことか当時はわからなかったけれど、大きくなるにつれて理解したのは、祖父がアルコール依存症だったこと。家族は祖父を助けようとあらゆることを試したし、本人も断酒会に出席したりしていたけど、変化は長続きしなかった。

年を重ねるにつれて、祖父はどんどんワーカホリックになって、対処法もあまり効かなかった。退職するとすぐにがんが見つかって、ゾッとするようなつらい数年間を過ごした末に亡くなった。

パパは給料をもらって仕事に打ち込む、多くの人たちと同じだった。猛烈に働いて、「引退したら最後に人生を楽しみたい」と思っていた。若いうちに必死で頑張れば、激務が最後に報われて、悠々自適に過ごせる――そんな幻想を抱いていた。でも、それはかなわなかった。引退したとき、パパはほしいものをすべて手にしていたけれど、健康を失っていた。

私はパパから多くのことを学んだが、こうも気がついた。祖父の人生はサバイバル・ゾーンで手に入る成功のお手本だった、と。ここは今日に至るまで、全米の圧倒的多数の人が活動しているゾーンだ。アメリカのオフィスは、人生の大半にわたってストレスにまみれ、働きすぎて、燃え尽きている人たちでいっぱいだ。みんな、それしか知らないからだ。企業の壁という壁は、サバイバル・ゾーンのしるしで埋め尽くされている。重役のデスクにうずたかく積まれた、書類の山を見ればわかる。すれ違う従業員の疲れた目や、昼間の大あくびでわかる。不出来な生産性報告書、部署間の信頼のなさ、休憩室で消費される大量のキャンディやコーヒーからもわかる。サバイバル・ゾーンでは、みんなただ収支を合わせ、何とか生き延びようとしているのだ。そしていつも、自分がほしいものを持っている人たちを物欲しそうに見つめて、思っている。「あともう少しだけ頑張れば、たぶんあれが手に入る」と。

「コツコツ頑張る」「バリバリ稼ぐ」と口にするとき、人はサバイバル・ゾーンの話をしている。「痛みなければ、得るものもなし」「よく働き、よく遊べ」などと言うときも、サバイバル・ゾーンで発言している。子どもに「金のなる木はないよ」「趣味は仕事にならない」なんて言うときも、サバイバル・ゾーンで子育てをしている。本当は、人生で無理をしたって長続きしない。物事は自然に展開させなくてはいけないのだ。あなたの気分がよくなることや、元気になることをしよう。それが成功の秘訣だ。

あらゆる問題に対するサバイバル・ゾーンの解決策は、より多くの、より大きな行動を取ることになりがちだ。まるで命でもかかっているみたいに。だから、サバイバル・ゾーンは、感情豊かな人や、一人になって充電する必要がある人には、厳しい環境になりやすいのだ。私の場合、「ここが不快で仕方ないのは、私がおかしいせいじゃない」と気づくのに何年もかかった。もし私が他人にあまり共感しない、もっと社交的な人間だったら、サバイバル・ゾーンでもっと長く生き延びて、心身ともにストレスまみれになるまでに、もっと時間がかかっただろう。パパがどん底に落ちることなく生き抜いたように、一生サバイバル・ゾーンで生きることができたかもしれない。でも、私の気質はサバイバル・ゾーンとは相容れなかったから、あなたも私のようにやや繊細で内向的なタイプなら、このゾーンはあなたにもダメージを食らわせるだろう。

反対に、あなたはこのゾーンの不安定な環境でも、長く生き延びられるタイプかもしれない。

サバイバル・ゾーンでみんなが賛同しているのは、「成功するためには、イヤな思いをしなくちゃいけない」ということ。あなたがその考えを受け入れて、主にこのゾーンで活動しているなら、おそらくこの本の前提自体をなかなか理解できないだろう！　その場合は、こう考えてみてほしい。「もしこの著者の言う通りだったら？」「ほしいものをすべて、ストレスなく手に入れられるとしたら？」「その方法が本当にあるんだったら、知りたくない？」と。

サバイバル・ゾーンで暮らし、創造している人たちが思っているのは、総じてこういうことだ。「世の中は競争が激しくて、情勢は私に不利だ。成功するのは難しいから、もっと頑張らなくちゃいけない。ストレスを感じているのは、今正しい道を歩んでいて、目標に向かって努力している証だ」

自分を自由に丸ごと表現できる家

あなたは、フローに入った状態で創造するのが好きだろうか？　セルフケアを優先している？　あなたにとって、本当の自分でいることは重要だろうか？　あなたには情熱がある？　目的を探し求めている？　成長を目指している？　意識的に生きている？　自分にとってすべてはうまくいっていて、人生は最終的に自分の思い通りになるように仕組まれている、と信じているだろうか？

今の質問のどれかに「はい」と答えたなら、あなたは今、コンフォート・ゾーンで暮らしている可能性がある。あるいは、そんな生き方を目指している。乾杯！　やったね！　それなら、このまま読み進めよう。この本で学ぶことが、夢見た通りの人生をよりスムーズに、より具体的に形にしていく助けになるから。

でも、今の質問を読んで、怒りや恨み、絶望、恐れ、言い訳で頭がいっぱいになったとしても、心配しないでほしい。この本がきっかけで心の習慣が変われば、コンフォート・ゾーンで手に入る、気楽でどんどん拡大していく人生を送ることができるから。

コンフォート・ゾーンを、「安心できて、批判を恐れずに自分を自由に丸ごと表現できる家だ」

コンフォート・ゾーンにあるもの

と考えてほしい。このゾーンには、あなたがわくわくし、自分や自分の人生に自信が持てるようになるあらゆるものが詰まっている。心地よく、しっくりくるもので満たされている。そこはあなたならではの空間で、たとえ外からの危険にさらされてストレスを感じても、あなたが自分のパワーで力強くいられる場所なのだ。

コンフォート・ゾーンにいるときは、たいてい脳の扁桃体（ストレスを司《つかさど》る部位）が活動していない。だから、突然台所で火が出るなど、危険が迫ったとき以外は、心穏やかに安心していられる。おかげで「休息と消化」モードに入れるので、身体は癒やされて回復に向かう。また、脳波もペースを落としてアルファ波に変わるので、よりクリエイティブに問題を解決できる。

安心していると、身体的にも、心拍のリズムが安定した状態《コヒーレンス》になりやすいことは、アメリカの研究機関「ハートマス研究所」が行った「心臓と脳の相互作用」という科学研究でも明らかになっている。体内のすべての臓器は心臓と同期しているので、安心しているとすべての臓器が安定する。

つまり、すばやく癒やされ、より効率的に働ける状態になるということ。だから、コンフォート・ゾーンでの創造は、とてもパワフルなのだ。命がけで闘っているときには到達できない身体的、心理的、感情的な健康状態に至れる。その結果、あなたはさらに健康に、クリエイティブに、心穏やかになり、自分の願いに向かってさくさく進んでいくことができる。

コンフォート・ゾーンは、静かに淀んだ場所ではない。むしろ、あなたが許せば、コンフォート・ゾーンは成長し、拡大し続ける。どんどん広がり、大きくなっていく。私たちがさまざまなことを経験したがる、学習する生きものだからだ。自分の能力や経験の限界に挑み続けるのが、人間の本質なのだ。

うちの子たちがコンフォート・ゾーンにいるとき、2人と触れ合うのは最高に楽しい。物事を楽々とこなし、行動は喜びにあふれている。何に挑戦するにせよ、「できないかも」と疑ったりせず、大喜びで自分の限界を広げ、学んでいる。

コンフォート・ゾーンは、安全な場所から生まれる

娘がよちよち歩きの頃、家の近くにある大きな公園によく連れていった。最初の何回かは、あまり私のそばを離れたがらなかった。ほんの数メートル先までちょこちょこ歩いてみるものの、安全な私のそばにすぐ戻りたがる。ほかの子たちと遊ぶことなどすっかり忘れて！　まるでこの世にママしかいないかのよう。娘のコンフォート・ゾーンには、私以外のものは、ほぼ存在しないのだった。

「コンフォート・ゾーンは、静かに淀んだ場所ではない。むしろ、あなたが許せば、コンフォート・ゾーンは成長し、拡大し続ける。どんどん広がり、大きくなっていく。」

私がそばにいると、娘は安心していた。私が一緒にいる限り、大喜びで探検する。気楽にのんび

りと公園を歩き、新しいことに挑戦するのさえ、ゆったりと楽しんでいた。冗談を言い、探検し、危険も冒せる。ところが、イヤな気分になった途端に、心を閉ざし、怖がって、必死で私にしがみつこうとしていた。

同じ公園を何度も訪れるうちに、娘のコンフォート・ゾーンが広がり始めるのがわかった。そのうち、滑り台を滑り降りるときも、手を握ってやる必要はなくなった。私からほんの少し離れて歩くことができるようになり、私がベンチに座って見守っていても、私の存在を忘れて走り回れるようにもなった。ほかの子たちに話しかけ、気楽に、自然に友達をつくり始めた。

面白いのは、人はわが子には、コンフォート・ゾーンを徐々に広げるのに必要なスペースを喜んで与えるのに、自分自身にはそうしてあげないこと。わが子が健康に育つためには、「傷つけられるかも」「捨てられるかも」なんて恐れずに、安心と心地よさに包まれて周りの世界を探検する必要がある、と理解している。それなのに、いざ自分のこととなると、いきなり思うのだ。「安全と心地よさが人をダメにする」と。

コンフォート・ゾーンで生きると、今この瞬間、自分がどんな気分でいるかがよくわかるようになる。だから、不安や恐れやストレスを感じる道ではなく、安心できて心地がよくて「支えられている」と感じる道を選べる。コンフォート・ゾーンは、安心・安全な場所から生まれる。そして、そんな素朴な欲求が満たされると、コンフォート・ゾーンは拡大していく。

私はまさにこの方法で、「パワー・オブ・ポジティビティ」を何千万人ものコミュニティに成長させた。いろんな人たちから、「あなたの成功の秘訣を、うちのチームに指導（もしくは助言、講演）してもらえませんか？」とよく言われる。もちろん、お話しできる経験やスキルやプロセスはあるけれど、よそで見聞きするものとそう変わらないだろう。私の日々のビジネス・プロセスを、私より上手に分析している書籍やプログラムは山ほどあるし、指導者も大勢いる。実のところ、私もまだ学習中なのだ。

私の成功の秘訣は、常にコンフォート・ゾーンと調和し、コンフォート・ゾーンの拡大に努めていることだ、と信じている。どん底を経験して心に決めたのだ。もう二度とコンフォート・ゾーンから自分を追い出さない、と。もうヘトヘトになるまで働くことはないし、成功のために誰かの地図に従うこともない。その代わり、自分の内側に目を向けて、自分にとって自然で心地よいことをしていく。そして、その場所から拡大・拡張していく。

安心感に包まれるメリット

コンフォート・ゾーンで生きていると、朝、目的を持って目を覚ますようになる。明晰さを手に入れられるのだ。直感のひらめきが降りてくるようになり、そのひらめきに従って行動することを、自分に許せるようになる。コンフォート・ゾーンは安心感に包まれているので、そこにいるときは自然と、楽しくて充実したイベントや人間関係、仕事を優先させるようになる。

そして、自分にこう尋ねる。「今日はどんなふうに世の中の役に立てるだろう?」「今日何か1つ、面白いことができないかな?」「どうすればこの課題を、気持ちよく解決できる?」

コンフォート・ゾーンで活動すると、他人のアドバイスより自分の心のアドバイスに耳を傾けるようになる。自分を信じているからだ。自分を他人と比較しなくなるのは、誰もがそれぞれの旅をしている、と気づくから。健全な境界線を設けて、それを大切にするようになる。その結果、誰かがつくったロードマップに従うのではなく、自分の流儀で人生を生き始める。

コンフォート・ゾーンとは、自分のためにこしらえた、自分を守るシャボン玉のようなもの。人生を安全に、自信を持って、明晰に、クリエイティブに生きる助けになってくれる。信頼、連帯感、地に足の着いた感覚、明晰さ、目的意識は、コンフォート・ゾーンで実際に味わえる感覚だ。ここは、さくさくと目標を達成し、苦もなく創造ができるゾーン。コンフォート・ゾーンの中では、目的意識を持って、明るく楽観的に日々を過ごせるだろう。

コンフォート・ゾーンで暮らし、創造している人たちが思っているのは、総じてこういうことだ。「人生は賢く設計されているから、どんなことだって常に、私の最高・最善につながっている。成功するために私がするべきことは、自分らしく生き、自分の心のアドバイスに従うことだけ。私が夢を見て、それを『ほしい』と求めれば、必ず受け取ることができる」

コンフォート・ゾーンへの大いなる誤解

1．コンフォート・ゾーンで生きるのは、夢をあきらめること。

多くの人は、現状に満足したり幸せを感じたりすることを心から恐れている。満足することはあきらめることだ、と誤解しているからだ。

ウソだと思うかもしれないが、実は、逆こそが真実だ。

そもそも自分がどこから出発しようとしているのか、それを正直に見つめない限り、行きたい場所には到達できない。たとえば、GPSを使ってレストランに行きたいなら、目的地にレストランの住所を入れて、現在地に他人の住所を入れる人はいない。道順がわかっても、役に立たないからだ。ところが、今いる場所にしばられるのを恐れて、今の状況や環境を否定している人は、まさにこれをやっている。

コンフォート・ゾーンで生きることは、自分が今この瞬間にどこにいて、どんな人間なのかを受け入れること。それは、夢をあきらめることとは何の関係もない。現在地を認めれば、夢をかなえるのは、はるかにたやすくなるだろう。あなたがどこへ行きたいにしろ、現在地からそこに向かって、現実的な一歩を踏み出せるからだ。

2. コンフォート・ゾーンで生きるのは、不快なことを一切やらないこと。

アメリカの作家ジェームズ・クリアーは、著書『ジェームズ・クリアー式 複利で伸びる1つの習慣』（パンローリング）の中で、「ゴルディロックスの法則」について語っている。「人間のやる気が最も高まるのは、今の自分の能力のちょうど上限くらいの課題に取り組むとき。難しすぎず、簡単すぎず、ちょうどよい難しさのときだ」と。

私たち人間は、もともと挑戦するのが大好きだ。成長を好み、自分の能力を伸ばしてくれることに挑戦したがる。ただ、課題が難しすぎるとやる気を失って、あきらめてしまいがちだ。

そういうわけで、たとえコンフォート・ゾーンで暮らしていても、人は心地よくないことにも取り組むようにできている。ただし、コンフォート・ゾーンの中で不快なことをするのと、外でするのとでは雲泥の差がある。

たとえば、身体がこわばっていたら、無理のない範囲でストレッチをしても、少し違和感を覚えるし、ちょっぴり痛く感じるだろう。でも、リラックスするコツを学んでいたら、ストレッチで筋肉をほぐせる。とはいえ、無理やり180度の開脚をしたら、大けがをしかねない。

コンフォート・ゾーンで暮らしていると、直感に従って、自分にとって心地よいやり方でコンフォート・ゾーンを広げられる。つまり、終わらせたい仕事が自分にとって怖いものだとしたら、自然と、よりラクで怖くないやり方を模索し始める。そうやって自分のために橋をかけるのは、「人生は本来、つらいものでも危険なものでもない」と理解しているからだ。道中を支えてくれるサポート・システムや指導者《メンター》やツールを、自分で探し求める。このプロセスは「足場かけ」と呼ばれる。足場かけについては、もう少し先で詳しく掘り下げる予定だ。

3. コンフォート・ゾーンに留まるのはラクな道だ。

そう、その通りだ。でも、ラクな道を選んで、何がいけないのだろう？

ハイキングに出かけたら、岩石の破片や落ちた枝のないラクな道を歩きたくないだろうか？　それとも毎回、新しい道を切り拓きたい？

人生の文字通りすべてにおいて、人は物事をシンプルに体系化する。両手の10本の指をすべて使ってすばやく効率的に文字が打てるよう、人はキーボードをつくった。長距離をより短時間で移動できるよう、燃料をエネルギーに変えるエンジンを開発した。食事の準備をするときになるべく動き回らなくてすむように、台所を設計した。こうした取り組みはすべて「賢い働き」として評価されている。身体だってエネルギーを温存し、最適化するようにできている。そのおかげで、臓器を構成する何兆個もの細胞が効率的に協働できるのだ。人間は、人生をより効率的で心地よいものにするよう生まれついている。

なのになぜ、人生を生きるにあたって、「ラクな道」を選ぶことに抵抗するのだろう？　なぜ「成功するには、自分を不快な状況に追い込まなくちゃいけない」なんて感じているのだろう？

そろそろ許してもいい頃だ、と私は思う。気楽に、心地よく、自然体で、最高の人生を生きてもいい！　と。どう？　目からウロコじゃない？

あなたはいま、どのゾーンにいる？

人生のさまざまな段階《ステージ》において、「人生の3つのゾーン」を出たり入ったりするのはごく普通のことだ、と知っておこう。先ほどの説明で、自分が今どのゾーンにいるか、すでにおわかりの人もいるだろう。確信が持てない場合は、少し時間を取って練習2の「ゾーン診断」（P92）を完了しよう。自分が今、どのゾーンに足を踏み入れているのか、それはなぜなのかが、さらにはっきりと見えてくるだろう。

練習2の文章を読んで、各文と自分との関係を評価するときは、自分に正直になろう。結果をほかの人に見せる必要はないけれど、正直に、率直に答えることが大切だ。

人生の3つのゾーン

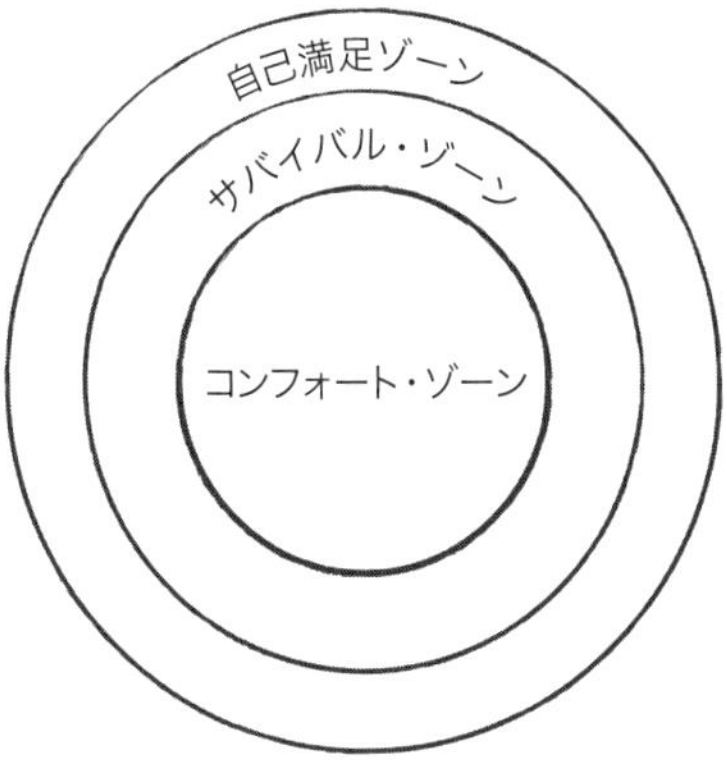

次の文章の中には、それを認めるのは「後ろめたい」「恥ずかしい」などと感じるものもあるだろう。その場合は、愛情を持って自分に優しくしてほしい。それを自分への攻撃材料ではなく、情報だととらえること。自分を正直に見つめ、100パーセント受け入れる気持ちになれたら、心が相当ラクになるはずだ。

自分をたたかずにいられない、という人には、ぜひ知ってもらいたい。次に挙げる文章はどれも、私が実際に経験したことだ。人生のある時点では、四六時中、こういう感情や思い込みを抱えていた。自分をコンフォート・ゾーンから追い出している思考や行動のパターンを自覚したこと——それが私にとって、自分に戻る旅の第一歩だった。

コンフォート・ゾーンを拡大する練習―2

あなたはいま、どのゾーンにいる?

次の各文について、1〜5のどれが当てはまるか記入しよう。

まったくそう思わない――1
あまりそう思わない――2
時々そう思う――3
頻繁にそう思う――4
いつもそう思う――5

◀1〜5で回答

1 私は将来を心配している。 □
2 私は簡単に自分の欲求をないがしろにする。 □
3 自分を優先すると、罪悪感を覚える。 □
4 ほかのみんなはほしいものを手に入れているようだが、私はまったく手に入れていない。 □
5 他人に本当の自分を知られるのが怖い。 □
6 私は心の余裕を失っている。 □
7 夜なかなか眠れない。 □

8 朝起きたときに、疲れが取れていない。 □
9 自分の直感を信じていない。 □
10 自分との約束をなかなか最後まで守れない。 □
11 私の幸せは、自分の力ではどうにもできない。 □
12 幸せになりたいが、どうすればなれるのかわからない。 □
13 自分の仕事も、生活のためにしていることも好きではない。 □
14 私の人生には、毒になる人がたくさんいる。 □
15 将来を思い描くと不安になる。 □
16 将来のことを考えると、なかなか行動できない。 □
17 人生はつらいものだ。 □
18 こんなに不確実なことが多いと、希望を持ちづらい。 □
19 心身によくないものを食べている。 □
20 自分自身に対して、意地悪な思いを抱いている。 □
21 他人に対して、批判的な思いを抱いている。 □
22 たびたび頭痛がしたり、筋肉がこわばったり、健康問題を抱えたりしている。 □

23	家族や友達から、距離を置きがちだ。	
24	アルコールや薬物やタバコなどの物質を使って、気をまぎらわせている。	
25	感情が浮き沈みしやすい。よくイライラし、不満を感じ、不機嫌になって、腹を立てている。	
26	自分自身や自分の欲求を表現するのが苦手だ。	
27	私は他人に利用されている。	
28	自分のほしいものがわからない。	
29	四六時中ベッドにいたい。	
30	私は取るに足りない存在で、誤解されていると感じる。	
	合計点	

各文に1～5の点数をつけたら、すべて足して、結果を「合計点」の欄に記入しよう。この点数でわかるのは、あなたが普段活動しているゾーンと、それ以外のゾーンとの近さだ。

30～90点　コンフォート・ゾーン

合計点がこの範囲内なら、あなたはたいていコンフォート・ゾーンで活動している。つまり、自分の成長や拡大に力を入れつつ、自分の欲求を大切にする時間も取っている。また、必要なときには進んで助けを求め、ポジティブな解決型の姿勢で課題に対処しているから、求めている扉を見つけて開けることができている。

▼課題：コンフォート・ゾーンにおける最大の課題は、いかにそこに留まり続けるかだ。世の中は「物事が簡単にうまくいくなんておかしい／恥ずかしい」などと吹き込んでくるだろう。「そろそろ悪いことが起こるはず」「ラクに得たものはラクに失われる」といった言葉には、ラクで楽しい人生を期待することへの抵抗がにじんでいる。でも、そんな言葉を受け入れないこと！　そんな価値観は、コンフォート・ゾーンで生きていない、コンフォート・ゾーンで生きるパワーやポテンシャルを理解していない人たちがこしらえたものだ。

▼耳寄りな話：ここで朗報だ。コンフォート・ゾーンで長く過ごせば過ごすほど、人生がラクになり、幸運に恵まれ、ますます簡単にチャンスがめぐってくるようになる。そんな結果を当たり前だととらえて期待すればするほど、コンフォート・ゾーンがくれる自然な拡大になじめるだろう。

▼次のステップ：そのままポジティブなマインドセットを保つ努力を続け、内なる環境を育み続けよう。本書で紹介するツールを使って自分のコンフォート・ゾーンを明らかにし、コン

フォート・ゾーンで活動する能力を磨き続けること。それを続ければ続けるほど、チェック表の点数は低くなり、人生がますます楽しく充実したものになる。

91〜120点　サバイバル・ゾーン

合計点がこの範囲内なら、あなたは主にサバイバル・ゾーンで活動している。ここは必死で頑張っているのに結果はまちまち、というゾーンだ。この範囲内でも点数が低めの場合は、自分の努力に満足している可能性がある。自分の行動はうまくいっている、と感じているのかもしれない（どのみち結果は見えてくるが）。自分をさらなる行動へと駆り立てるような思い込みを抱え、「痛みなければ、得るものもなし」「死んだらゆっくり寝るわ」などと口にしている人もいるだろう。もしかしたら、不快な状況でも頑張れる自分を誇りに思い、限界以上に自分を追い込んでいるかもしれない。点数がこの範囲の上限に近い場合は、燃え尽きそうになっているはずだ。努力で成果は出ているかもしれないが、健康問題やストレス、人間関係のあつれきが生じている可能性がある。燃料やモチベーションが底をつき始めているのを感じており、ヘトヘトになって燃え尽きる日も近いだろう。

▼**課題**：サバイバル・ゾーンの課題は、ここにいる間は前のめりの勢いを感じて、「ここはいいところだ」と思ってしまうこと。努力がしばらくは実を結ぶものの、そのうち心身の健康に悪影響が出ていることに気づき始める。

▼耳寄りな話：ここで朗報だ。どんなときもレンズを内に向けて、自分の欲求を大切にすることはできる。サバイバル・ゾーンでは、そんな小さな取り組みが心の安心やバランスをもたらし、地に足を着けるのに大いに役立つだろう。要するに、人生を激変させなくても、安心し、ラクになることはできるのだ。

▼次のステップ：このゾーンで自分に与えられる最高のプレゼントは、自分をヘトヘトにしている思い込みや価値観に異を唱えること。ぜひこう言ってみてほしい。「たぶんもっとラクな方法があるよ。あるなら、見つけたくない？」。そして、本書で紹介している、少しずつコンフォート・ゾーンに近づく方法を試してみよう。あなたが心地よさや気楽さや安心を優先すればするほど、人生はさらにラクに、さらに楽しくなる——と私が約束しよう。これは今日、あなたが自分にできる素晴らしいプレゼントだ。

121〜150点　自己満足ゾーン

合計点がこの範囲内なら、あなたは自己満足ゾーンにいる。行き詰まりを感じて、希望を失っているかもしれない。もうクタクタで、新しいことに挑戦するエネルギーは、文字通り1滴も残っていないかもしれない。以前は大好きだったことがどうでもよくなって、あきらめ感が頭をよぎっているだろう。大きな健康問題を抱えている可能性もある。

▼課題：自己満足ゾーンの一番つらいところは、そこで味わう感情だ。恐れ、絶望、困惑、落

ち込み、さらには、望まない人生にはまり込んでいる感覚のせいで、抜け出し方を考えることすら難しいかもしれない。「もうどうでもよくない？」と心の中でつぶやいて、自分をさまざまにたたいているだろう。

▼耳寄りな話：自己満足ゾーンのよいところは、ここに至ると、ようやくあきらめがつくことだ。失敗を認められるのだ。自分がしてきたことはどれもうまくいかなかったのだから、これ以上頑張る必要がある？　人はあきらめたとき、抵抗をすべて手放して、自分への批判や期待からようやく解放される。これが、人生が好転し始める瞬間だ。プレッシャーのないこの状態を保つことができれば、思っているより簡単に、自分をコンフォート・ゾーンへ導ける。

▼次のステップ：あきらめて、必死で頑張るのをやめて、くつろぎ、握りしめていた手綱も抵抗も手放そう。実はあなたは今、コンフォート・ゾーンに移れる完璧な場所にいる。この本の「心地よい状態をつくるためのプロセス」が一歩ずつ、コンフォート・ゾーンへ導いてくれるだろう。このまま読み進め、練習にもれなく取り組んでほしい。みるみるうちに、エネルギーに満ちた、楽しい人生を生きている自分に気づくだろう。

あなたが成し遂げたこと

乾杯！　Chapter3を読み終えたね！　結構な分量だったけれど、「人生の3つのゾーン」の説明を読んで、人生のいろんな時期にそれぞれのゾーンで暮らしていたことを思い出したのではないだろうか？　心に留めておいてほしい。サバイバル・ゾーンや自己満足ゾーンで暮らしていても、何も恥ずかしいことはない。あなたが経験したすべてのゾーンが、今のあなたをつくっているのだから。最悪の経験を含め、あらゆる経験を経て、今のあなたがいるのだ。

「人生の3つのゾーン」を理解し、どんなときも自分が今いる場所を知り、心の安らぎやつながりを育めるゾーンに向かうこと――それが私の知る限り、人生の質を上げる何より効果的な方法だ。今いる場所がわかれば、そこをスタート地点として、行きたいゾーンにうまく到達できる。聞いて！　楽しく充実した経験を生み出したいと願うことは、人が生まれながらに持つ権利なのだ。

次の章では、コンフォート・ゾーンの外で生きるのが、いかに危険かに目を向けてみよう。体内で、生理学的な変化が起こってしまうのだ。すでにお話ししたように、コンフォート・ゾーンの外で生きると、脳のストレスの中枢である扁桃体が刺激され、成長したり新しいことを学んだりする能力の邪魔をする。常にコンフォート・ゾーンで活動していれば、脳に新たなことを学ぶチャンスを与えられるから、自分の能力に自信が持てるし、自分への信頼を取り戻すことができる。

さあ、前に進もう！

Chapter 4

コンフォート・ゾーンと自尊心の深い関係

他人に対する信頼が壊れると、その人との関係に自信が持てなくなる。自分自身との関係にも、同じことが言える。自分を信頼できないと、人は疎外感を覚え、混乱し、不安になる。そう、到底自信を持てる状態ではなくなってしまう。あなたが常にコンフォート・ゾーンの外で暮らしていたら、ネガティブな感情の無限ループにはまって、自尊心も自信も打ち砕かれてしまうだろう。

自尊心は、自分の能力や信用や価値にどの程度自信を持っているかと深くつながっている。自尊心は、「自分が他人からどう見られていると感じるか」に重要な役目を果たしている。自尊心がボロボロになると、人から嫌われている、憎まれている、と考えがちになる。自信喪失、自己批判、批判、恥、孤独、といった感情を抱きやすくなる。

子どもの頃のことを思い出してほしい。親や友達、家族の誰かや先生が、自然で心地よい場所からあなたを追い出して、不安やストレスを感じる状況へと追い込んだ出来事はなかっただろうか？

たとえば、内気だったのに、「クラス全員の前で発表しなさい」と言われたかもしれない。あるいは、社交的でやんちゃだったのに、「じっと座っていなさい」「問題を起こすな」と言いつけられたかもしれない。

そのとき、あなたはどう感じた？　その出来事のせいで、自分自身や自分の能力について、どんな物語を自分に伝えただろう？　それがあなたの感情や行動に、どんな影響をもたらしただろう？

無理やりクラスメートの前で発表させられた子どもは、以来ずっと人前で話すことが苦手なままかもしれない。「あなたはどうかしてるよ」と自分に言い放ってしまったかもしれない。

結局のところ、仲間の前で話をするのが不安な人間なんて、ほかにはいない気がする。中には、人前で自分の考えを話すのが楽しくてならない人もいる。それなのに自分ときたら、職場のプレゼンテーションや、大小さまざまな集まりで話さなくてはならないことに、恐れおののいて暮らしている。

「僕は人前で話すのが本当に下手くそだ」と、つぶやいているかもしれない。「子どもの頃からうまく話せたためしがないんだ」と。

一方、口をふさがれたやんちゃな子どもは、自分のテンションの高さや声や自己表現の仕方を「どうかしている」と思い込んでしまったかもしれない。自分は「やかましい」「問題児だ」などと考えて、気後れしたり、後ろめたく思ったりしているかもしれない。

「なんでほかのみんなみたいに、普通にできないんだろう？」と、悩んでいる可能性もある。

自尊心がなくなると、自分への信頼もなくなる

幼い頃に、自分にとって当たり前なことを「どうでもいい」と軽んじられたり、自分が心地よいと感じる方法で自己表現すると「おかしい」と言われたりしたら？「自分はどうでもいい存在だ」「自分にとって当たり前で心地よいことはおかしい／異常だ」ととらえるだろう。そのせいで自分をネガティブな目で見たり、たたいたりし始めると、自尊心が傷ついてしまう。そして結局、周りの人たちの基準に従い始める。それはたいてい、自分の資質や才能とは相容れないものだ。


自尊心と、他人とつながる能力には深い関係がある。研究によると、自尊心が低ければ低いほど、人とつながるのが難しくなり、孤独を感じやすくなる。

誰かが「昔から数学ができないの」「集中力がないんだ」なんて言うのを聞くたびに、私は思う。子ども時代のどんなストレスフルな体験が、その思い込みをつくったのだろう？と。

これも研究でわかったことだが、自尊心と信頼も密接につながっている。１９７４年に行われた

『Journal of Personality and Social Psychology（人格・社会心理学ジャーナル）』の調査で、研究者のクレイグ・W・エリソンとアイラ・J・ファイアストンは報告している――自分や他人を信じる能力や意欲は、自尊心の程度に影響されている。他人を信じるためには、まず自分を信頼しなくてはならないし、他人に「私を受け入れて」と頼む前に、まず自分自身を受け入れなくてはならない。

問題は、自尊心が損なわれると、信頼する能力も損なわれること。そして、自分への信頼が損なわれると、自分の直感も、考えも、好みも、行動も疑い始める。世の中でどのように姿を現しているかは、自分自身との関係をそのまま映し出しているから、自分への信頼が壊れている場合は、周りの人たちへの信頼も壊れているだろう。その結果、世の中も、世の中の多くの人たちも、環境も、でたらめで敵意に満ちて、信頼できないものになっていく。

アメリカの人気司会者オプラ・ウィンフリーがOWNテレビで主催した「スーパーソウル・セッション」という講演シリーズがある。その中で、研究者で作家のブレネー・ブラウンが、「信頼の構造」という講演をした。ブレネーは、信頼の構築をガラス瓶にビー玉をためる行為にたとえて説明した。「信頼は、一見取るに足りないささやかな行為によって、築かれたり壊れたりします」と。相手の名前を覚える、お葬式に参列する、助けを求める、「電話する」と約束した時間に電話する……どれもこれも瓶にビー玉を入れて、信頼を築く行為だ。そんなささやかな瞬間に人は信頼を築くことができるし、同時に、そんなささやかな瞬間に信頼を壊して、瓶からビー玉を取り出す羽目になる。

人は他人だけでなく自分自身との関わりにおいても、同じように信頼を築いたり壊したりしている、と私は思う。人生の一見取るに足りない瞬間にした、ささやかな行為によって。とはいえ、自分を信頼することに関しては、そんな瞬間が、自分にはどうしようもない力によってもたらされることも多い。

たとえば、子どもが大人から、学校の成績や社会生活にプラスになるからと、やりたくないことを求められる瞬間がそれに当たる。そうした状況では、自分を信頼できるようになる場合と、できなくなってしまう場合がある。ある子どもはさっと立ち上がって、クラスの前で素晴らしい発表をして、「人前に立つのは気持ちがいいな」と感じるかもしれない。でも、別の子どもは、みんなの前に立ったものの、気まずくなって言葉に詰まり、もじもじして、人前に立つ自分を「信頼できない」と決め込むかもしれない。2人が対照的な経験をしたのは、子どもによってコンフォート・ゾーンが違うからだ。ある子どもにとっては、人前で話すことはコンフォート・ゾーンの内側、もしくはギリギリ範囲内の行動でも、もう1人の子にとっては、コンフォート・ゾーンをはるかに越える行動だったのだ。

子どもたちを見ていると、表現も興味もそれぞれに違っているのがわかる。どの子にもどうやら生まれながらに、ユニークな好みがあるようだ。うちの子どもたちも、遺伝子の構成はほぼ同じはずだし、同じ環境で同じように育ったのに、性格や好みがまったく違うから、コンフォート・ゾーンも大きく違う。上の子にとってはラクで楽しい活動でも、下の子は退屈したり怖がったりする。つまり、子どもが自信を持てる活動や状況は、その子によってさまざまに違うのだ。

残念ながら、「コンフォート・ゾーンから追い出された」というたった一度の経験で、セルフイメージがひどく損なわれることもある。脳がいったんある活動を「怖い」と決め込んでしまうと、そこに近づくと常に不安を感じるようになる。だから子ども時代の体験は、大人になっても尾を引きやすいのだ。

あなたが気づいていないのは、心地よい場所から自分を追い出すと、生理学的な影響を受けることだ。脳科学者のジル・ボルト・テイラー博士は、著書『奇跡の脳――脳科学者の脳が壊れたとき』(新潮社)でこう述べている。「入ってくる刺激をおなじみのものだと認識したとき、脳の扁桃体(ストレスの中枢)は落ち着いている……。しかし、なじみのない、あるいは脅威となりかねない刺激に反応した瞬間に、扁桃体は脳の不安レベルを上げて、注意を目の前の状況に集中させる」

コンフォート・ゾーンで過ごすことに抵抗したり、恥ずかしく思ったりすればするほど、自分自身との信頼関係を壊す危険も増す。

野生のトラに追われているときに、扁桃体が活発に働くのはありがたいことだ。けれど、その働きは、日常生活を台無しにしかねない。注意が自己防衛に向かうあまり、どんな学びもクリエイティブな問題解決も疎かになるからだ。つまり、大人でも子どもでも、コンフォート・ゾーンの外で活動すればするほど、脳の学習能力や、新しい情報を記憶する能力が妨げられる。

自分を信じる能力は、コンフォート・ゾーンとの関係と密接につながっている。コンフォート・ゾーンで過ごすことに抵抗したり、恥ずかしく思ったりすればするほど、自分自身との信頼関係を壊す危険も増すのだ。

コンフォート・ゾーンではそのままの自分でいい

コンフォート・ゾーンの中では、自分への信頼、自尊心、自信が培われ、本当の自分自身でいられる。コンフォート・ゾーンの外で生きているときは、無意識のうちに自分にこう告げている。「今のあなたは間違ってる。あなたにとって当たり前のことなんて、大事なことでも価値のあることでもない」と。「何かを成し遂げたいなら、今のままじゃダメ。ほかの人がしていることをして、ほかの人のように生きなさい」。そう言い聞かせてしまうのだ。それでいて首を傾げている。なぜありのままの自分に自信が持てないんだろう？　なぜこんなふうに自分をたたいてしまうんだろう？と。

でもそれなら、必死でバリバリ働いて、頑張りすぎているのに、心から満足し、自信にあふれているように見える、あの人はどうなるのだろう？　あなたは、友達や家族や同僚を思い浮かべて、そう思うかもしれない。明らかにサバイバル・ゾーンで生きているのに、自尊心が高い――もしくは、自意識が強い――人たち。彼らは何だってうまくやり遂げて、自分の能力や意見や行動をみじんも疑っていないように見える。あなたは思っているだろう。「ああ、ほんとに自信満々だよね」「あのとてつもない自信がうらやましい！」と。

自信過剰な誰かには、じっくり目を凝らすことが大切だ。一体どんな感情に駆られて行動しているのだろう？　安全で心地よい内なる場所から生まれる本物の自信は、他人に認められたり、他人を支配したり、自分が正しくあるために誰かを悪者にする必要がない。私はそうした行動を、自信や自尊心ではなく、不安や自己批判やエゴのしるしだと考えている。自分の価値や自己意識が脅かされていると感じると、人は自分を「正当化しなくちゃ」「守らなくちゃ」と考えるのだ。

社会の中で子どもたちがどう扱われているかに目を向けると、世の中の大人たちが、なぜコンフォート・ゾーンとこれほどぎくしゃくした関係しか築けないのかがよくわかる。また、なぜ多くの人が「私には価値がない」「不安だ」「僕は無力だ」なんて感じているのかも。子どもたちはたいてい、何に心地よさを感じるか、尋ねてもらえない。自分の教育カリキュラムを計画する段階で、意見を聞かれないのだ。

私たちの社会には、子どもが何に自然と引きつけられているかに気づいて、そのスキルを育んだり伸ばしたりする、という習慣がない。代わりに、画一的な教育をしている。教育や子育てさえも標準化して、「社会でうまくやっていくには、決められた箱の中に収まらなくちゃいけない」と、子どもたちに教えている。その箱は、多くの子どもたちにイヤな思いをさせている。一体何度耳にしたことだろう？　何かにわくわくしていたら飛んでくる「好きなことは趣味にして、ちゃんとした仕事に就きなさい」という言葉を。あなたもわが子に何度、そう言ったことがある？

一方、子どもがハッとするような創造力を発揮するのは、安心して心地よく、何の制約もなく過ごしている瞬間だ。子どもは自分を表現するために生きているから、心地よいときに、目を見張るようなユニークな自己表現をする。

自分を表現するために生きているのは、実は子どもたちだけではない。大人も、自分の想像力の限界を探り、自分の考えを表現しているとき、心から喜びを感じる。楽しくわくわくするような体験にどっぷり浸る――そんな人生を生きているときに、一番の幸せを感じる。

ちょっぴり「怖い」体験も含め、自分をわくわくさせる体験は、コンフォート・ゾーンの外には絶対にない、と知っておくことが大切だ。うきうきしたり、楽しかったり、気楽に感じたり、少なくとも「達成できる」と感じるものは、コンフォート・ゾーンの中にある。自分をイキイキさせ、行動したくてたまらなくさせる――そんな感情がわいているなら、自分にとって自然な考えで動いているしるしだ。

コンフォート・ゾーンにいるとき、人は「そのままの自分でいい」という許可を出している。常にコンフォート・ゾーンで活動している人は、脳に新しいことを学ぶチャンスを与えている。すると、自分の能力に自信が持てるようになり、自分への信頼も回復していく。自分にこんなメッセージを送っているからだ。「今していること以外に何もしなくていいし、今の自分以外の何者にもならなくていいよ」。これは多くの人にとって、パワフルな人生の転機になるだろう。私にとっても、ようやく息をすることができた瞬間だった。

一気にどさっと肩の荷が下りて、やっと自分に尋ねられるようになったのだ。「今日は何をしたい？」と。世の中の「やるべきこと」に耳を傾けるのをやめて、ついに「自分の心地よさに従って行動していいよ」と許可を出したとき、自分自身との関係を立て直す第一歩を踏み出せた。数週間のうちに、気分がよくなり始め、昔大好きだったことをしたくなった。やがて、心が躍るような在宅ワークのチャンスがめぐってきて、深い満足感が根を張りだした。ずっと留守にしていた家に戻ったかのよう。ほどなく、満足感は希望とわくわく感と喜びに変わった。

あなたが成し遂げたこと

Chapter4を読み終えたね。やった！　あなたはもう、コンフォート・ゾーンを離れることが、自尊心にどんな悪影響を及ぼすかをはっきりと理解している。コンフォート・ゾーンに留まれば、脳に新しいことを学ぶチャンスを与えられるから、自分の能力に自信が持てるし、自分への信頼を回復できる。これを知ったことが人生の転機になるだろう。あなたもついに「本当の自分でいていい」という許可を出せるからだ。

ありのままの自分を受け入れたら、心から望む人生に向かって歩を進められる。次の章では、自分の内なる英知に触れて、耳を傾ける大切さについてお話ししていく。望み通りの人生を創造する方法を本当に知っているのは、あなただけだからだ。あなたを導き、一緒に旅ができることに、私はうきうきしている。そして、あなたが内なるアドバイスにしっかり耳を傾けてくれることを信じている。また、次の章では、私の「心地よい状態をつくるためのプロセス」をご紹介したいと思う。これは文字通り、あなた自身のコンフォート・ゾーンをつくる青写真になるだろう。

Chapter
5

心地よさは「本来の自分」からはじまる

想像してみてほしい。あなたが話しているのにまったく聞いてくれない誰かと暮らしているところを。願いや考えや好みを伝えても、まるで無視される。相手は、あなたがいないかのように振舞っている。そしてある時点で、あなたが言うことはすべて間違っている、と決め込み、以来ずっと、何かを提案しても、まったく逆のことをしている。あなたの声が聞こえているのに、「いや、そんなはずないよ。ほかの人の意見を聞いてみよう」なんて反応をする。これがまさに、あなたが自分自身にしていることだ。自分の真実や内なるアドバイスを無視しているならば。

いつだって頭の中で、いろんな声があなたに話しかけているはずだ。正しい声に耳を傾けることが、心から望む人生を創造するカギになる。おなじみの心のおしゃべりは、周りの世界を批判し、いいとか悪いとか分類し続けているだろう。破滅的な声も聞こえるだろう。この声は、ほんの小さなリスクやミスを見つけては大きくふくらます、不思議な能力を持っている。それから、あなたの直感の声もするはずだ。それを内なる英知、神の導き、聖霊《スピリット》、神さまなど、何と呼んでも構わない。あなたは、穏やかで優しいそのささやきに気づいている。その声は、あなたについて知るべきことは何だって知っている。あなたがどこへ行きたいのか、どうすればそこに到達できるのか。その声は決して強く主張しないし、怖がらせたりもしない。「行動しろ」と命じたり「素直に従え」と要求したりもしない。ただ提案をするだけ。そして、あなたが一生無視し続けても、決して背を向けたりしない。

内なる英知の声は、コンフォート・ゾーンの中でしか聞こえない。外では絶対に聞こえないのだ。それをはっきり聞きたいなら、その声がする場所へ行かなくてはならない。自己満足ゾーンの混乱《カオス》と恐れにまみれたまま、盗み聞きしようとしたってムダだ。それはタイムズ・スクエアのど真ん中に立って、静かな田舎の家から優しくささやきかけてくる友達の声に耳を傾けるようなもの。友達の言葉を聞きたいなら、その子がいる場所へ行かなくてはならない。

あなたの内なる英知は、あなたの友達だ。その友達は、穏やかで安全なコンフォート・ゾーンで暮らしている。

ポジティブ思考が変化をもたらす

子どもの頃は自然と、内なる英知に耳を傾けていた。おばあちゃんもよく、コオロギのジミニー・クリケットがピノキオに言っていた言葉を思い出させてくれた。「どんなときも自分の良心に道案内をさせよう」と。でも、大きくなるにつれて、内なる英知は「黙れ！」という周囲の声に、徐々に大人しくなっていった。私も、大人たちがコンフォート・ゾーンの外からアドバイスをくれるたびに、内なる英知の優しい道案内を疑い始めた。そうして、大人たちが私のためを思ってくれているときでさえ、その善意のアドバイスが、心地よくて自然なことから私を遠ざけていった。すべてを失って初めて、自分が内なるアドバイスに耳を傾けるのをやめて、人のご機嫌ばかりうかがっていたことに気がついた。

私は、自分で自分の首をぎゅっと絞めていたのだ。こうなったら、自ら命を絶ってしまうか、長年してこなかったことをするか、どちらかしかない。長年してこなかったこととは、自分の身体と心と魂が本当は何を必要としているのかに、ちゃんと耳を傾けること。最初にしたのは、「何をしたらいいのかわからない！」「どんなふうに感じればいいのかわからないよ！」という言葉を、質問に置き換えること。「私は何をしたいんだろう？」「今、何を心地よく感じる？」と。どの質問にも答えが返ってきたから、私はそれを「正しい答えだ」と信じた。
本当に久しぶりに、自分の願いや感覚や好みをあれこれ批判するのをやめた。疲れて「ベッドにいたい」と感じたら、自分を「怠け者だ」とののしるのをやめた。その代わり、自分にこう語りかけた。「休養は、今私が必要としていること。休むのはいいことなのよ」。私たちは、自分の言葉がどんなにパワフルで、自分の独り言がどれほど自分の経験を左右するのかを、見くびっている。

「あなたの内なる英知は、あなたの友達だ。その友達は、穏やかで安全なコンフォート・ゾーンで暮らしている。」

私は、そこに身を置くことで癒やされることを許した。私は安全な場所にいた。私には心地よいベッドがあったし、暖かい服も持っていた。直感が私のガイド役を担い、感謝と肯定的な宣言《アファメーション》が毎日の習慣になった。自分の状況をたたくのをやめて、今の環境で心地よく過ごすことを許せば許すほど、気分が晴れていった。自分自身でいることを許したおかげで、元気を取り戻したのだ。私はもう一度、自分自身を見つけたのだった。
この内なる変化が起こったのは、ベッドで2週間ほど過ごした頃のこと。ふと「起きてストレッチしよう」という気持ちになった。心身をやわらげてくれる運動を見つけ、身体によさそうなものを食べ始めた。心地よい選択をすればするほど気分がよくなり、どんどんアイデアがわいてくるようになった。体重が落ち始めたのは、自分の身体が大嫌いで「変えたい」と思ったからではない。今の身体を好きになって、正しくケアするようになったからだ。

ささやかな成功を祝い、愛情を込めて自分に語りかけ、「すべては結局うまくいく」と信じ始めたら、人生がどんどん変化していった。ポジティブな思考が人生に及ぼす影響を、目の当たりにし始めたのだ。まさにポジティブなフィードバックループが生まれていた。コンフォート・ゾーンに足を踏み入れたことで、ポジティブな思考に触れ、ポジティブな思考のおかげでコンフォート・ゾーンに留まることができた。私は自分のために「コンフォート・ゾーンの儀式」をこしらえ始めた。安心できて、自然で、心がほっこりする習慣のことだ。人生に不安を感じても、この儀式をすればコンフォート・ゾーンに留まれる。それから間もなく、「パワー・オブ・ポジティビティ」が誕生した！

私には、新しい人生が魔法のように感じられ、そのひらめきをほかの人たちにも伝えたくなった。「思考を変えることで人生を変える、そのお手伝いがしたい」という思いから、毎日オンラインで格言やアファメーションを投稿し始めたところ、私のコミュニティは瞬く間に大きく広がっていった。たしかに努力もしたけれど、大好きな仕事だから、たとえ「長時間」働いても、時間はあっという間に過ぎた。私はフローに入っていた。そう、情熱と目的が出会う場所だ。のちの章で、フロー状態に入るために私が踏んだステップを具体的にお話しするので、あなたもきっと同じことができるだろう。

しばらく経ってから、私はあの魔法のような時間を振り返った。私の内面の何が変わったおかげで、人生があれほどあっさり、あれほどがらりと変わったのかを知りたかった。気づいたのは、あのポジティブな変化の時期にした決断はどれもこれも、安心感を高めてくれるものか、安心感から生まれたものだった、ということ。安心がすべてだったのだ。安心は、私が前に進み、癒やされ、成長するために何より必要としていた感覚であり、それまでずっと私に欠けていたものだった。ただ「どうしたい？」と自分に尋ねることで、私は人生に安心感を生み出していった。

それにしても、「そこにいてもいいよ」と自分に許可を出すのに、なぜ何年もかかったのだろう？なぜあそこまで必死に、心地よく過ごすことに抵抗していたのだろう？

コンフォート・ゾーンの外で生きると、充実感を常に外に求めて生きるようになる。でも、充実感をくれるものは自分の外にはないので、常に探し求め、探しものが絶対に見つからない人生を生きる羽目になる。そんな人生は、心にトラウマを残すだろう。

あなたが生まれてこのかた、コンフォート・ゾーンの外で過ごしてきたなら、ようやくコンフォート・ゾーンに戻ったときには、そのラクさになじむのに苦労するだろう。「これでいいのかな？」と首を傾げるかもしれない。それは、ずっと紛争地帯にいた人が、ようやく戦場から遠く離れた、安全なふるさとに戻ってきたようなもの。常に後ろを振り返り、「どの部屋も静まり返ってる」と怪しみ、窓の外で美しい木の葉をさらさらと鳴らす、そよ風の真意を疑ってしまう。

耳寄りなお知らせをしよう。もうそんなふうに生きる必要はない。人生の心地よさに身を委ねていいのだ。人生とはよくなればなるほど、さらにもっとよくなり、今後もどんどんよくなっていくものなのだ。

3ステップでコンフォート・ゾーンに入る

ここまで読んで、あなたは言うかもしれない。

「わかったよ、クリステン！　その通りだよね！　でも、どこから始めればいいの？」

まず、言わせてほしい。素晴らしい！　私はここまで一緒に来られたことに感謝しているし、これから起こることに、とてつもなくわくわくしている。

2つ目に言いたいのは、あなたの旅が、あらゆる旅が始まる場所から始まること。つまり、あなたが今いる場所がスタート地点だ。あなたは正しいタイミングで、正しい場所にいて、正しいことをしている。この本を読み進め、練習をやり続ければ、あっという間にコンフォート・ゾーンで暮らし始め、ストレスの少ないフロー状態で夢の人生を創造し始めるだろう。

ある時点で、あなたは言いだすはずだ。「これってラクすぎない？」。私の答えは、「いいね！　ラクなのは、ラクであるべきだから」

人生はラクで楽しいものだし、人はすべての夢をかなえられる――とようやく気づいたとき、私たちはどんな姿を見せるのだろう？

私の人生について言うなら、私はコンフォート・ゾーンに留まって、「心地よい状態をつくるためのプロセス」として開発したツールやテクニックを使って、常に思いのままに人生を創造している。のちの章では、どうすればコンフォート・ゾーンに入って、そこに留まれるのかを具体的にお話ししていく。コンフォート・ゾーンでは、あらゆる段階《ステップ》で今の自分を受け入れながら、直感に従って自然に成長していける。このアプローチを学ぶことで、あなたも効果的でパワフルな、３ステップのプロセスを活用できるようになるだろう。人生に行き詰まりを感じたときや、より大きな夢をかなえる勢いがほしいときに。

ではここで、パート２「心地よい状態をつくるためのプロセス」で学ぶ３つのステップを、あらかじめ説明しておこう。

心地よい状態をつくるためのプロセス

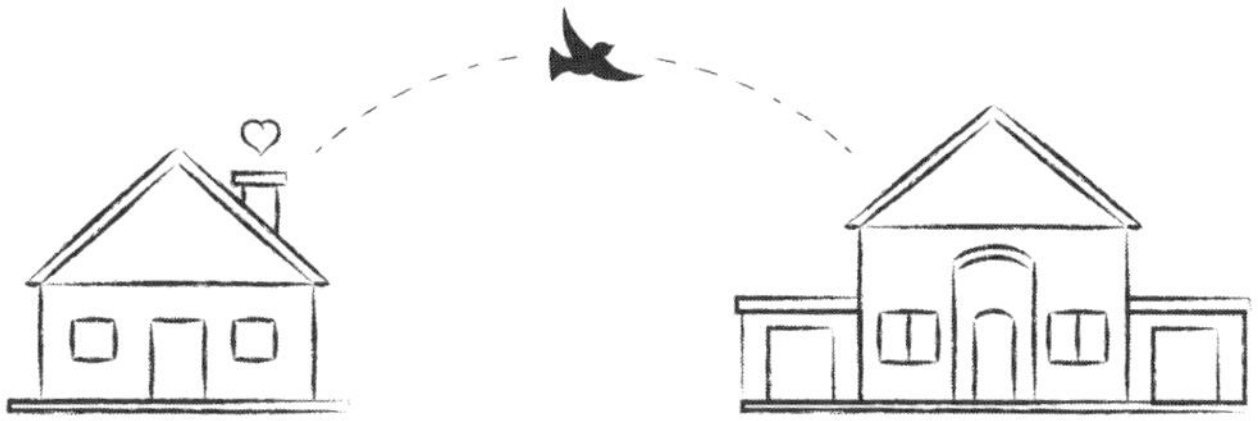

ステップ1	ステップ3	ステップ2
明らかにする	**逆算する**	**決める**
現在地	到達方法	目的地

●ステップ1：自分の現在地を明らかにしよう――このステップでは、自分の**現在地**を、正直にしっかりと見つめる。「SEEピラミッド」を使って、**S**afety(安心・安全)、**E**xpression(表現)、**E**njoyment（楽しみ）を基準に内外の環境づくりを行う。今の人生において、自分がどういう人間として姿を現しているのかを掘り下げれば、正直に、率直に、意図的に、自分の選択や境界線を整えることができる。

●ステップ2：目標地点を決めよう――ここでは、自分の**目的地**を確認していく。「拡大自己」「コンフォート・ゾーン・ビジョンボード」「アファメーション」「感情」といったツールを使って、自分が目指したい未来のビジョンを描く。充実

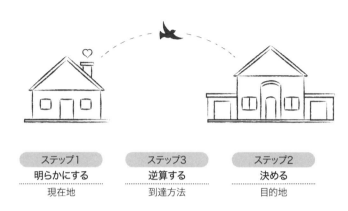

した人生を生き、自分が望む人生にふさわしい選択をしながら、「なりたい自分」を明らかにしていく。

●ステップ3：到達方法を逆算しよう——ついにこのステップで、目的地への**到達方法**を探る。「順応」「瞑想」「習慣」「パワー・スタンス」「フロー」といったツールを使って、今のコンフォート・ゾーンを着実に拡大し、そこに心から望む人生を取り込んでいく。こうしたツールを今後も活用すれば、幸せな人生を築いて、何十年も楽しく過ごせるだろう。

今から各ステップをいくつかの章に分けて、ステップごとに、コンフォート・ゾーンで成功するための具体的なツールやテクニック、マインドセットの変え方をお伝えしていく。どのツールも慣れれば自由自在に——必要に応じて——使えるようになる。それらは、自分の現在地を正直に見つめたり、目的地を明らかにしたり、行動を起こす意欲を高めたりするのに役立つだろう。

気づいてほしいのは、「心地よい状態をつくるためのプロセス」の図では、3つ目の最終ステップである「到達方法を逆算しよう」が最後にではなく、ステップ1とステップ2の間に置かれていること。ほしいものを得るための行動（ステップ3）は、まず自分の「現在地」を明らかにし（ステップ1）、次に「目的地」を確認（ステップ2）した上で、現在地と目的地に橋をかける行為だからだ。「いつか陸に着いたらいいなあ」と、海の真ん中にでたらめに橋をかける人はいない。島を確認し、島から見た現在地を客観的に判断したあとで、どんな橋をかけるべきかを決めるだろう。距離などのさまざまな要素をもとに、目的地と自分をつなぐために。

これを今から、あなたの人生に対して行っていく——あなたの現在地と目的地の間に橋をかけるのだ。順にステップを踏んでいけば、ステップ3に到達する頃には、さらに効果的な行動が取れるようになり、その行動が、あなたを望む目的地へ連れていってくれるだろう。

この本を読み終え、私が紹介する多くのツールやテクニックをひと通り実践した頃には、「コンフォート・ゾーンのプロ」になるために必要なすべてを手にしているだろう。周りの人たちの目には、あなたがどことなく変わったように見えるかもしれない。「一体どうしたの？」と聞きたがる人もいるだろう。「なぜストレスが減ったの？」「どうすればそんなにたやすく、人生に新しいチャンスをたくさん引き寄せられるの？」と。あなた自身も、日々ますます自分らしくなっていくのを実感するはずだ。「自分らしくいていい」と許せば許すほど、安心感と自信が高まる。あなたの夢はより立体的に、より鮮明になり、「私には、ほしいものをすべて受け取る価値がある」とますます強く感じられるようになる。周りの人たちとの関係も改善されるだろう。

今後の章で3つのステップを学び、練習に取り組むことになるが、自分を決してたたかないでほしい。誰だって心の中に、片づけなくてはならない混乱を抱えている。それが人間だから。正直に、公平な視点で対処すれば、心の混乱を片づけて、自分のパワーの源とつながれる。不安を覚えたり、変えるのが難しいと感じたりする人生の分野を見つけても、そこで行き詰まらないこと。さらに読み進めて、全力ですべての練習に取り組もう。ベストを尽くして前に進み続けたら、コンフォート・ゾーンで生きるメリットを実感し始めるだろう。私が約束する。

あなたが成し遂げたこと

Chapter5を読み終えたね！　大きなハグを贈ろう。あなたは順調に前に進んでいる。あなたが本当の自分を体験し、受け入れることでパワーを取り戻し、それを世の中と分かち合えることに、私もわくわくしている！　今から大きなことが起こるのだけれど、あなたもそれを信じなくてはいけない。ご存じのように、コンフォート・ゾーンで暮らしている人は、まさに自分のパワーで生きている。だから、この場所でするどんな選択や行動も、充実感に満ちているのだ。コンフォート・ゾーンはラクな道で、ラクに生きられるようにできている。コンフォート・ゾーンの中で暮らしていると、どんどん本当の自分に近づいていく。神聖な内なる英知に耳を傾けることで、心から望む生き方ができるようになる。

では、パート2［心地よい状態をつくるためのプロセス］に進もう。このプロセスは、「ステップ1：自分の現在地を明らかにしよう」から始まる。ステップ1の最初の章では、あなたの現実の家と心の家（コンフォート・ゾーン）を結びつけ、コンフォート・ゾーンを反映した空間を意識してつくることがなぜ重要なのかをお伝えしていく。

あなたの人生は、あなたの決断の明晰さに左右される。意識的に決断や宣言をすればするほど、結果が人生にすばやくあっさりと反映されるだろう。

Part.2

心地よい状態をつくるためのプロセス

おめでとう！　あなたは今、まさに自分自身への壮大な旅を始めようとしている！

パート2の各章には、私が夢の人生をさくさく形にするのに役立っている、知識やツール、情報がもれなく詰まっている。この情報をページに詰め込む任務を果たした今は、自分が知っているすべてをあなたと共有できることにわくわくしている！

ただし、Chapter6から始まる「心地よい状態をつくるためのプロセス」のステップ1に進む前に、私とあなた自身のために、1つ大きなお願いをしたいと思う。少し時間を取って、自分自身に意識的・意図的な宣言をしてもらいたいのだ。

あなたの人生は、あなたの決断の明晰さに左右される。意識的に決断や宣言をすればするほど、結果が人生にすばやくあっさりと反映されるだろう。

この取り組みに役立つよう、次の宣言を用意した。もし心に響いたなら、この文章を続きの空欄に自由に書いてみよう。心に響かなかったなら、自分の言葉で書こう。じっくり時間をかけて、自分の文章を感じながら、自分が今からする選択を具体的に言葉にしよう。宣言に署名し、日付を書き終えたら、Chapter6「コンフォート・ゾーンで生きるための最初の一歩」で落ち合おう。

「私［あなたの名前］は、夢に描いた人生を生きる準備ができました。今日私は、人生の流れに許可を出します。自分の心地よさ、セルフケア、健康を優先することで、自分を大切にすることを許します。私がこの世に生まれたのには理由があること、人生を楽しむのは私の生まれ持った権利であることを、私は知っています。自分の安心・安全、楽しみ、自己表現を優先する準備ができました。この3つが私に、周りの人を力づけ、勇気を与える手段をくれるでしょう。この本を読みながら、私は、全力で自分の存在を輝かせる生き方をします。コンフォート・ゾーンで望み通りの人生を創造する準備ができました」

私の宣言：

署名　　　　　　　　　　　　日付

Step 1 ▼

自分の現在地を明らかにしよう

Chapter 6

コンフォート・ゾーンで生きるための最初の一歩

ほんの一瞬でいいから、理想のわが家を想像してみよう。清潔で、きちんと片づき、精神的な支えをくれて、安全で、見た目も魅力的だ。必要なものはすべて揃い、簡単に手に取れる。内装も自分好みだ。あなたがなごみ、落ち着くような色や質感をしている。家具や家電、アートや装飾品なども、あなたが喜び、心地よく感じるものばかりだ。どの部屋もそれぞれにあなたの用途に応え、あなたの好みに合わせて細部まで選び抜かれている。ドアノブの質感や手触り、シーツの交換頻度、引き出しの整理の仕方に至るまで、ありとあらゆることが、あなたの至福体験のために丁寧に決められている。

「パワー・オブ・ポジティビティ」のメンバーに、「あなたにとっての理想の家とは？」と尋ねたところ、とくに多かった回答は次の通りだ。

- 外の危険から「守られている」と感じる安全な場所
- 心地よく、安心できて、愛情にあふれる平和な場所
- 自分のセンスや好みに合う、清潔できちんと片づいた場所
- 批判を恐れずに本当の自分を表現できて、くつろげるプライベートな場所
- 家族、愛情、笑い、安らぎと深くつながれる場所
- 神や神の恵みや自然にあふれる場所
- 私を表現している場所
- 「私のもの」と呼べる場所
- 平和、愛、安全、くつろぎを見出せる場所
- 幸せと絆に満ちた場所

この調査には1000人以上から回答が寄せられたが、「安心・安全」「平和」「愛」「心地よさ」

といった言葉が繰り返し出てきたことには驚かなかった。誰もが安心できて心が休まる家に憧れている。人は根本的に、お金で買えないささやかなものを求めているのだ。

コンフォート・ゾーンとは、理想のわが家のようなもの。あなたの内なる聖域のことだ。それはあなたの外にではなく、内にしか見つからない。そこは自分の声を聞き、自分を癒やす場所だ。自分自身に還れる場所であり、最高の平和を味わえる場所。ようやくくつろいでラクになり、羽目を外して楽しめる場所だ。そんな気楽な状態でいながら、桁違いの成功と満足感を味わえる。コンフォート・ゾーンにいると、自信がわいて、心が休まり、安心してフローに入れる。物事がはっきりと見え、目的意識を持てる。まるで現実の家のように、丁寧に愛情を込めて手入れをすればするほど、そこにいる間は楽しく心地よい体験ができるようになる。

心が穏やかな状態でなければ、人生は、あなたを制限する思考や思い込み、行動や習慣で散らかってしまい、混沌として自分を見失うだろう。これは、家が郵便物の山や不揃いな家具、嫌いなアート、読みかけの本、自分にとってどうでもいいもので埋め尽くされた状態によく似ている。ゴミ屋敷で暮らしてもくつろげないのと同じように、古い思い込みや習慣がはびこる心を抱えた身体の中では、充実した人生を生きられない。コンフォート・ゾーンから遠ざかるばかりだ。

コンフォート・ゾーンはどこにでも存在する

コンフォート・ゾーンで生きる最初の一歩は、コンフォート・ゾーンを見つけること。それが見つかれば、自分自身も見つかる。

「それが見つかる」なんて、ちょっとおかしな、バカげた表現に聞こえるかもしれない。とくに、何を探せばいいのかわからない場合は。ということで、私がお手伝いしよう。

ほんの一瞬、動きを止めてほしい。そして、この文章を読みながら、何度か深く腹式呼吸をしよう。ラクに座って、深い呼吸を続けよう。温かくあなたを癒やす、ゆるやかな波が打ち寄せてくるのを感じてほしい。その波に浸り、呼吸がゆっくりとしたリズムに落ち着くまで、意識的に深い呼吸を続けよう。それから、白く輝く光があなたの全身を包み込むところをイメージしよう。この光はパワフルで無限だ。呼吸するたびに、あなたはどんどんリラックスし、光はどんどん明るさを増していく。深く癒やされ、心が落ち着くだろう。光の温かさに、身も心も完全にリラックスし、あなたは安心している。自分の身体の中でくつろいでいる。あなたは今、コンフォート・ゾーンにいる！

この練習でわかるように、コンフォート・ゾーンを見つけるために、どこかへ行く必要はない。

それどころか、コンフォート・ゾーンを見つけるためには、自分自身に還らなくてはならないのだ。今この瞬間にあなたがいる場所――そこで自分自身も、心地よさも、安心感も見つけられる。「ありのままの自分が、完全で完璧なのだ」と気づくことほど、力をくれるものはない。心の中の混乱に気づいて片づけることほど、苦しみにうまく対処できる方法もない。きれいに片づけば、残っているのは自分の強みだけなのだから。

次の何章かを読み進めるときは、心に留めておいてほしい。コンフォート・ゾーンは、現実の家にしか存在しないわけではない。理解しづらい考えをイメージしやすいよう、現実の家にたとえているだけ。それに、時々コンフォート・ゾーンから出ても構わない、と伝えるためでもある。もうお気づきかもしれないけれど、コンフォート・ゾーンに身を置くことは「0か100か」ではない。人生のある分野ではコンフォート・ゾーンにいられても、別の分野ではいられないかもしれない。あるいは、ある分野でコンフォート・ゾーンにいることを優先させると、別の分野でもコンフォート・ゾーンに足を踏み入れたことに気づくかもしれない。

恋は心地よさをもたらす

私の友達に、驚くほど成功を収めている人がいる。でも仕事では、望み通りのポジションにいない。実は、成功しているのに、彼女はよく絶望し、混乱し、落ち込んでいる。「心の中で、自分とどんな対話をしているの？」と聞いてみると、こう言った。「本当にほしいキャリアは、絶対手に入らない気がしてる。ほかのみんなは夢に近づいているのに、私はいつだって取り残されてる」

取り残される――友達は明らかにそれを恐れ、それをつらく感じている。彼女が握りしめている、根深くて頑固な思い込みはこういうものだ。「私には、ほしいものを持つ資格がない。私にその価値がないから。価値のある人たちはほしいものをすべて手に入れているけれど、私はいつも取り残されている」

もちろん皮肉なことに、友達は相当恵まれた人生を送っている。外からのぞき見ている多くの人は、彼女が築いた人生をうらやんでいる。でも、そんな思い込みを握りしめているせいで、彼女の本当の願いはいつも、あと一歩のところでかなわない。彼女の成功は、いつだって挫折や落胆を連れてくる。

とはいえ、私はこの友達が、ハッとするほど軽やかに目標を達成するのを何度か見たことがある。それはいつも、彼女が恋をしているときだ。作家で心理学者のブルース・リプトンは著書『The Honeymoon Effect（未邦訳：ハネムーン効果）』――彼の造語だ――の中で、その魔法のような効果について説明している。

リプトンは、恋をすることで人は世の中に心を開くから、求めている喜びやエネルギーや幸せがもたらされる、と信じている。その状態にいるとき、人は望みや願望のエネルギーと調和している。つまり、この「ハネムーン効果」は、今この瞬間に身を置いて、その極めてポジティブな感情状態に浸っていれば、いつだって起こり得るのだ。

「コンフォート・ゾーンで生きる最初の一歩は、コンフォート・ゾーンを見つけること。それが見つかれば、自分自身も見つかる。」

この友達の場合、大きな不満はキャリアに関するものだが、新しい恋人ができるたびに、イライラがほんの少し解消される。関心が、サバイバル・ゾーンで活動しがちな分野（仕事）から、コンフォート・ゾーンで活動している分野（恋や存在感）に移るからだ。友達はコンフォート・ゾーンに入ると、警戒心をゆるめて楽しみ、自分の足を引っ張る思考にまみれることなく安心し、「私ならできる」「私は魅力的だ」「パワフルだ」と感じ始める。覚えておいてほしい。恋はとてもパワフルでポジティブな感情なので、たちどころにあなたをコンフォート・ゾーンに連れていける。恋の心地よさが、心地よさに恋する気持ちを高めてくれるのだ。

まず身を置きたい場所を考える

コンフォート・ゾーンにいると、人生はスムーズに流れる。それはこの友達にもぴたりと当てはまる。彼女がコンフォート・ゾーンに入ると、ビジョンの実現を邪魔するものがなくなる。

あなたにも、同じことが起こるだろう。ほんの少し違った様子に見えるかもしれないけれど。一人一人がユニークなように、コンフォート・ゾーンもそれぞれに違い、コンフォート・ゾーンをどのように生み出し、拡大していくかも違う。でも結局のところ、重要な問いは1つしかない。「あなたはコンフォート・ゾーンの中にいるのか、それとも外にいるのか？」

この問いに答えるためには、「自分にとって何が心地いいのか」についての意識を高める必要がある。それによって、自分のコンフォート・ゾーンが明らかになるだろう。また、コンフォート・ゾーンにいるのがどんな感じなのかがわかれば、そこにいないときには、気づけるようになる。コンフォート・ゾーンの外にいる、と気づいたら、大事なことは家に戻る方法を見つけること。それから、この取り組みを始めたばかりの人はとくに、心に留めておいてほしい。人は常に、「人生の3つのゾーン」を出たり入ったりしている。たとえば、感情に振り回されて、ひどくハイになったりへコんだりするとんでもない日もあるだろう。でも、それでいいのだ！　少しずつそれぞれのゾーンのかじ取りができるようになって、コンフォート・ゾーンにラクに戻れるようになる。コンフォート・ゾーンに慣れれば、それがごく自然になるから、ほかのゾーンにふと足を踏み入れても、すぐに気づけるだろう。

多くの人は、自分がサバイバル・ゾーンや自己満足ゾーンで繰り返し行き詰まっていることに気づいていない。自分がどこに身を置きたいかではなく、そうしたゾーンならではの思考や感情にとらわれ始めるからだ。自分が味わっているストレスに執着し始め、こんなふうに自問するようになる。「どうしてちゃんとやれないんだろう？」「なぜいつも時間が足りないんだろう？」。ネガティブな心のおしゃべりを受け入れて、頭の中で、自分を枠にはめる思考をぐるぐる繰り返してしまう。

あるいは、自分がいるゾーンを理解しようとして、そこにはまり込む人もいる。彼らは思っているのだ。「今いるゾーンを観察すれば、抜け道を見つけられる」と。これも罠《わな》の1つだ。自分がいるゾーンを来る日も来る日も観察することは、そこに留まる確実な方法だから。

ここでカギになるのは意識だ。長居したくない場所に注目してはいけない。抜け出したいなら、今いるゾーンではなく、足を踏み入れたいゾーン（身を置きたい場所）に目を向けなくてはならない。ほかの2つのゾーンではなくコンフォート・ゾーンに注目し続けたほうが、はるかに効果的なのは、そういう理由からだ。コンフォート・ゾーンについて学び、コンフォート・ゾーンを明らかにし、観察しているうちに、そこに何度でも戻れる方法が見つかる。また、そこで過ごす時間も大幅に増えるだろう。そういうわけで、本書の残りのページは、コンフォート・ゾーンを理解し、そこで活動することに費やしたいと思う。「何が心地いいのか」についての意識を高め、そこに注目し続けていく。サバイバル・ゾーンと自己満足ゾーンの話は短めに、コンフォート・ゾーンの理解を深めるためだけにするつもりだ。それでいい？　よし、決まり！

それでは、あなたが今いる場所に戻ろう。旅は、今立っている場所からしか始められないから。

サバイバル・ゾーン、自己満足ゾーンにいる人へ

Chapter3の最後に完了した「ゾーン診断」の結果に戻ろう。その結果を見れば、あなたがたいていどのゾーンに身を置いているかが、だいたい把握できる。すでにコンフォート・ゾーンで生きているなら、おめでとう！　さらに読み進めれば、コンフォート・ゾーンとの関係がさらに深まり、コンフォート・ゾーンで望み通りの人生を創造し続けるための手段《ツール》が手に入るだろう。でも、今コンフォート・ゾーンにいなくても、大丈夫。ほとんどの人がいないから。間もなく、あなたをコンフォート・ゾーンに案内し、そこに留まれるよう導いてくれるツールを学んでいく。ただし、差し

当たって重要なことは、今どのゾーンにいるかについて、自分に正直になることだ。

まず、しなくてはならないのは、今自分がいる場所と仲直りすることだ。主にサバイバル・ゾーンで活動しているなら、「このゾーンにいてもいい」と今すぐ自分に伝えよう。ここしばらく、自己満足ゾーンにはまり込んでいるなら、それも大丈夫だ、と知っておこう。

どこにいようと、そこが今ちょうどいい場所なのだ。そこと闘ったり、別の場所へ行きたがったりしても、抵抗が生まれて、コンフォート・ゾーンからますます遠ざかってしまうばかりだ。今いる場所と正直に向き合って、そこを受け入れて仲直りすれば、「あなたは何も悪くない」というメッセージが届くだろう。この本は、あなたを「直そう」としているわけではない。どこも悪くないのだから、直す必要などないのだ。

では、もう少し深く掘り下げてみよう。コンフォート・ゾーンをもう一度、現実の家にたとえてみよう。

現実の世界には、実にさまざまな家がある。あなたの家はアパートかもしれないし、誰かの家で間借りをしているかもしれない。外観はどうあれ、大事なことは、あなたが戻れる安全な場所をつくること。そこは、誰に遠慮することなく100パーセント、自分自身でいられる場所だ。

でも、多くの人にとって、家は理想通りの「安全な避難場所」からかけ離れている。それは、家庭環境をつくるときに安全を意図していないか、はなから「家で安全でいられるはずがない」と思っているからだ。ある人たちにとって、家は夜寝る場所にすぎない。彼らは「ビジネスで成功しよう」とか「何とか生き抜かなくちゃ」と、時間も関心もエネルギーも、ほぼ家の外に費やしている。さらに多くの人たちは、心地よくて安全な家をつくりたいけれど、その手段がないと感じている。あなたが、安心できて、本当の自分を表現できる自分仕様の家をまだつくれていないなら、次のいくつかの章が、その後押しをしてくれるだろう。

理想の家＝コンフォート・ゾーン

理想の家づくりに、時間やお金や資源《リソース》はほとんど、いや、まったく関係がない。ほとんど何も持っていないのに、安心できて、心地よくて、自分の欲求を満たし、自分の好みに合う家をつくった人を、私は大勢知っている。ある知り合いは、不測の事態に見舞われて、海辺の美しい家から、何キロも内陸に止めたキャンピングカーに引っ越さなくてはならなかった。あまり稼いでいない人だったから、手持ち資金でやりくりした。何とか買えたキャンピングカーは、最初はいまいちだったけれど、そのうち見事に手を加えられ、彼女にふさわしい見違えるような住まいになった。実は、その雰囲気は、海辺の家とそっくりになっていた。彼女は、狭いながらも居心地のいいその場所に感謝すらしていた。自分でこしらえた、自分の場所だからだ。

　現実の家との関係と、コンフォート・ゾーンとの関係は、多くの点でよく似ている。そう考えると、コンフォート・ゾーンの手入れをすれば、コンフォート・ゾーンがどんなふうに変わるのか、よくわかるだろう。私は時々、心配になったり、混乱したり、将来が不安になったりすると、「コンフォート・ゾーンに波長を合わせる」という心のワークをする。あるいは、ただ現実の家を掃除する。念入りに掃除したり、模様替えしたり、クリスタルガラスのものや植物を加えたりしているうちに、エネルギーが変わる。現実の家の手入れをすることで、自信がわいて、心がすっきりするのだ。あなたの現実の家が今どんな状態でも、たとえ話の意図をわかってもらえたらと思う。コンフォート・ゾーンのわかりやすい青写真を、私はあなたに手渡したいのだ。

　このたとえ話はコンフォート・ゾーンを詳しく説明するのにとても役に立つけれど、そこにこだわってほしくはない。現実の家と違って、コンフォート・ゾーンは実際の「場所」ではないから。コンフォート・ゾーンとはむしろ、心地よさ、安心、自信、帰属感、といった、自分のパワーに浸って生きているときに、手に入れられる感覚だ。だから私は、コンフォート・ゾーンを「心の家」と呼んでいる。コンフォート・ゾーンとは、心が安心してくつろいでいる、在り方のことなのだ。

　コンフォート・ゾーンを心の家にたとえたことで、わかってもらえたらうれしい。散らかった状態は、現実の家であれ、コンフォート・ゾーンのエネルギーの乱れであれ、ただ散らかっているに

SEEピラミッド

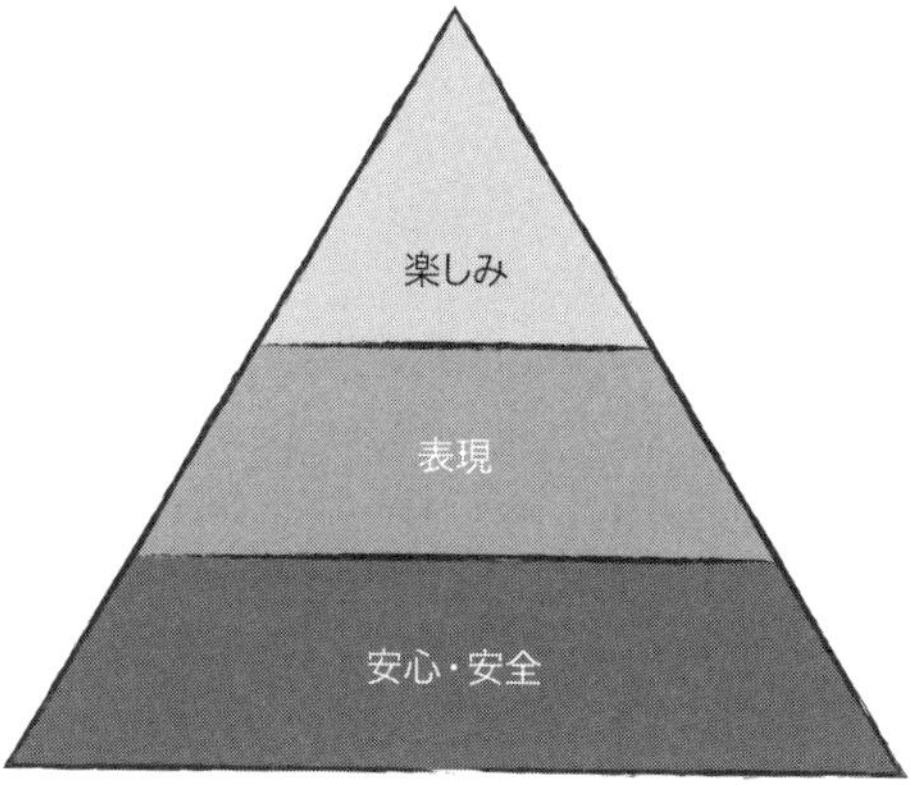

すぎない。あなたや、あなたの価値や、好感度や、成功する能力や、ほかの何かについて語っているわけではないのだ。散らかった状態が伝えているのは、「散らかっている」という事実だけ。それがイヤだ、気分がよくない、というなら、片づければいいだけの話。

では、早速片づけに取りかかろう。ただし、忘れないで。私がそばにいることを！

SEEピラミッドを使いこなす

私たちと現実の家との関係には3つの階層があり、それはコンフォート・ゾーンにも当てはまる、と私は気がついた。

❶安心・安全（Safety）：「私の家／コンフォート・

ゾーンは、私を外の危険から守ってくれる」

❷**表現**（Expression）：「私の家／コンフォート・ゾーンは、私に自分自身を表現する場をくれる」

❸**楽しみ**（Enjoyment）：「私の家／コンフォート・ゾーンは、私に喜びをくれる」

私はこの3つの階層を、「SEEピラミッド」という図にまとめた。SEEピラミッドの各階層は、1つ目の階層（安心・安全）を土台に、1つ前の階層の上に位置している。下の階層で満足すると、上の階層へと移行していくのだ。人は十分な安心感を抱くと、自分を心地よく表現できるようになり、自己表現を十分に探求すると、楽しむ感覚が生まれる。

心理学者のアブラハム・マズローの「自己実現理論」――「人間は5つの基本的欲求に動機づけられている」と主張する理論――によると、安全を感じることは、人間の基本的欲求の1つで、住まい・食べもの・水への欲求に次ぐ第2の欲求だ。低い階層の欲求が満たされて初めて、人はより高い階層の欲求を満たすことができる。安心・安全や心地よさを感じることなく、人間関係、成果、自己実現といった高度な欲求に手を伸ばすのは難しい。安心して自分を表現できて初めて、「夢を見てもいいよ」と自分に許可を出すことができる。

ＳＥＥピラミッドは、マズローの欲求階層とよく似ており、あなたのコンフォート・ゾーンの基盤をさらに深く掘り下げるのに役立つだろう。すでにお話ししたように、コンフォート・ゾーンは家によく似ている。現実の家を自分好みにしつらえるように、意識的に、優しく、心の家の状態を明らかにして、よく知っていく必要がある。

では、１つ例を挙げよう。現実の家は現実世界にあるので、ぐるりと見回せば、家との関係のどこがほころんでいるのか、即座にわかるだろう。片づけが必要な箇所は一目瞭然だし、命にかかわるようなガス漏れはにおいでわかるし、危険や不快感をもたらす侵入者もすばやく確認できる。治安の悪い場所に家を建てたら、壁の向こうで危険な音がしているだろう。不揃いな家具やがらくたを詰め込んでしまったなら、実際に手でつかんで、空間から取り除く必要がある。

現実の家が散らかり、劣悪な環境になるように、心の家もひどい状態になることがある。ところが、心の状態は現実の家のように目に見えないので、混乱のサインはいとも簡単に見落とされる。崩壊寸前になるまで、心の家のほころびには気づかないかもしれない。でも、自分のコンフォート・ゾーンのどこが散らかっているのか、自分の行動の何が安心感や心地よさ、帰属感をぶち壊しているのかを示すサインは出ている。そうしたサインに気づくためには、自分のコンフォート・ゾーンに親しみ、自由自在に足を踏み入れるすべを学ぶ必要がある。ＳＥＥピラミッドが、その枠組みをくれる。

SEEピラミッドに従って、自分の家や人生を整えていくうちに、人は、自分自身を知る妨げになるような習慣や思考パターン、思い込み、人間関係、行動をおのずと減らし始める。代わりに、安心して自分自身でいられるような思考、経験、人間関係、習慣を取り入れ始め、ありのままの自分を表現できるようになる。自分が本当はどんな人間なのか、何に幸せを感じるのか、何に安らぎを覚えるのかを見つけていく。

今後の章に登場する練習や事例や考えはすべて、あなたが本当の自分とひとつになるのに役立つだろう。自分とひとつになれば、どの瞬間においても、わかるようになる。自分はどんな人間なのか、自分にとって何が大切なのか、片づけるべき混乱はどこにあるのか、どんな人生の選択が自分にとって心地よくて自然なのか。好きなものが新たに見つかるたびに、新しい願望、選択、行動のロケットが打ち上げられる。それらは、あなたがどんな人間なのかと調和しており、最終的にコンフォート・ゾーンを強化し、拡大してくれる！

あなたが成し遂げたこと

素晴らしい。Chapter6を読み終えたね！　あなたはもう知っている。コンフォート・ゾーンで生きる第一歩は、自分が今いるゾーンを明らかにし、そのゾーンと仲直りすることだ、と。抵抗がなければ、私たちはいつだってコンフォート・ゾーンに向かっている。それが自然な在り方だからだ。

次の3つの章では、SEEピラミッドの3つの階層すべてについてお話しする。SEEピラミッドは、現実の家にもコンフォート・ゾーンにも関わるものだから。往々にして、どちらかとの関係が、もう一方との関係にも映し出されるので、一方を片づけると、もう一方も片づきやすくなる。では、SEEピラミッドの最初の、土台となる階層――安心・安全（Safety）――の話をしよう。

Chapter 7

安全な場所、安心感を手に入れる方法

コンフォート・ゾーンという安全な場所で成功することを選んだら、それまで生き残るために使っていた習慣は、もう役に立たないだろう。安全は生き残る《サバイバル》ために必要なものだが、皮肉なことに、コンフォート・ゾーンを出てサバイバル・ゾーンに足を踏み入れた途端に、安全は消えてしまう。だから、SEEピラミッドの最初の階層は「安心・安全」なのだ。人生においても、家においても、自分の好みを意識することは、安心感を覚える重要な要素だけれど、見落とされがちだ。

この章では、安全にまつわる2つの重要な要素に目を向けたいと思う。それは、「境界線」と「セルフケア」だ。どちらもよく知られている言葉だが、私はみんなとは少し違った使い方をしている。だから、今から何ページかを読む間は、2つのテーマに対するあなたの考えを少し脇に置いてほしい。そうすれば、ここで伝える考え方を受け入れやすくなるだろう。

SEEピラミッドの「安心・安全」の階層では、「境界線」は外に対するあなたの欲求や好みを

SEEピラミッド

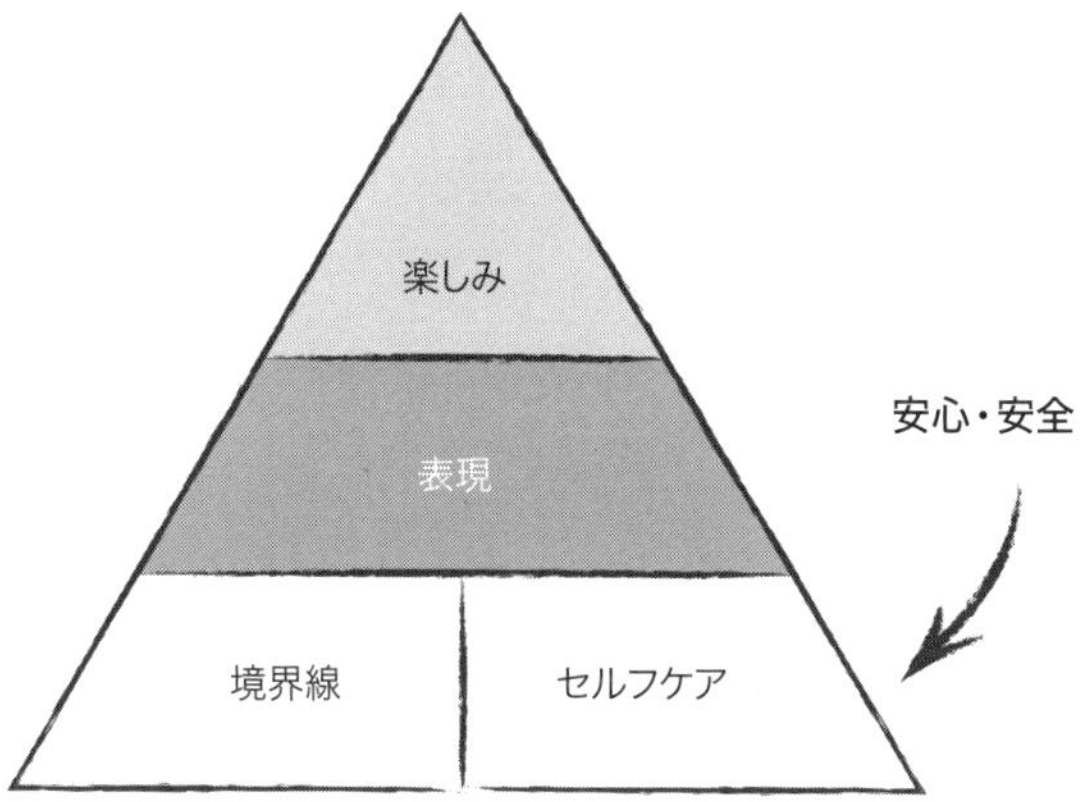

表し、「セルフケア」は内に対するあなたの欲求や好みを表している。コンフォート・ゾーンで安心・安全という強固な基盤をつくりたいなら、境界線とセルフケアの両方を理解して、育まなくてはならない。安心感は、外に対する欲求（境界線）と内に対する欲求（セルフケア）に対処するバランスによって生まれる。なぜなら、自分に向けられたものであれ、他人に向けられたものであれ、この2組の好みが、自分の思考、行動、言葉、感情の多くを形成しているからだ。

この章を読むときは、ちょくちょく休憩を取って、現実のスペースを片づけたり整理したり、心のスペースについて日記に書いたり、私が伝えている考え方についてただ考えたりしてもらいたい。そんなふうに取り組んでくれたら、この章はコンフォート・ゾーンで暮らし、成功する基盤づくりに役立つだろう。あなたがひと息ついて、内容について考え、それを人生に組み込めるよう、いくつか日記に書き込む練習をご用意した。ここでお話しする概念は、あわてて読み飛ばさないでほしい。

心のまわりに境界線を張ってみる

「どうすれば健全な境界線を設けられるでしょう?」。パワー・オブ・ポジティビティのコミュニティで、毎日のように聞かれる。質問するのはたいてい、自分の欲求を表現するのに罪悪感を覚える人たち。彼らはたいてい、自分の欲求や好みをわかっていない。理由は、「自分の考えや成果や願いを大切にしていない」か、「他人の機嫌を取るのに忙しい」から。

境界線とは、あなたが外の世界から身を守るために持っている好みのことだ。ここで言う好みには、人間関係の好みだけでなく、出来事、考え、物語、視点、さらには物事や持ちものの好みまで含まれる。

安心感を得るために自分が何を求め、何を必要としているのかがわからなければ、自分の願いを自分にも他人にも伝えられない。また、人生において、自分に安心をくれる体験や人間関係を生み出すことに力を注ぐこともできない。

健全な境界線があれば、自分を尊重できるし、「尊重してほしい」と他人に求めることもできる。

自分が求めている敬意を自分に払うことは、他人からの敬意を求め、それを受け入れる第一歩なのだ。

私たちは往々にして、自分のユニークな欲求や好みを明らかにする、心の探究をしないまま人生を送っている。自分がどう扱われたいのか、「敬意」のような単純なものですら、何を求めているのか、明らかにできていない。ほとんどの人は、もっと気分よく過ごしたいのに、心の中に、安全で、心地よくて、もっと気分よく過ごせる場所（コンフォート・ゾーン）を見つけられずにいる。

自分のコンフォート・ゾーンを明らかにしていないと、自分の好みも絶えず外界の脅威にさらされることになる。好みを明らかにしていない人は、境界線を持っていないので、絶えず他人に土足で踏み込まれている気分だろう。あなたがはっきりしないせいで、周りも何が大丈夫で何がダメなのかがわからないまま、さまざまな状況ややりとりが生まれている。その結果、相手があなたを利用したり、いいように扱ったり、あなたの欲求を無視しているように見えるだろう。

境界線を設けることは、より高く、より強固な鉄壁を築くことではない。むしろ、内側に目を向けて、自分にとって気分がよくて、自然で、心地よいものとの関係を紡ぐことだ。そうすれば、周りにも自分の好みを伝えられる。

境界線を設けることは、
より高く、より強固な鉄壁を築くことではない。
むしろ、内側に目を向けて、自分にとって気分がよくて、
自然で、心地よいものとの関係を紡ぐことだ。
そうすれば、周りにも自分の好みを伝えられる。

Chapter3でお話ししたように、ストレスや不安を感じると、脳のストレスの中枢である扁桃体が活性化する。扁桃体の仕事は差し迫った危険から身を守ることなので、扁桃体が活性化すると、人はたいてい「闘争・逃走」モードに入る。体内で「命がけで闘うか、逃げ出すか」の準備が整うのだ。

身体の外の世界は、とても危険な場所かもしれない。住まいもなく野外で暮らしているところを想像してみてほしい。天候、動物、人、車といったものに翻弄《ほんろう》されるだろう。だから私たちは、好ましくない人や動物や天候を排除してくれる、壁や屋根のある家に住んでいるのだ。壁で断熱し、窓を二重ガラスにして、騒音やコロコロ変わる天候から身を守っている。さらには、自分のセンス

や身体面の制約、好みのライフスタイルに合う環境に、家を建てている。

現実の家には、あなたの外に対する欲求や好みを明らかにしてくれる、多くのものが存在している。では、私たちが外の世界との物理的な境界線をどのように設けているのか、わかりやすい例を挙げよう。

- (文字通り) 家の境界線：壁、窓、扉、目隠しフェンス、門扉、樹木、植え込み、など。
- セキュリティ対策や習慣：扉や門扉のカギ、防犯システム、防犯カメラ、など。
- 行動のルール：人に会う時間(夜8時以降は人を招かない)、家の決まり(家具に足を乗せない)、コミュニケーション (うわさ話やののしり合いをしない)、誠実さ (遅れるときは電話する)、など。

現実の家の細部に目を向けると、当然ながら、自分の欲求や好みがさらに磨かれて、新しい欲求や好みも明らかになるだろう。コンフォート・ゾーンについても、同じことが言える。心の中の欲求や好みに目を向けると、それらがさらに磨かれて、新しい欲求や好みが明らかになりだす。家と同じように、コンフォート・ゾーンも静かに淀んだ場所ではない。あなたがそこにしっかり身を置いて、コンフォート・ゾーンと絶えずやりとりをしていれば、気づくはずだ。コンフォート・ゾーンが絶えず進化し、変化し、拡大し続けていることに。

コンフォート・ゾーンで暮らしているときに、自分の欲求や好みを明らかにし、外の世界に伝える方法はたくさんある。では、コンフォート・ゾーンの境界線をどのように相手に伝えるのか、ポイントをいくつか挙げてみよう。

- **身体面での好み**：どの程度のスキンシップを好むのか、どんな頻度で友人に会いたい／友人と過ごしたいのか、身体面での欲求をどのように伝えるのか、自分の好みをどのように表現するのか、など。
- **人間関係の好み**：誰とつき合うのか、どのように助けを求め、どのように助けてもらいたいのか、どんなときに正直になり、どんなときに傷つくのか、どのように自分の時間を守るのか、どのように「愛している」と伝えるのか、など。
- **自己防衛の方法**：いつ、どのように「イヤだ」と言うのか、どのように敬意を払ってほしいのか、どのように不快感を伝えるのか、など。
- **行動のルール**：暴言や暴力を受けたらすぐに距離を取る、失敗の責任を取る、腹を立てたまま寝ない、自分の感情や考えを伝える、口論しても相手をののしらない、など。

心に留めておいてほしい。境界線は、人生からさまざまな体験や人を排除するためのものではないし、人や状況を支配するためのものでもない。境界線があれば、自分の好みを明らかにして相手に伝えられるので、安心して心地よく生きていけるのだ。

ただし、ほかの人が何をするかは、その人の選択だ。たとえば、あなたは夜10時以降には電話を取りたくないけれど、誰かが10時以降にかけてきたなら、翌日になぜ電話を取らなかったのかを穏やかに伝えればいい。「10時以降はたいてい電話を取らないんだ」と。ところが、10時という制限を設けていないと、遅くにかけてくる電話を相変わらず取り続け、プライベートな時間を侵食されるだろう。すると、相手が図々しくも自分のパーソナル・スペースを軽んじているように感じて、腹が立つかもしれない。

あなたを傷つけ続ける人がいるなら、究極の境界線は、あなたの人生から相手を完全に締め出すことだ。とはいえ、たとえそんな状況でも、あなたが本当の望みに正直になって、率直に伝えたら、もう少し穏やかな解決策が見つかるかもしれない。

自分の好みが明らかになれば、自分の立ち位置がわかるので、いちいち腹を立てる必要がなくなる。他人の行動にイライラすることが減って、あなたも自分の欲求や好み（境界線）をさらにはっきりと、罪悪感を覚えずに伝えられるようになる。本当の自分にふさわしい決断や生き方ができるようになるから、それが自分に返ってくるだろう。

だから、自分を安心させる行動を取ることが、何よりも大切なのだ。あなたが、夜早く寝て、朝は夜明け前に起きて瞑想するような静かなライフスタイルが好みなら、にぎやかな都会の真ん中にアパートを借りてはいけない。昼夜を問わず、サイレンの音や街の喧騒が響いているから。タバコの煙で気分が悪くなるなら、タバコを吸う人と暮らしてはいけない。人と関わるのが好きなら、1日中1人でデスクに張りついているような仕事を選ばないことだ。

誰と時間を過ごし、誰をパーソナル・スペースに入れるのかを意識することは、安心・安全を確保する大切な要素だ。

もしパーソナルスペースがなかったら

大学時代、仲よしの友人が、ランダムにルームメートを割り当てられた。2人の性格はまるっきり逆だった。友人は、週末は部屋にこもって勉強したいタイプ。お酒やドラッグとは無縁の健全なライフスタイルで、つき合う仲間も慎重に選んでいた。ところが、ルームメートはパーティー三昧だった。お開きになると誰彼なく寮に連れて帰り、ルームメートに相談もなく泊めてしまう。友人が授業のあとに部屋に戻ると、授業をサボったルームメートが仲間たちとたむろしている、なんてことも一度ならずあった。そんなとき、彼はたいてい私のところに逃げてきた。ルームメートが自分に敬意を払ってくれない、と感じていたから。ご想像の通り、不愉快な思いをした友人は、次の学期にはその部屋を出た。ルームメートとの境界線を明らかにしなかったことで、他人の自由意志に自由を奪われたのだ。

もっと極端な例を挙げよう。想像してみてほしい。暴力をふるい、人を口汚くののしって、何をしでかすかわからないような人を、家に住まわせたとしよう。あなたは、自分の家なのにくつろげないばかりか、十中八九、家の外でものんびりできなくなるだろう。

要するに、自分の家や生活空間に何を入れるかが、家の内外を問わず、人生経験を左右するのだ。時には、家に誰が、何がいるかなんて、自分にはどうしようもない、と感じることもあるだろう。物心ついたときからずっと、そこにいるのだから。リビングに居座っている母親のソファも、親のだらしなさや短気な性格やアルコール依存症もすべて、あなたの環境の一部と化しているかもしれない。子ども時代のトラウマや混乱から逃れられない状況なら、それをしっかり掘り下げて、破壊的なパターンを特定して手放すのに役立つ情報《リソース》や手段《ー ス》もある。私も人生でそうしたいくつものパターンを特定しては、手放してきた。だから、こう言ってあげられる。「平和を乱す住人を立ち退かせて、代わりに、愛とサポートをくれる人や習慣、思考、信念、考え方を招き入れれば、人生はずっと楽しく、ずっと安全なものになる」と。

あなたは過去に、虐待を働く親と暮らしていたかもしれない。そして、今はもう親と暮らしていなくても、虐待は、あなたのネガティブな独り言を通して、あなたのスペースに今も息づいているかもしれない。だから、あなたがどういう人間か、あるいは、どういう人間になりたいのかにふさわしくない独り言や考え方、物語、視点、生き方に目を光らせて、境界線を引くことが大切なのだ。やってくるすべてのものを受け入れる必要はない。あなたのためにならない考え方には、文字通り「却下！」と言っていいのだ。それが、境界線を引くということ。

境界線を設けないと、そんな考え方があなたの一部と化してしまいかねない。消費しているメディア――テレビ番組や音楽、映画、本や雑誌――を通して家に入ってくるものに目を光らせるのと同じように、あなたのところへやってくるものや、あなたの精神的・感情的なスペースに息づいているものを、取捨選択することはできる。

最もパーソナルで神聖なスペースに入れたものは、ある意味、自分の一部になる。その瞬間、それはあなたの延長線上にあるから。でも、境界線があれば、意識的に選択できるから、自分の家や身体の中で安心して過ごせるようになる。

コンフォート・ゾーンを拡大する練習 3

あなたにとっての境界線って?

安心・安全と境界線にまつわる次の質問に答えて、日記に書こう。

- あなたは自分の家で安心している? 家の近所ではどうだろう? 「はい」と答えた場合は、そこにある何が、あなたを安心させているのだろう? 「いいえ」と答えた場合は、何があなたを不安にさせている? どうすれば、自宅をもっと安心できる場所に変えられるだろう?
- あなたは誰と暮らしているだろう? その人(たち)との関係は、どんな感じだろうか?
- 他人との関係について、あなたはどんな欲求や好みを持っている? 自分の境界線を伝えることは簡単だろうか? それとも、難しいだろうか?
- ほとんどの時間を誰と過ごしている? それはなぜか?
- 人生において、どの人間関係に不安や危険を感じている? その人間関係の何が、そんな気分にさせるのだろう? その関係において、もっと安心するためには何が必要なのだろう?

- あなたが安心し、「支えられている」と感じる人間関係はどれか？　その人間関係の何があなたを安心させているのだろう？　どうすれば人生のほかの分野でも、その安心を育めるだろう？
- どんなメディア（本、テレビ、ニュース、ソーシャルメディア、インターネットなど）を日常的に消費している？　そのメディアはあなたをどんな気分にさせているだろう？
- 子どもの頃に身につけた習慣や行動パターンで、あなたが「変えたい」と思っているものはどれか？　あなたの気分がよくなったり、自信がわいたり、「支えられている」と感じたり、安心できたりする習慣や行動パターンはどのようなものだろう？
- あなたの心の対話は、どんな感じだろうか？　愛情にあふれ、力をくれるだろうか？　それとも、批判的だろうか？
- あなたに対する他人の意見を、どの程度気にしている？　自分の好みを表現することを心地よく感じている？

コンフォート・ゾーンに入るための4つのセルフケア

家の内部をよい状態に保つためには、ある程度のメンテナンスが必要だ。ガス漏れや水漏れ、電気配線の欠陥、水道管の錆《さ》び、床下の狭い空間のカビやネズミ……そんなものが発生した日には、家は一瞬で危険な場所になる。しっかり注意を向けていないと、家の内部のシステムは、知らないうちに腐食したり、ボロボロになっていたりする。火事が起きてから電気配線のミスに気づいたり、病気になってからカビの発生を知ったりすることもある。

現実の家にメンテナンスが必要なように、あなたが安心して最適な状態で活動するためには、心の状態にもメンテナンスが必要だ。セルフケアとは、あなたの心が健全で安全な状態であるために必要な、すべてのことを指している。

私は、コンフォート・ゾーンに入る方法を見つけるために、セルフケアの4つの分野を重視している。

❶身体的セルフケア：最適な状態で活動するために、身体的な欲求に対処する。

❷精神的セルフケア：思考、信念、心の習慣を意識し、最適な状態にコントロールするために、心理的な欲求に対処する。

❸感情的セルフケア：自分の感情の状態を理解し、安定するよう導く能力を高める。

❹スピリチュアルなセルフケア：肉体を超えた、目に見えない自分の一部（魂）とのつながりを育てる。

こうした分野のケアは、どこから始めればいいのか、さっぱりわからないかもしれない。家が水漏れしたら、水道を止めて配管の修理をすればいいけど、漏れが心の、目に見えない漏れだとしたら、一体どうすればいいのだろう？

私が学んだのは、セルフケアの4つの分野が私たちに語りかけてくること。あなたが進んでサインに目を向ければ、どこが痛み、こわばり、不快なのか、具体的に示してくれるし、症状をやわらげ、癒やす方法も教えてくれる。

セルフケアの重要な要素は、自分を認識すること。自己認識とは、自分の中で今何が起こっているのか、そのせいで今どんな気分でいるのか、何が気分を改善する役に立つのか、に注意を払うことだ。

セルフケアをしないと、いずれは身体が病んで、鬱や絶望に見舞われるだろう。そうなると、ネガティブな感情に振り回されて、自分自身や世の中とのつながりを失ってしまう。また、心の状態を無視していたら、あなたの健康も心も魂も危機に陥って、極端な場合は、生きていることすらつらくなる。一方、セルフケアを日常生活に欠かせないものにできれば、心の中は、安心して夢を育める状態になる。

身体的セルフケアとは、自分の身体との関係を指している。

コンフォート・ゾーンと身体の健康には、現実的・直接的な関係がある。たいていの場合、自分の身体の扱い方には、自分とコンフォート・ゾーンとの関係が映し出されている。

常にコンフォート・ゾーンの外で暮らしていると、身体の健康をないがしろにし始める。睡眠時間を削ったり、運動をやめたり、空腹は満たせても栄養価がほとんどないようなものを食べている。そんな扱いに身体が文句を言い始めても気づかないふりをしたり、ひどい場合は、身体の感覚を麻痺させたりして、まったく聞く耳を持たない。

そうしたゆがみは間違いなく、よくない結果をもたらすだろう。家に修理が必要なのに無視していたら、傷みはどんどん悪化する。身体だって同じだ。けがをしても手当てもせずに、傷が悪化するようなことを続けていたら、どんどんひどくなる。身体のメンテナンスをしなければ、自分の役にも他人の役にも立てなくなるだろう。壁が崩壊しかかっていたら、家にいる誰一人、安全でいられないように。

自分のコンフォート・ゾーンを観察し、理解し、明らかにする一番手軽な方法は、自分の身体を観察し、身体の声を聞くことだ。身体が何を楽しみ、何をラクに感じ、何を心地よく感じるのかに、真剣に注意を払おう。

あなたはウォーキングとスイミングでは、どちらが好きだろう？　ストレッチをするなら朝か夜、どちらが心地いい？　身体が軽くなって、エネルギーがみなぎる食べものは何だろう？　身体がだるく、重くなる食べものは？　体調がよくなるものだけを食べるなら、食生活に何を足し、何を引けばいいだろう？　6時間寝たときと8時間寝たときとでは、身体の感覚はどう違う？　どんな椅子なら、身体が喜ぶだろう？　どんな運動を気持ちよく感じる？

私は、自然の中でハイキングしたり、お風呂に入ったり、早く寝たりすることで、身体的セルフケアを実践している。あなた特有の身体には、世の中のほとんどの身体とは違う、特有の好みがある。その身体の中にいるのはあなたなのだから、身体のことを知ろうとするのは当然ではないだろうか？　それに、一生その身体の中で過ごすのだから、大切にする価値があるのでは？

精神的セルフケアは、自分の思考、信念、心の習慣を認識することから始まる。

「脳には脳の心があるのかも」と感じたことはないだろうか？　絶え間ない思考を、手に負えないと感じたことはない？　私も「心のおしゃべりをコントロールできないし、変えられない」と思ったことがある。でも、たいていの場合、思考していることに気づいただけで、思考のテンポは落ちる。思考を止める必要はない。観察するだけで十分だ。観察できること、それが心の手綱を握る第一歩なのだ。

心の習慣は、人生の質を大きく左右する。ゴミやがらくたまみれの環境では健やかに育てないように、心が混乱し、カオス状態だと、人生で成功するのは難しい。

最近は、「マインドセット」が話題だ。多くの先生が、ポジティブな／気分を高める「アファメーション」と呼ばれるメッセージで心を満たすことが大切だ、と力説している。私もアファメーションを活用し、何年にもわたってパワー・オブ・ポジティビティのコミュニティでシェアしてきた。マインドセットにまつわる膨大な資料を構築してきたのは、コミュニティのメンバーがアファメーションのような、ポジティビティ・ツールを求め続けているからだ。

そうしたツールにまつわる情報は、かつてないほど充実している。それでも、私のコミュニティからは毎日のように「アファメーションをしても効果がありません」というメッセージが届く。アファメーションに効果がないのではなく、「二心《ふたごころ》ある状態」が足を引っ張っているのだ。たとえば、経済的な自由を求めながら、お金持ちを悪者にしている。あるいは、心の安らぎがほしいけれど、相手を許したくない。健全な人間関係を望みながら、余計な修羅場を演じている……。

なるほど！　代々受け継がれてきた自分を制限する思い込み《リミッティング・ビリーフ》を打ち砕くのは簡単じゃない。心の習慣の中には、親や祖父母から学んだものもあるのだ。過去に貧しく暮らしていたら、豊かさに居心地の悪さを覚えるかもしれない。トラウマになるような子ども時代を過ごしたら、人を信じるのに苦労するだろう。この本の後半で、たとえ子どもの頃にどんな心の習慣を学んでいようと、自分で選んだどんな現実にも順応できる、パワフルなツールをご紹介する。でも、とりあえずは、今の心の習慣に気づくことが大切だ。

もし散らかった家や散らかった心が好みなら、それが好きな自分に気づこう。もっとお金がほしいのに、高級レストランに行くと、気後れして場違いな気分になるなら、その矛盾に気づこう。穏やかな人間関係を望んでいるのに、うまくいきすぎると必ずけんかをふっかけてしまうなら、その行動を自覚してほしい。

これは、たやすいことではない。でも、経験から言わせてもらうと、あなたの不安と悪いクセ（弱点）こそがあなたを導いてくれるのだ。点滅する大きな赤信号のように、何に取り組む必要があるのかを教えてくれる。だから、批判したり、改めようとしたりしなくていいから、ただ観察してほしい。何より重要なことは、自分を**批判しない**ことだ。

変化を起こしたいなら、まず自分がどこにいるのかを知らなくてはいけない。家を片づけたいなら、まず散らかりようを見て、それを認めなくてはならないように。

精神的セルフケアを実践すると、ネガティブな気分にさせる心の習慣から距離を取り、意識的に、元気で穏やかな気分になれる心の習慣を大切にし始めるだろう。

私の精神的セルフケアのルーティンには、「マインドフルネス」「瞑想」「リフレーミング〔訳注：物事を別の視点でとらえ直すこと〕」「ポジティブな観念化」「自然の中での長い散歩」「リセットするための昼寝」といったツールや取り組みが含まれている。心の健康をケアするときには、パワー・オブ・ポジティビティのコミュニティ用のリソースや、この本専用のリソース（https://www.thecomfortzonebook.com/resources）を活用すれば、自分の思考や心の習慣をうまくかじ取りできるだろう。

感情的セルフケアとは、あなたの感情の状態・健康に対処すること。

多くの人は、ふと気づくと感情に翻弄され、「自分の感情をどうすることもできない」と感じている。その結果、誰もが思い込んでしまう。「感情をコントロールするのは無理だ」「感情は自分とは別モノだ」「感情には手の施しようがない」と。

ブレネー・ブラウンは、著書『Atlas of the Heart』（未邦訳：心の地図帳）の中で主張している。自分の感情を率直に認め、正しく見定めて、誰かに正直に伝えると、心が安らいで、圧倒的な感情に翻弄されにくくなる、と。

「言語は、意味づけやつながり、癒やし、学び、自己認識への入口だ」とブラウンは述べている。「今経験していることについて話す言語がなかったら、何が起こっているかを理解して他人に伝える能力が大きく制限されるだろう。正確な言語がなければ、必要な助けを得るのに苦労するし、感情をコントロールして、前向きに乗り越えられるとは限らないし、自己認識も低下するだろう」と。

一方で、こうも書いている。「ある感情を正しく表現する言葉があるから、他人の感情をうまく見定められるし、自分がそうした感情を抱いたときも、その感情体験に気づいてコントロールできる」。そして、こう続けている。「感情体験に名前をつけるプロセスは、感情の調整や精神的な健康に貢献している」

自分の感情に気づくことは、感情に翻弄されなくなるための重要なステップだ。ジル・ボルト・テイラー博士はベストセラーになった著書『奇跡の脳――脳科学者の脳が壊れたとき』の中で、「感情の寿命はわずか90秒だ」と述べている。つまり、説明したり、正当化したり、物語ったりして感情に「深入り」しなければ、その感情の身体的な感覚は90秒以内に体内から消える。感情が90秒を超えても続いているなら、感情が高ぶり続けることを自ら選んでいるのだ。

一番の問題は、自分がどんな気分かに注意を払いながら大人になる人がほとんどいないこと。だから、たいていの人は、自分の感情を見定めるのに苦労する。さらに悪いことに、自分の感情に気づき始めると、その意味を理解しようとしたり、正当化したり、説明したり、くよくよ考えたり、闘ったり、追い払おうとしたりする。その感情にとらわれて、自分の行動を正当化するのに利用することもある。

感情的セルフケアとは、人生経験に悪影響を及ぼすような感情を優先したり、正当化したり、深入りしたりするのをやめること。代わりに、人生の質を高めるような感情を育み、大切にすることだ。どうすればそんなことができるのだろう？　簡単に言えば、ネガティブな感情がわいたらすぐにそれを見定めて手放し、ポジティブな感情に気づいたときには、なるべくそれを味わうことだ。

私の感情的セルフケアのルーティンは、精神的セルフケアとよく似ているが、そこに「日記を書く」「感謝する」「許す」「泣く」「批判を手放す」「ポジティブな独り言を言う」「好きな人に電話する」「孤独に浸る」「よい本を読む」「元気が出る曲を聴く」などのツールや取り組みが加わる。感情の健康をケアするようになると、自然と、心地よいことを軽やかに、頻繁に選べるようになる。

スピリチュアルなセルフケアとは、肉体を超えた、目に見えない自分の一部（魂）とのつながりを指している。

人生では、五感を通して経験することや、言葉で説明されたり教わったりすることが数多くある。たとえば、現実の家なら、あなたの選択は目に見えたり、触《さわ》れたり、においがしたり、味わえたりするだろう。壁の色や家具の形、キャンドルの香り、カーテンの手触り、コーヒーテーブルの質感――どれも感じられるし、目に見えるし、体験できるし、説明できる。

そうした要素に加えて、物質ではなく形を持たない、言葉や写真で共有できないものもある。それを感じ、体験したいなら、実際に家に足を踏み入れるしかない。

私が朝ベランダに出たときに抱く、愛と感謝がわっとあふれ出すような感覚は、言葉で伝えきれない私だけの体験だ。写真を見せたり、めいっぱい詳しく語ったりはできるから、イメージしてもらうことはできるけど、私が味わっている強烈なつながりを肌で感じてもらうことはできない。あなたも今この瞬間に、それに匹敵する深いつながりを味わっていない限り。

現実の家と同じように、内なる人生にも、感じることしかできない要素がある。たとえば、愛とは何かをどうすれば人に説明できるだろう？　唯一の方法は、愛を示すことだ。そうすれば相手も、愛がどんなものかを体験できる。でも、誰かの代わりに感情を味わうことはできない。愛という体験を教えることができないのは、愛の源は、非物質的な精神世界と同じで、物質の枠を超えているからだ。

私にとってこの分野は、コンフォート・ゾーンを築き、探求し、大きく育てていく中で、重要な役目を果たしている。実は、あのどん底の時期には、存在するあらゆるものとつながって見事に私を導いてくれる自分の一部と、絶えずつながってはいなかった。私はすっかり迷子になって、そんな存在がいることにも希望を持てなくなっていた。でも、たとえ何があろうと、私たちは肉体を通してさまざまな体験をする、極めてスピリチュアルな存在だ。人によって解釈や信念はいくぶん違うだろうけど、人はみんな同じ。一人一人信じていることは違っても、個人的な体験から言わせてもらうと、私には魂があって、それは神さまとつながっている。そして、その関係を大切に育めば、私によい結果をもたらしてくれる。この物質を超えたエネルギーを「神さま」と呼んでもいいし、「宇宙」「創造主」「ハイヤーセルフ［訳注：高次元の自分自身］」「意識」「源」など、何と呼んでも構わない。どんな名前で呼んだとしても、それは肉体を超えて存在する、あなたの一部を指している。

この本は、私が歩むスピリチュアルな道をなぞる、誰かのための本ではない。自分の道を選んで成功を収める、あなたのための本だ。これは、つながりについて書いた本なのだ。

誰もが、ユニークな旅をしている。コンフォート・ゾーンで生きるとは、自分のユニークさを認め、受け入れ、愛するだけでなく、他人の好みや願いに対しても、あれこれ判断せずに同じ姿勢を持つことだ。自分の魂とつながっていれば、連帯感や愛、信頼、希望、思いやり、感謝といったポジティブな感情を経験しやすい。自分の魂とつながっていないと、たびたび孤独や恐れ、不安、絶望を感じるだろう。そうした感情は長期的に見ると、さまざまな苦しみや、場合によっては病気をもたらしかねない。

実は、スピリチュアルなつながりがないときは、自分自身の重要な部分を無視している。というのも、肉体を超えた本当の自分を認め、進んでつながるとき、人は自分が完全であることを認めているからだ。

おそらく自分に与えられる最高のプレゼントの1つは、自分のスピリチュアルな部分に気づいて、関係を紡ぐこと。そのスピリチュアルな部分は、現実世界に深く根を張り、世の中や人々と深くつながっている。スピリチュアルなつながりを深めるために私が実践してきたのは、祈り、瞑想、1人の時間、奉仕、深呼吸、自然の中で過ごすこと、内省、日記、グラウンディング、聖書の言葉を読むこと、教会へ行くこと、感謝すること、気の合う人たちとつながること、などだ。

コンフォート・ゾーンを拡大する練習―4

セルフケア、できてる?

身体的セルフケアについての問い

- 私の身体はどんな食べもので調子がよくなるだろう？　身体がだるくなったり、具合が悪くなったりする食べものは何だろう？
- 私の身体は、疲労や倦怠感から「もっと休みたい」と求めていないだろうか？
- 私の身体は、イライラや不安から「もっと動きたい」と求めていないだろうか？
- 身体の筋肉がこわばって、ストレッチやマッサージを求めていないだろうか？
- 私は、どんな運動を心地よく感じる？
- 深い腹式呼吸をすると、どんな感じがする？
- 身体が好むことや求めていることで、今まで無視してきたことは何だろう？

精神的セルフケアについての問い

- 私の普段の思考は、おおむねポジティブだろうか、ネガティブだろうか?
- 私が朝起きてすぐに考えるのは、どんなことだろう? いきなり「やることリスト」が頭に浮かんだり、精神的に追い詰められたり、うまくいかないかもしれないことを考えていないだろうか? それとも、感謝していることや、わくわくすることを考えている?
- 不満を言ったり、誰かを責めたり、何かを正当化したりするのがクセになっていないだろうか?
- 最悪のシナリオについて考えたり話したりするのがクセになっていないだろうか? ポジティブな結果が出る可能性について、考えたり話したりしている?
- どんな心の習慣が、「自分は無力だ」「大した力はない」と感じさせるのだろう?
- どんな心の習慣が、「自分にはパワーがある」と感じさせるのだろう?

感情的セルフケアについての問い

- 私は、自分の感情を自覚している?

- 自分の感情に気づいたときは、その感情を見定めて、正しく伝えられるだろうか？
- ネガティブな感情を味わっているときは、どんなことをしている？
- ポジティブな感情を味わっているときは、どんなことをしている？

スピリチュアルなセルフケアについての問い

- 私は毎日、自分のスピリチュアルな部分とつながる時間を取っている？
- 私が一番心地よく感じる、スピリチュアルな取り組みはどれだろう？
- どうすればスピリチュアルなつながりを深められるのだろう？
- スピリチュアルな旅を豊かにするために、誰とつながればいいのだろう？

あなたが成し遂げたこと

やった！　Chapter7を読み終えたね！　あなたはもう、心に安心感を育むツールを手にしている。頭に入れることがたくさんあって大変だったと思うけど、私はここまで旅をしてきたあなたを誇りに思っている。そろそろ自分の家とコンフォート・ゾーンのイメージができてきたのではないだろうか。家とコンフォート・ゾーンは多くの点でよく似ているから、それぞれを強化しやすいだろう。この章でSEEピラミッドを紹介し、最初の階層である「安心・安全」についてお話ししたので、マズローの「自己実現理論」とのつながりを理解してもらえたと思う。魔法のようなことが起こるのは、レンズを内に向けて、こう気づいたときだ――自分を安心させるのは自分の仕事であり、それができるのは、自分のコンフォート・ゾーンを明らかにして、コンフォート・ゾーンで生きているときだ。

次の章では、SEEピラミッドの次の階層である「表現」を探求していく。あなたはすでに自分の欲求や好みを――外に対するもの（境界線）も、内に対するもの（セルフケア）も――理解しているので、ユニークな自分を表現し、世の中に伝える準備ができている。Chapter8では、そのことに取り組んでいく！

「平和を乱す住人を立ち退かせて、代わりに、
愛とサポートをくれる人や習慣、思考、信念、
考え方を招き入れれば、
人生はずっと楽しく、ずっと安全なものになる。」

Chapter 8

自己表現に目を凝らす

自分を表現する方法――自己表現――とは、自分自身や自分の好みを世の中に伝える方法だ。心に安心感を抱くと、人は自然とＳＥＥピラミッドの次の階層（表現）に移り始める。

自分を表現する方法は、周りの人たちとあなたをつないでくれる。自己表現が人間関係の要《かなめ》とも言えるのは、どんな表現を選ぶかが、他人があなたをどう見るかや、あなたとどんなやりとりをするのかに情報を与え、影響を及ぼすからだ。あなたがどんな人間か、あなたをどう扱えばいいのかを、みんなが知る助けになるのだ。自己表現によって、仲間を引きつける雰囲気を醸し出すこともできる。

自己表現には、さまざまな形がある。外の世界に自分の好みを伝えるためにすることはすべて、自己表現の一部だ。言葉、服装のチョイス、身振り、クセ、口論中のやりとり、音楽や絵画やダンスといった芸術的な活動、昔から創造的・芸術的とは見なされていない職業選択のような行為、政

SEEピラミッド

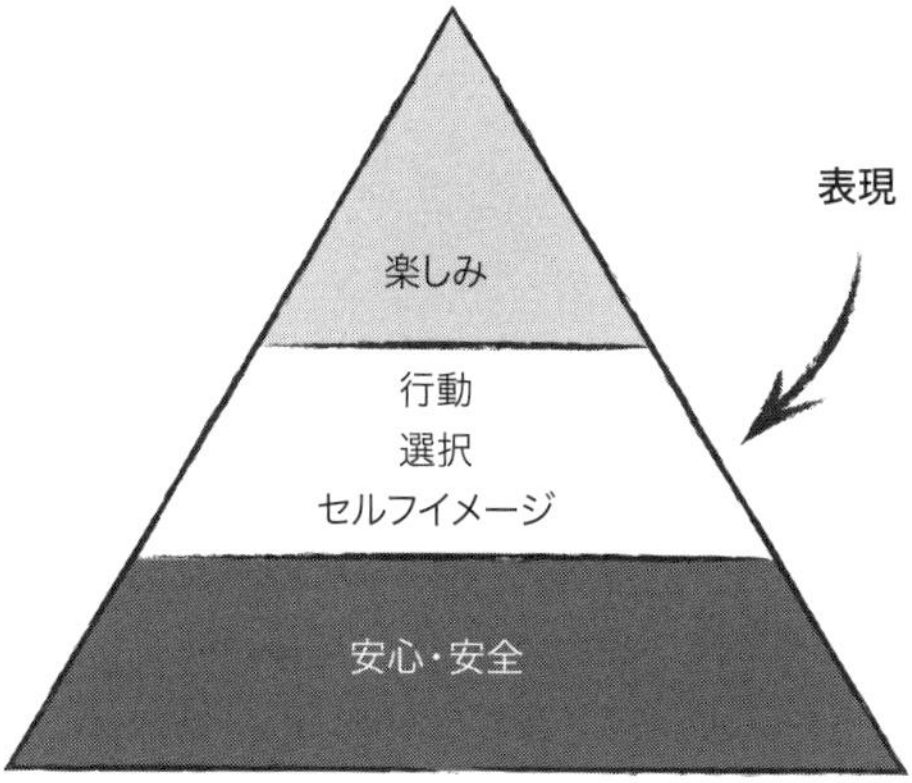

治に対する考え方、問題解決のスタイル――どれもこれも自己表現だ。地上を歩き回っている人間の数だけ、自己表現の形がある。

人生において自己表現を構成する3つの要素は、「セルフイメージ」と「選択」と「行動」だ。セルフイメージはあなたの潜在意識の中に宿り、あなたがする選択と、その選択に基づいて取る行動を通して、世の中に映し出される。だから、人生の問題の中には、さらに行動を重ねても、別の選択をしても、解決できないものがあるのだ。問題の根本原因は、セルフイメージにあるのだから。

言葉や身振りや行動が、内面の状態に命を吹き込み、外の世界に映し出される。それらがあなた個人の現実（性格）をつくる。世の中で自分をどう表現するかによって、人格や評判といったあなたを構成する要素が生み出され、それがあなたのアイデンティティを形成する。

他人があなたをどう見ているかと、あなたが自分自身をどう見ているかにギャップがあるのは、珍しいことではない。

何に対しても愚痴をこぼすクセがあるなら、「ネガティブな人だ」と言われているはずだけど、本人は自分を「被害者だ」と思っていたりする。そこにいない人の話をするクセがあるなら、「ゴシップ好き」のレッテルを貼られているだろうが、自分では「正しい人」のつもりでいる。会話にあまり加わろうとしないなら、「堅苦しい」「傲慢だ」などと思われていそうだが、当人は「人見知りだ」と考えている。キャリア志向が強いなら、周りからは「やり手」と目されていそうだけれど、本人は「不安性で承認欲求が強い」と思っているかもしれない。

他人からの評価に納得がいかない場合は、セルフイメージに目を凝らす必要がありそうだ。自分自身に対する見方が、自己表現の選択に影響を及ぼしているからだ。成果にも同じことが言える。大きな夢があるのに、「達成できる」というセルフイメージを持っていなかったり、「僕には価値がない」と思い込んでいたりすると、夢をかなえる選択や行動ができなくなる。

セルフイメージを意識して高める

潜在意識のセルフイメージは、自己表現によって外の現実に映し出される。自己表現は、他人があなたをどのように見て、どんなやりとりをするかを大きく左右する。世の中に現している姿は、今この瞬間に自分が何者であるかを表明している。

セルフイメージには、本人に自信や強い自尊心をくれるポジティブで力強いものもあれば、自己不信や不安でいっぱいにし、パワーを奪うネガティブなものもある。

ここで厄介なのは、意識してセルフイメージを高める努力をしてこなかった場合、幼い頃に形成されたセルフイメージのまま、自動運転でここまで来てしまったこと。ただし、耳寄りなお知らせがある。セルフイメージは、いつだって手を加えて調整できるのだ。実際、私はこれまで——時にはその自覚がないまま——何度も調整してきた。今朝も本を書き始める前に30分、日記の時間を取って、セルフイメージに取り組んだ。人は、自分が持っているセルフイメージにぴったり合う形で成長していく。

Chapter6でお話ししたが、理想の家を持つことができるように、行きたい場所や、なりたい自分にふさわしい、理想のセルフイメージを持つこともできる。私はこれを「拡大自己」と呼んでいる。拡大自己についてはChapter11で詳しくお話ししていく。差し当たって大切なことは、今のセルフイメージを自覚することだ。知ってほしいのは、今立っている場所と正直に向き合い、安心して自分を表現し、自分の心の状態を意識するようになれば、ほかのすべてのこともうまくいき始めること。なぜなら、コンフォート・ゾーンで自分を表現しているからだ。

コンフォート・ゾーンに親しみ、意識的にコンフォート・ゾーンを構築するようになると、世の中においても、自分がどんな人間かを意識的に選んで、自分を形成し始める。この意識的かつ安全なスペースで暮らし始めると、ありのままの自分でいることを許せるようになる。

結局のところ、世の中に現している姿は、鏡の中に見出しているイメージそのものなのだ。あなたの選択や行動が、セルフイメージを超えることは絶対にない。同時に、セルフイメージを改善する邪魔をしてくるものも、実は何ひとつない。

セルフイメージが傷ついて、自分を本来の美しくて強い存在だと考えるのが難しいとき、私が好んで行う練習がある。ゆっくりシャワーを浴びながら、ネガティブな思考や感情がもれなく身体を離れ、どんどん排水管に流れていくところをイメージするのだ。それが終わったら、鏡の前に立って、鏡の中の自分に「大好きだよ」と言う。何度もそう言いながら、自分自身の好きなところを順に指摘していく。「私の腕が好き」「私の顔が好き」「私の髪の色や質が好き」「私の打たれ強いところが好き」「私のあきらめずに前進し続けるところが好き」「私の親切なところが好き」「私のそばかすが好き」と。深い安堵感に包まれるまで続けると、もう自分自身が、小さくて無力な存在だとは思えなくなる。こんなふうに鏡の前でわずか5分過ごしただけでも、セルフイメージを変えられる。セルフイメージが変われば、その日の選択や行動も変わる。

なるべき自分になるのに遅すぎることはない

あなたがする選択の1つ1つが、考え方を試し、創造性を発揮し、好みを磨くチャンスだ。ポジティブなセルフイメージを育めば、どんな環境でも、自分を心地よく表現できる。自分を100パーセント表現できれば、本当の自分でいられる。自分を最大限に表現できれば、自分らしく生きられる。本当のあなたがコンフォート・ゾーンの中で開花し、あなたの選択を通して表現され、行動を通して姿を現すのだ。

私が「選択」という言葉をわざわざ使っているのは、あなたに知ってほしいからだ。世の中にどんな姿を現すかを選ぶパワーを持っているのは自分なのだ、と。あなたが選ぶ自己表現の方法は、環境や人間関係やほかの人たちの選択とは一切関係がない。あなたが100パーセント、手綱を握っている。人生で何が起こっていようと、あなたが選べるのだ。正しい、適切だ、と感じる行動を取ることで自分を表現し、人生の状況に対処することを。

たとえば、「紫を部屋のアクセントカラーにしよう」と決めたものの、壁全体を紫色に塗ったあとで「全然素敵じゃない」と気づいたとしよう。選んだ色が濃すぎたのかも、と考えて、薄めの紫色で調整することもできるし、「紫はいまいちだ」と感じて、別の色を選び直すこともできる。こんなふうに、自己表現は、自分の考えや好みを実験して磨く、探求の場になる。こういった自己表現の探求や調整ができるのは、物理的な次元に限らない。

たとえば、本を書きたいなら、いろんな文体に触れてみて、自分の本のビジョンにぴったりな作家や本に親しむといいだろう。私の友達は45歳のときに詩のクラスに参加して、詩を書いたり演じたりするのが大好きだと気がついて、自分でも驚いたそうだ。自己表現の新しい方法を発見するのに——なるべき自分になるのに——遅すぎることはない。

心に安心感が育ち、自己表現を通して自分の好みを実験したり磨いたりできるようになると、すぐ気づくだろう。好みは絶えず変化するのだ、と。私たちはじっと立ち止まっているわけではない。人生はいつだってどんどん拡大している。何が拡大していくかは、自分の選択、行動、自己表現の方法にどれだけ意識的になれるかで決まる。

意識的に選択や行動をしていないと、受け身で主体性のない表現が当たり前になってしまう。世の中に対して身構え、心がしぼむような思考や選択、人間関係、行動にまみれていく。エネルギーが枯渇するような思考や行動で心も人生も埋め尽くし、意識的・意図的な表現から目をそらすようになる。

一方、セルフイメージを正直に見つめ、意識的に選択や行動をしていけば、セルフイメージは少しずつ、心穏やかで、心地よく、自信にあふれているときの、本来の自分に近づいていく。そうなると、「足りない」「十分じゃない」という思いがわいてきても反発し、はねのけ始めるだろう。すると、より自分らしい、心からの願いや価値観にふさわしい自己表現を選べるようになる。

コンフォート・ゾーンに親しみ、
意識的にコンフォート・ゾーンを構築するようになると、
世の中においても、自分がどんな人間かを意識的に選んで、
自分を形成し始める。
この意識的かつ安全なスペースで暮らし始めると、
ありのままの自分でいることを許せるようになる。

どうか心に留めておいてほしい。この生き方は、自分の価値観を他人に押しつけて、他人の行動を支配しようとするものではない。むしろ、その逆だ。外の世界をコントロールしようとするのは、心に安心感や自信がないときだ。ありのままの自分でいるときは、ほかの人たちがありのままの自分でいることが気にならない。たとえ相手の選択に納得がいかなくても。

ほとんどの時間をコンフォート・ゾーンで過ごすことを選ぶと、自分の好みを楽しみ、表現し、実験し、磨くことを許せるようになる。だから人生が、生きたい人生にどんどん近づいていくし、他人が好きに生きるのも認められるようになる。

覚えておいてほしい。コンフォート・ゾーンで生きるとは、そこから絶対に出ないことではない。どんなに家が好きでも、朝から晩までずっと家にこもってはいないように。

私たちは人間だ。人生にさらに多くを望んでいるし、時には自分の能力や資質を買いかぶる。ミスもすれば、挫折も失敗もする。でも、それでいいのだ。目標はコンフォート・ゾーンになるべく長く留まることだけど、そうはいかないときもある。それでも、たとえコンフォート・ゾーンを離れても、「いつだって戻れる」と知っていれば、安心していられる。

現実の家と違って、コンフォート・ゾーンは持ち運びできる。コンフォート・ゾーンは、あなたのアイデンティティに深く根差しているからだ。１００の広告掲示板を横目で見ても、延々とコマーシャルを聞かされても、何が怖くて仕方ないかを語る周囲の声が耳に入ってきても、コンフォート・ゾーンに根を下ろしていたら、おろおろすることはない。自分のパワーに浸り、自分の好みに目を向けていられる。

自己表現の影響は、現実の家だとひと目でわかる。自分の好みに合わせて部屋を意識的に整えれば、適当に選んだものでまとめるよりずっと、その部屋を楽しめるだろう。家を片づける代わりに、1日4時間テレビを観ていたら、家はあっという間にめちゃくちゃになる。「壁に色を塗りたい」「好みの棚を探したい」と思いながら、酔っ払って部屋を散らかしていたら、いつまで経っても壁の色は変わらないし、新しい棚も届かない。

自分がどんな表現を選んでいるか、見えにくい場合もあるだろう。でも、日記をつけたり、ちょっとした内省の時間を取ったりすれば、それを目の当たりにできる。ぜひ正直に、率直に、好奇心を持って、自分の選択や行動をしっかり見つめてほしい。Chapter12で、アイデンティティを書き換えるためのツールをご紹介する。それによって選択や行動が変われば、なりたい自分として世の中に姿を現せる。でも、目下のところ、あなたが自分に贈れる最高のプレゼントは、あなたの気づきなのだ。

コンフォート・ゾーンを拡大する練習―5

自己表現について考えてみる

次の質問への答えを、なるべく詳しく日記に書こう。

1. 私はどういう人間なのだろう？　何が私を――よくも悪くも――今の私にしているのだろう？

2. 私は自分自身のどこが好きなのだろう？　ほかの人たちは、私のどこが好きなのだろう？　今の答えの重複している特徴に○をつけよう。

3. 私にとって一番大切な信念や価値観とは何だろう？　私の生き方には、それが反映されているだろうか？

4. 私は何に一番情熱を持っている？　どんな頻度で、それを行うことを優先させているだろう？

5. 今、自分自身を表現するために、私はどんな活動をしている？　もし変えたいとしたら、どの活動だろう？　また、どんな活動を加えたいだろう？

6. 私は矛盾し合う信念や習慣を持っているだろうか？　あるいは、セルフイメージに合わない信念や習慣を持っている？　持っているなら、それはどんなもので、解決のために何ができるだろう？

あなたが成し遂げたこと

素晴らしい。Chapter8を読み終えたね！　もうはっきりと理解してくれたのではないだろうか？　自己表現が、セルフイメージ――自分が自分をどう見ているか、自分が人生で何ができると考えているか――と深く結びついていることを。コンフォート・ゾーンで暮らしていると、自分がどれほどユニークで、美しくて、パワフルな存在であるかがわかる。だから、自信を持って自分を表現できるようになる。それは、他人をコントロールしたり支配したりする必要のない、穏やかな自信だ。

次の章では、SEEピラミッドの3つ目の最後の階層である「楽しみ」について話そう。人生は楽しむためにある。楽しみは、ある意味、あなたが生まれ持った権利なのだ。与えられた人生を楽しむ方法を学ぶこと――それは、恵みに満ちた人生を築く上で何よりも大切なことだ。

「私たちはじっと立ち止まっているわけではない。
人生はいつだってどんどん拡大している。
何が拡大していくかは、自分の選択、行動、自己表現の方法に
どれだけ意識的になれるかで決まる。」

Chapter
9

人は人生を楽しむために生きている

人生の究極の試練は、楽しい人生を新たに築くことではなく、今ある人生を楽しめるようになることだ。これができるようになれば、魔法のようなことが起こる。今の人生を楽しんでいたら、楽しい人や出来事や人間関係や時間が、ますますあなたに引き寄せられてくる。そして、新しい出会いを楽しんでいたら、さらに楽しいことがもっともっともっとやってくる。楽しみを優先し始めると、人生にポジティブなフィードバックループが生まれることに、私は今も畏敬《いけい》の念を覚えている。

ある友人に言われたことがある。あなたの恵まれた人生がうらやましい、と。

「私の人生が恵まれているのは、私が人生を楽しんでいるからよ」と私。

「でも、あなたには楽しいことがいっぱいあるじゃない！」

「楽しいことがあるのは、私が今あるものを全部楽しんでるからよ」

SEEピラミッド

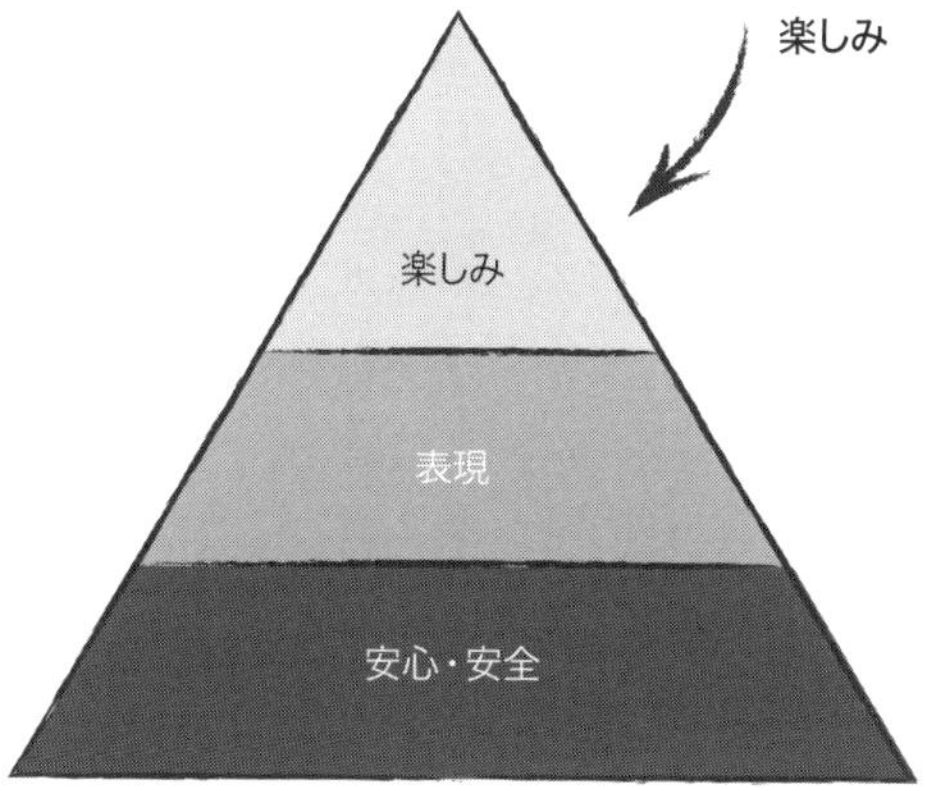

彼女が微笑んだ。その様子から、苦しんでいた頃の私を思い出しているのがわかった。

人はたいてい気づいていない。人生にポジティブな感情のループが生まれるのは、今持っているものが大きくても小さくても、それをありがたく思い、楽しむ姿勢があるからだ、と。拡大は、喜びと感謝の気持ちから生まれる。

この章では、意図的に喜びを生み出すことを学んでいく。そうすれば、人生でその恩恵にあずかれる。

もう一度SEEピラミッドを見てほしい。自分がどんな自己表現をしているかを自覚し、自己表現とセルフイメージの関係が人生の選択や行動にどんな影響を及ぼしているかに気づいたら、人は自然と、SEEピラミッドの3つ目の階層である「楽しみ」に移行し始める。

SEEピラミッドを上昇していくにつれて、誰に遠慮することなく、正真正銘のあなたに近づいていく。自然体で心地よく、喜びと充実感をくれる人生を築き始める。

楽しみは、生きることの究極の目標だ。人生で「ほしい」と思うすべてのものは、それが自分を幸せにしてくれると思うからほしいのだ。人生でするあらゆることは、それがいつか自分に喜びをくれると思うからしているのだ。残念ながら、私たちの行動や成果の多くは、幸せにつながらない。私たちはいつも喜びを追い求めては、ほとんど見つけられずにいる。

人生は楽しむためにあるけれど、不安や恐れやストレスを抱えていたら、楽しむのは（不可能ではないにしろ）難しい。人生がもし本当の自分を反映していたら、もっともっとたやすく人生を楽しめるだろう。この本を読み進めるうちに、あなたがすでに、前よりも心地よくありのままの自分でいられて、前よりも本当の自分を表現できていたらうれしい。安心して本当の自分を表現できていれば、どこへ行っても人生を楽しめるから。

コンフォート・ゾーンを意図的に生み出し、育んでいれば、楽しいことやポジティブなことを人生に組み込める。たとえ現実が、外からどう見えていようと。

ポジティブなこと、希望、楽観主義が、コンフォート・ゾーンの中ですくすく育つのは、安心して穏やかな気分でいると、心が愛や感謝、喜び、平和、わくわく感、至福、といったものを味わえる状態になるからだ。私は今、本当の幸せと満足感の話をしている。それは、さらに多くのものや、より恵まれた境遇を得ることで手に入るものではない。レンズを調整することで、多くの恵みがわっと自分に降り注いでいることにようやく気づいたときに、手に入るものだ。今この瞬間を楽しむこと。この最高の在り方が軽やかにコンフォート・ゾーンを広げ、旅のすべてを楽しめるようになるのだ。終わりのないバカンスのように、日々の現実はおおむね心地よいものになるだろう。意識的な選択によって、あなたの好みや欲求が大切に扱われているからだ。

人生でする決断の1つ1つが、そんな心の家を建てるチャンスをくれる。そこは、楽しみを生み育てることのできる場所だ。

楽しみとは、自分の目標や願いや欲求を満たしてくれる思考や行動、出来事に触れているときに体験する、ポジティブな状態のことだ。喜び、意義、安心・安全、愛、帰属といった欲求が満たされたとき、人は充足感——楽しみというご褒美——を受け取る。

研究によると、楽しみと健康は密接につながっている。人生に努めて楽しみを育てるようにすると、人生の質が上がって寿命も伸びる。

あなたが体験する楽しみの質は、日常生活でポジティブなことをどれだけ優先しているかによって決まる。ポジティブであることは、コンフォート・ゾーンへの入口なのだ。ポジティブなパワー

（パワー・オブ・ポジティビティ）を作動させると、自分をコンフォート・ゾーンへ連れていける。するど、感じ方が変わり、自分や他人への話し方も変わる。喜びをくれる健康的でわくわくするような活動に引き寄せられているうちに、行動の仕方も変わっていく。

「楽しみ」のカギになる4つの要素

ここまで、どういうわけで「楽しみ」がSEEピラミッドの一番上にあるのか、どのように下の2つの階層に支えられているのかをお話ししてきた。次の図では、「楽しみ」をカギになる4つの要素――面白いこと、没頭、感謝、創造性――に分けている。

私が人生において、楽しみの4つの要素をふくらますために使っている実用的なツールや練習を、いくつかご紹介したいと思う。どれも日常的に使っているものばかりだ。こうした練習をすれば、あなたは、生まれ持った権利である「楽しみ」を意図的に活用できるようになる。楽しむことで満足感が高まり、クリエイティブな気分になって、人生にどんどん夢中になれる。今この瞬間に心に響くツールや練習を選び、必要なときには、いつでもこの章に戻ってきてほしい。

SEEピラミッド

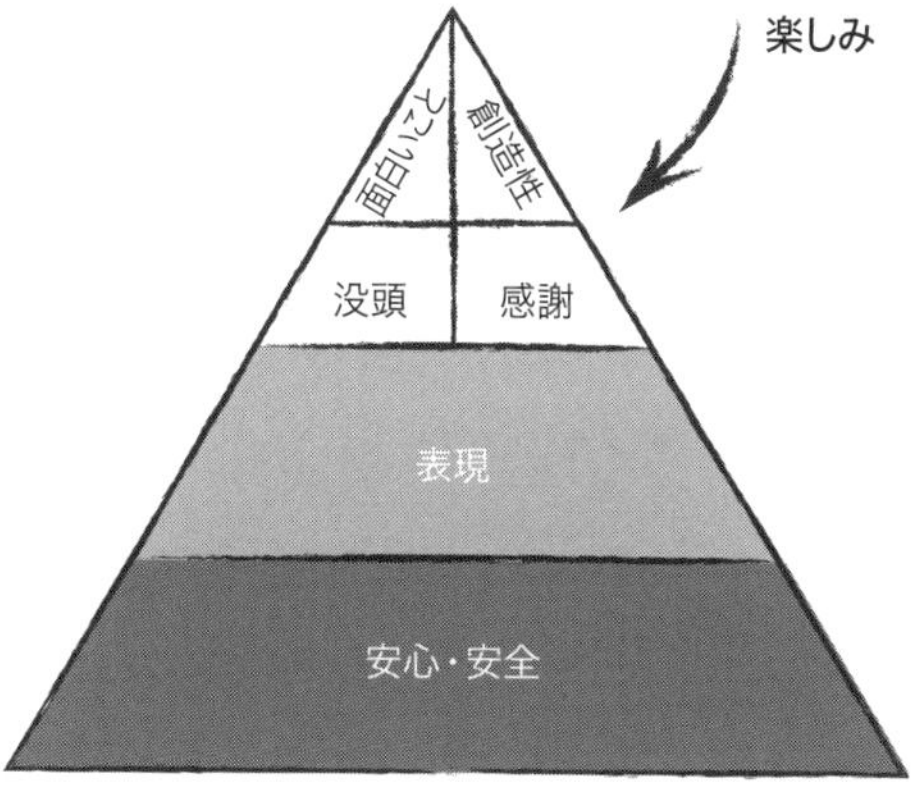

面白いかどうかを大切にする

コンフォート・ゾーンに戻る道を見つける、最も速くて簡単な方法は、面白いことをすることだ。

面白いことは、やたらと頑張るストレスまみれの現代社会では過小評価されている。多くの人は激務をあがめ、楽しむことを子どもっぽさと結びつけては、「よく働き、よく遊べ」「よく学び、よく遊べ」のような言葉や考え方を生み出している。ここでの「遊び」は面白いこと――おそらくは無責任な行動――を連想させ、「仕事／学び」は大人としての責任を表している。私はたびたびこの連想に戸惑っている。これがもし本当なら、私はさしずめ「大人子ども」になってしまうから。

楽しむことは、私たちにできる何より人間らしい行動の1つだ。面白いこと、笑い、わくわく感、感謝、楽しみ――これらは互いにごく近い場所にある。だから、1つに近づけば、ほかの要素にも近づける。

でも、ほとんどの人は、「自分にとって、面白いことって何?」と問いかけることなく日々を過ごしている。立ち止まって楽しむ時間を取るなんて、「大事なことを後回しにしている」「無責任だ」と言わんばかり。自分にとって面白いことをただの1つも選ばずに、何週間も、いや、何ヵ月もぶっ通しで生きている。最悪の場合は、楽しまないことで、「生産的な大人になった」つもりでいる。まるで「大人になる」条件の1つが、味気なくて面白味のない自分になることみたいに。

さあ、自分に問いかけてみよう。「今日何か1つ、面白いことができないかな?」と。

気づいてほしいのは、この問いに答えるために、人生を変える必要はまったくないこと。面白い行動を選んでも、人生を踏み外すわけじゃない(し、踏み外すはずがない)。たとえ毎日仕事の打ち合わせや締め切りに追われていても、日常生活に面白いことをちりばめられる。私は仕事や執筆で「行き詰まり」を感じたら、わざと仕事から離れて、面白いことをする。子どもたちと遊び場に行って一緒に走り回ったり、何か作品をつくったり、面白い動画を観たりするのだ。デスクに戻る頃にはすっかりリフレッシュして、やる気にあふれ、結果的に前よりずっと生産的になっている。「楽しむことは姿勢だ」「どんなに大変な時期でも、面白いことはできる」と気づくと、人生をもっと楽しめる。楽しみを人生に浸透させるために、何かを変える必要はない。楽しみを生み出すのは外の世界ではなく、あなたが世界とのどんなやりとりを選ぶか、なのだから。

コンフォート・ゾーンを拡大する練習―6

「面白いこと」さがし

ペンと紙を用意して、今から数分間で次の質問に答えよう。この練習を終えれば、自分の好きなことや、自分にとって面白いことがよくわかるようになる。好きなことをいくつか挙げたら、人生をさらに面白くするために、1つ、もしくはそれ以上を1日のどこかに組み込めないか、考えてみよう。

- 今日、何か自分にとって面白いことができないだろうか？
- 私が日常的に楽しんでいることは何だろう？
- 私の1日の中で、一番楽しいのはどの部分だろう？

●私が罪悪感を覚えずに、喜びを感じられる食べものとは何だろう？
●最後に心からわくわくしたのは、いつだろう？　何にわくわくしたのだろうか？
●何でもやりたいことをやって成功できるなら、何をする？　私はその仕事を楽しく感じるだろうか？
●私にとって簡単なこととは何だろう？
●考えなくても自然にできる活動とは、どのようなものだろう？
●1日の中で、一番よく考えているのはどんなことだろう？　そうした思考は、私をどんな気分にさせている？
●今、何にわくわくしている？

追加課題：1週間、朝起きたときに、自分に尋ねよう。

「今日何か1つ、自分にとって面白いことができないかな？」

そして、1日のどこかで、必ずそれをやること！

没頭は人生最強の体験

研究によると、ある活動に100パーセント没頭すると、それをさらに楽しめるという。全神経を集中させなくてはならない活動に夢中になっているときは、まさに今この瞬間に身を置いているからだ。アスリートは勝負のただ中で、きのうの会話について考えたり、今後の会議で何が起こるかに気をもんだりしていられない。ピアニストは演奏の真っ最中に、「今晩の夕食に何をつくろうか?」なんて考えていられない。アスリートやピアニストが何らかの理由で、過去や未来に心を奪われてしまったら、その体験も努力の結果もつまらないものになるだろう。何をするにしろ、今この瞬間に身を置いて没頭しなければ、うまくできないし、回避できるミスを連発する羽目になる。

今していることに100パーセント没頭する状態を、人々はよく「ゾーンに入る」と表現する。実際、ゾーンに入ると、取り組みに夢中になるあまり、外の世界が完全に消える。私は「ゾーンに入る」という言葉を聞くと、「ゾーン」の前に「心地よい《コンフォート》」という言葉を入れる。没頭することは、コンフォート・ゾーンでできる究極の体験だからだ。

私が人生で何より楽しんでいるのは、完全に没頭できる活動だ。子どもたちとかくれんぼする、料理をしながら踊る、ビーチをひとっ走りする、この本を書く、トレッドミル・デスク［訳注：ウォーキングやランニングをしながら仕事ができるデスク］を使う、犬にボールを取ってこさせて遊ぶ、山歩きをする、1日の終わりに夫にマッサージしてもらう――どれもこれも、その最中には100パーセント今この瞬間にいて、没頭している。ほかの場所には行きたくないし、ほかのことは何もしたくない。その結果、今この瞬間を味わっている自分に気づくのだ。何かを味わうと、ポジティブな体験も今この瞬間の楽しみもさらに深まり、人生の質が上がる。

次の練習をすると、さらに頻繁に今この瞬間に身を置けるようになる。すると、喜びをくれる活動により深く没頭できるから、ますますたやすくコンフォート・ゾーンに入れるようになる。どんなにありふれた活動でも、今この瞬間に身を置いて没頭すれば、深い変容がもたらされる。

コンフォート・ゾーンを拡大する練習 7

最近いつ没頭した？

「楽しみの壺《つぼ》」をつくろう。何か楽しいことをするたびに、それがどんな活動で、どんな気分になったかを小さな紙に書き留めるのだ。そして、そのメモを折り畳んで「楽しみの壺」に入れる。時々その壺から適当に何枚かを取り出して、その活動に没頭したときのポジティブな体験を思い出そう。そのとき感じた感謝、わくわく感、楽しさ、ひらめき、満足感などが、心によみがえってくるか、確かめよう。
「楽しみの壺」をのぞき込むのは、いつの間にか自己満足ゾーンやサバイバル・ゾーンに入り込んでしまった自分を、すぐさまコンフォート・ゾーンに呼び戻す面白い方法かもしれない。

私は「ゾーンに入る」という言葉を聞くと、「ゾーン」の前に「心地よい《コンフォート》」という言葉を入れる。没頭することは、コンフォート・ゾーンでできる究極の体験だからだ。

感謝する習慣をつける

味わうことと同じように、感謝は、あなたが楽しみに触れ、それをふくらますのに大きな役目を果たしている。今うまくいっていることに気づいて、それに感謝するようになると、脳や人生の配線が替わって、もっともっと楽しめるようになる。

実は、コンフォート・ゾーンに到達する一番の近道は、感謝することだ。私のお気に入りの方法でもある。そうして到達したあとは、味わうことでコンフォート・ゾーンにさらに長く留まれる。

感謝は姿勢だ。感謝するためには、進んで世の中に目を向けて、善いところやポジティブな面に気づく必要がある。どんな行動もそうだが、感謝することも筋肉と同じで、すればするほどそこが鍛えられる。感謝すべきことに気づけば気づくほどますます感謝すべきことが見つかり、感謝が感謝を生む、ポジティブなフィードバックループが生まれる。感謝と関係の深い希望、寛容さ、連帯感、安心、愛といった感情を味わうのが上手になると、感謝はますます大きく育つ。

人生でうまくいっていることに感謝する習慣がないなら、いや、それどころか、うまくいかないことを見つけてはこだわり、延々とそれについて話すクセがあるなら、感謝すべきことを1つ見つけるのさえままならないだろう。もしあなたがそうなら、私もそうだったからよくわかる。でも、自信を持って言える。感謝の気持ちを人生に組み込む努力をする必要がある、と。感謝の姿勢は、私の人生をがらりと変えてくれた大きな柱の1つだからだ。感謝は、「コンフォート・ゾーンにつながる最も身近で効果的な方法だ」と何度も証明してくれた。それに、「パワー・オブ・ポジティビティ」がこれほど多くの人たちの人生を動かしてきたのも、感謝の力のおかげなのだ。

どんどん拡大していく人生は、恵みに満ちている。本当に幸せな人に目を向けてみると、あなたより幸運な人、というわけではない。彼らは常に意識して、よい面に目を向けることを学んできたのだ。うまくいっていることに目を向ければ向けるほど、物事はますます彼らを助けるように回っていく。恵みに満ちた人生を生きられるのは、どこへ行っても感謝の気持ちを忘れない人だけだ。

実は、あなたにも恵みが降り注いでいる。あなたがどこに目を向けても、どんな一歩を踏み出しても、そこで奇跡が生まれようとしている。奇跡はあなたに気づいてもらい、あなたの人生で花開く日を待っている。そうした恵みも奇跡も素晴らしい結果も、すでにあなたのものだ。それを手に入れる何より簡単な方法は、それを現実化する感謝の方法を学ぶことだ。

コンフォート・ゾーンを拡大する練習―8

感謝の芽を育てる

毎日朝と夜に、感謝していることを1つ書こう。それから、「これのどこに感謝しているの？」と自分に尋ね、感謝のポイントを2つ、具体的に書き出してほしい。

たとえば、このように書いてみよう。「私は今日のお天気に感謝している」

それから、こんなふうに書こう。「今日のお天気のどこに感謝しているのだろう？ 暑すぎず、寒すぎず、ランニングに出かけられることに感謝している。少し曇っているから光が拡散されて、庭の花の写真が優しくきれいに撮れることに感謝している」

創造性が鬱から救う

コンフォート・ゾーンで安心して自分を表現し、楽しんで何かをしていると、自分の心の奥底にある創造性に、すばやくたやすくアクセスできるようになる。以前は浮かばなかったアイデアがわいてきて、さくさく問題を解決できるし、自分が心地よく感じる作品を生み出せる。

クリエイティブなことに没頭すると、今この瞬間や、楽しみや、コンフォート・ゾーンの扉が開かれる。

数年前、ある友人が人生に自信をなくして、ひどく落ち込んでしまったことがある。彼女は当時、在宅ビジネスをしていたのだが、自己満足ゾーンにはまり込んで、クライアントも仕事も失ってしまった。ところが、数ヵ月後に会ったときにはすっかり元気を取り戻し、どんなに重くて深い鬱に陥っていたかを話してくれた。

「そんなつらい状態から、一体どうやって抜け出したの？」。私は、驚きを隠しもせずに聞いた。

「ピアノを弾いたのよ」と、友人は言った。

たまたま少し前に、ピアノを手に入れていたという。そして、とくにつらかったある日、「独学でピアノを練習しよう」と思い立った。「YouTubeの動画を観ながら、簡単な曲や音階を練習したの」と言う。「とくに音楽の才能があるわけじゃないし、レッスンを受けたこともなかったから、一から勉強しなくちゃいけなかった」と。

それは、思っていたよりずっと難しい課題だとわかった。基本中の基本のメロディーを学ぶだけでも、何時間もひたすら集中しなくてはならない。100パーセント今この瞬間にいて、没頭する必要があったのだ。

「すぐに1日2〜3時間は練習するようになった。正しい音を正しいタイミングで連打できたときは、本当に満足できたのよ」と彼女は言った。「メロディーを正しく弾けたときは、とてもいい気分だった」と。何が起こっているか本人も気づかないうちに、このシンプルでクリエイティブな表現活動が、友人を鬱状態から救い出した。だんだん気分が晴れてきて、むなしかったはずの1日の終わりに、達成感すら抱くようになった。

ほかの友人からも、パワー・オブ・ポジティビティのコミュニティからも、同じような話を聞いている。別の友人は、ズンバというダンス系のエクササイズを使って、最悪の気分から抜け出した。ある女性は「死のう」と決めたその日に本を書き始め、ベストセラーを出した。別の人は、絵筆を握ったこともなかったのに、絵を描き始めた。そんな事例はいくらでもある。私たちの魂は表現されたがっている。だから、クリエイティブになると気分がよくなって、心が満たされるのだ。

コンフォート・ゾーンを拡大する練習─9

創造性をかきたてることを始める

ずっとやってみたかったけれど、時間を見つけられずにいるクリエイティブなことは、何かないだろうか？　絵を描くこと、本の執筆、アクセサリーづくり、詩の創作、ダンスの練習、楽器の演奏、家具づくり、などなど。どんなことであれ、そのクリエイティブな活動に一歩近づくために、今日何か1つ、できることはないだろうか？

絵を描きたいなら、画材を買ってみよう。ダンスがしたいなら、近所の教室を探してみるか、オンラインレッスンや無料動画を見つけよう。アクセサリーづくりがしたいなら、必要な材料を探しにいこう。

やりたいことを始めるために必要なステップを、リストにしよう。そして、次の3日間にそのステップの1つをやってみること。

あなたが成し遂げたこと

あなたは、人生を楽しむためにここにいる。それがあなたの一番の目的だ。楽しむことは究極の目標であり、何より正確な成功の物差しだ。コンフォート・ゾーンで暮らしているうちに、楽しむことは、簡単で、毎日コツコツ行う、日常生活の一部になるだろう。だから、「楽しみ」はSEEピラミッドの一番上にあるのだ。

人生に喜びの感覚を育む方法はたくさんある。この章でご紹介した4つの方法と練習は、私が一番つらかった時期でさえ、楽しみを生み出す役に立ってくれた。あなたが今度行き詰まったときには、ぜひ「面白いこと」「没頭」「感謝」「創造性」を使って、コンフォート・ゾーンに戻る道を見つけてほしい。

SEEピラミッドが示しているのは、安心感をベースに、絶えず自分の好みを明らかにし、磨いていけば、自然と気分がよくなっていくこと。そして、気分がよくなれば、やる気が出てきて、さらにわくわくし、希望が持てるようになる。すると、理想の人生に向かう勢いが生まれる。そうなると、たとえ外の世界が不安定でも、心地よく感じ始める。

SEEピラミッドはコンフォート・ゾーンを育み、強化し、拡大する役に立つ。あなたがすでにコンフォート・ゾーンにいるなら、コンフォート・ゾーンをさらに意識的に、継続的に活用する、素晴らしいアイデアを手にしたのではないだろうか。とはいえ、コンフォート・ゾーンと勇気との関係を掘り下げるまで、この会話は終わらない。それを次の章でお話ししたいと思う。


感謝は姿勢だ。

感謝するためには、進んで世の中に目を向けて、善いところやポジティブな面に気づく必要がある。どんな行動もそうだが、感謝することも筋肉と同じで、すればするほどそこが鍛えられる。

感謝すべきことに気づけば気づくほど、ますます感謝すべきことが見つかる。

Chapter 10

見落とされがちな勇気の威力

どんな人生を送りたいかを明らかにし、それを創造し始めると、正直さと強さに加えて、弱さを認める勇気が必要だと気づくだろう。自分自身を――自分の好みも、心の家の今の状態も――正直に省みなくてはならない。現実世界でも、家が散らかっているのに認めずに正当化していたら片づかないのと同じように、心の中の混乱も、認めるのを拒んでいたのでは片づかない。目下のところ、この旅の大きな目的は、自分の心の状態に正直になって、気づいたことを、批判したり正当化したり恥ずかしがったりせずに認めることなのだ。

自分の現在地を認める――それができれば、人生は変わる。多くの人が、今の状況を正直に認めた途端に、人生をがらりと変えている。

承認を求めて自分の外に目を向けるよう訓練されてきた場合は、内側に目を向けて、自分の思考や好み、セルフイメージ、選択、行動といったものを正直に見つめるのは、恐ろしいことかもしれない。そのプロセスに心地よく取り組む方法を、この本が示せていたらうれしい。それでも、地図に載っていない海でかじ取りしている気分になる日もあるだろう。自分に目を向けるのは、必ずしも簡単なことではないから。

一人で考え込むのがつらいのは、私にもよくわかる。自分の現実と向き合うときには、羞恥心がふつふつとわいて、「私には価値がない」「愛されてない」「力不足だ」なんて気持ちになることもある。でも、あなたにはそんな状態に陥らずに、自分を見つめ、コンフォート・ゾーンを創造してほしいのだ。多くの人はそこに陥って、歩みを止め、くるりと背を向けてしまうけれど、私はその人生の岐路で、あなたをよい方向へ導きたい、と考えている。自分をたたいてはいけない。ふらりと現れた誰かのように、ネガティブな感情が、ただ去っていくのを見守ろう。ネガティブな思考や感情が住み着くのを許してしまったら、心のバランスが崩れ、あなたがコンフォート・ゾーンから追い出されてしまうから。

とはいえ本書が目指しているのは、「もっと心地よくなってもいい」と許可を出すことだけではない。私はあなたに、夢にも思わなかったような成功を、これ以上ないほど簡単に、安全に、楽しく収めてほしいのだ。これから数章かけて、あなたを「心地よい状態をつくるためのプロセス」のステップ2とステップ3へと案内し、コンフォート・ゾーンで行動するのはどんな感じなのか、一緒に深く掘り下げたいと思う。でも、そこへ飛び込む前に、私のとびっきりユニークな発見をお伝えしよう。それは、勇気と心地よさは共存できるし、現にしっかり共存している、ということ。

そう、冗談抜きで！　勇敢な人もコンフォート・ゾーンに留まれる——という考えを新鮮な息吹のように感じる人もいれば、反発したくなる人もいるだろう。どちらにしても、先入観を持たず、私の考えや発見に耳を傾けてもらえたらうれしい。では、このユニークで美しい関係の本質に、一緒に目を凝らそう。

心地よくいるのには、勇気が必要だ！

人々はよく、「心地よさ」と「勇気」を相容れないもののように語る。「勇気を選ぶか、心地よさを選ぶかだ」なんて言葉を耳にしたこともある。でも、経験から言わせてもらうと、この2つには相当面白い結びつきがある。要するに、勇敢な行動を心地よく取ることはできるのだ。

「今までどれほど勇気を出してきたか、
今どれほど勇気を出しているか、

そして、理想の人生を生きるために、今後さらにどれほど勇気を出すことができるのか、自分をほめてあげてほしい。

安全で、創造力に満ちた、楽しいコンフォート・ゾーンを生み出し、そこで生きていくためには、心地よさと勇気が共存していなくてはならない、と私は考えている。

「心地よい状態をつくるためのプロセス」のステップ1では、ただ今いる場所にいるために、勇気を出すよう求められた。自分の好きなもの、嫌いなものを明らかにするのには、勇気が必要なのだ。自分のために安全な環境をつくり、その環境の境界線を周りの人に伝えるのにも、勇気が必要だ。自分の弱さを正直に認め、自分を混乱や苦しみの悪循環に陥らせている散らかった心を片づけるのにも、勇気が必要だ。自分の安心・安全を脅かす思考や習慣、環境、人を優先するのをやめて、心の状態を守るのにも勇気が必要だ。ここまで本書の練習に取り組んでくれたなら、あなたはすでにかなりの勇気を示しているし、勇敢な行動を取っている。

今までどれほど勇気を出してきたか、今どれほど勇気を出しているか、そして、理想の人生を生きるために、今後さらにどれほど勇気を出すことができるのか、自分をほめてあげてほしい。

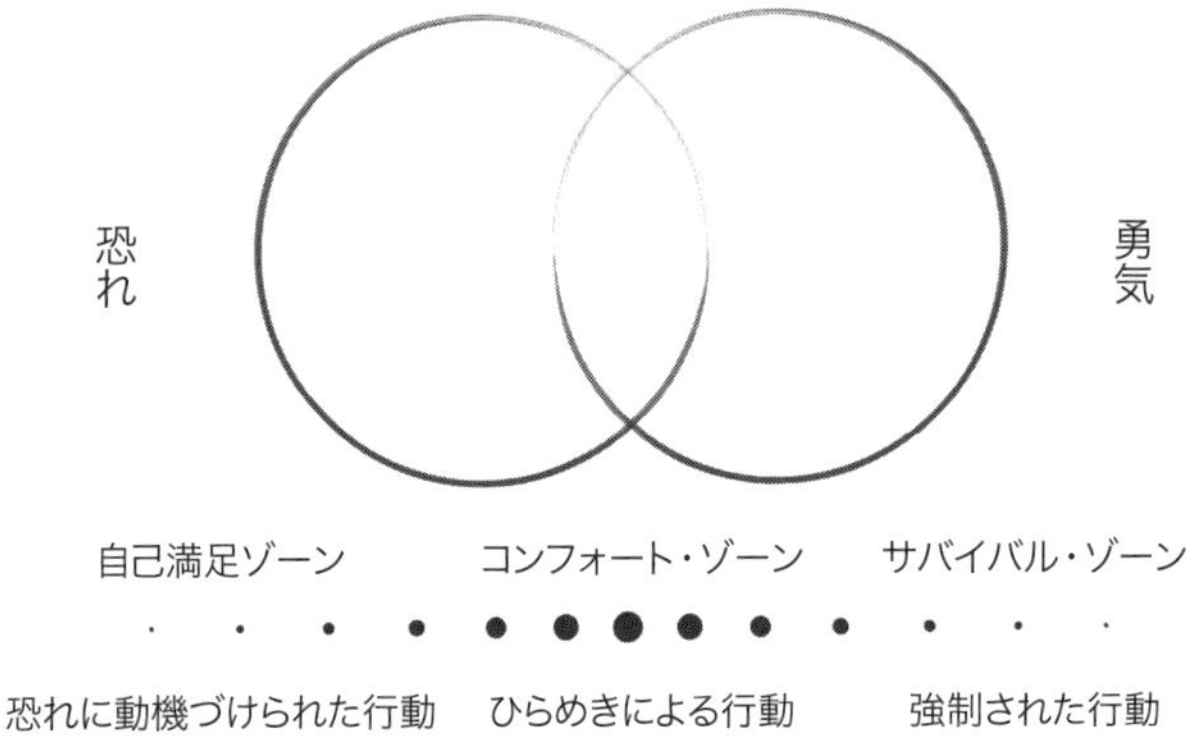

上の図から、勇気と心地よさとコンフォート・ゾーンとの面白い関係が見えるだろう。コンフォート・ゾーンは、勇気と心地よさが同居する場所にある。コンフォート・ゾーンの中では、この2つの原動力が一丸となって、心地よく安心できる環境をつくっている。だから、自分を自由に表現し、思い通りの人生を生きることができるのだ。

ある程度の勇気がないと、いとも簡単に恐れに屈して自己満足に陥ってしまう。虐待する人や依存症の人に耐えたり、恐れに屈したりしているうちに動けなくなってしまったとき、などがそれに当たる。自分の意見をうまく主張できないときや、解決策が見つからず混乱したり行き詰まったりしているときもそうだ。一方、心地よくないやみくもな勇気も、あなたをサバイバル・ゾーンに押し込むだろう。そこは、ストレスにまみれて心の余裕をなくし、クタクタになる場所だ。実は、生きること自体が、「勇気を出しなさい」と求めている。どんな子どもも、よちよち歩いては転んで、ようやく歩けるようになる。新しいことはもれなく、ある程度の勇気を必要とするのだ。自分がつくったものを誰かに見せる、車を運転する、ミスを謝る、スポーツに挑戦する、未知のものを食べる、夢を追いかける、難しい話し合いをする……。

勇気がなければ、自分のやり方にこだわって、新しいやり方を決して試さないだろう。チャンスがあっても断わって、少しでも怖いことや知らないことがあると、尻込みするだろう。

コンフォート・ゾーンに身を置くことは、「不快なことや怖いことは絶対にやらない」と宣言することとは違う。コンフォート・ゾーンにいると、たとえ不快な気分をかき立てられても、安心してやりたいことがやれる。疑いや恐れに屈しなくなるのだ。挑戦する準備ができているか、挑戦することが当然の次のステップだと感じられるからだ。「すべてはうまくいく」という自信があるし、「必要な手段やサポートは、必要なときにやってくる」と信じている。

支配欲の根底には「不安感」がある

たとえば、コンフォート・ゾーンにいるときは、難しい話し合いもうまく進められる、とわかっている。自分の考えを明確に、毅然と、優しく伝えられる自信があるからだ。コンフォート・ゾーンにいると、ビジネスを立ち上げたときも、何が起ころうと、新しいものをつくり、それを世の中に届ける経験を通して、自分が強くなれる、と信じている。コンフォート・ゾーンにいると、フラれるリスクがあっても、好きな人をデートに誘える。自分にぴったりな相手ならきっと同じ気持ちでいてくれるだろうし、たとえ気持ちに応えてくれなくても自分は大丈夫だ、と信じているからだ。

ほとんどの人は、このバランスを取るのに苦労している。勇気を出して行動しなくてはいけない場面で立ちすくみ、後ずさりしてしまう。心が安心していないから、「うまくいく可能性があるどころか、必ずいい結果に終わる」「予定通りの行動が取れなくても、とにかくうまくいく」なんて信じられない。だから、進歩することもホッとすることもできない自己満足ゾーンに、ずっと閉じこもっている。

あるいは、心地よさを「ズルをしてる」「怠けている」ととらえる人もいる。また、心地よさに罪悪感を覚える人もいる。心地よさを大事にするなんて弱虫だと考えているのだ。

ある知り合いの女性は、「犠牲や苦しみがなければ、私の人生は無意味だ」と信じていた。彼女を仮に、アナと呼ぶことにする。アナはまだ40代前半なのに、家族の大半を失って、とても苦労していた。おそらくそんな喪失体験のせいで、「生きる価値のある人生は、つらいものでなくてはいけない」という結論に達したのだろう。「苦労すればするほど、つらければつらいほど、人生の価値が上がる」そう考えている。

でもこれは、悲しみを通してアナが身につけてしまった、とんでもない思い込みにすぎない。ほかの発言からも、アナの心の状態を垣間見ることができた。

「何かを愛すれば愛するほど、奪われたときの傷が大きい」

「私に何かをしてくれる人はいない。私は何だって自分でしなくちゃいけない」

「何があっても生き残れるよう、強くならなくてはいけない」

「私は世の中と闘わなくてはいけない。私から大切なものをすべて取り上げたのだから」

「絶対に油断してはいけない」

人生にまつわるそんな思い込みのせいで、アナの人間関係も、友情も、仕事上のパートナーシップも常にぎくしゃくし、もはや崩壊寸前だった。原因はおおむね、彼女の行動にある。絶えず友達や恋人を試し、彼らが大切なものより自分を選んでくれるかどうかを確認するのだ。最後通牒や要求を突きつけては相手の行動を支配しようとし、理由を見つけては、人生で出会うほとんどの人とぶつかっていた。及第点をもらえた人は、一人もいない。ご近所さん、マンションの管理組合の人、友人、仕事上のパートナー、夫……。自分にとって近しい人であればあるほど、相手の行動を支配し、衝突しなくてはいけない気持ちになる。

大切な人を失う不安や恐れが、相手を支配しなくちゃ、という思いとなって現れていた。根底にあるのは不安。不安は、コンフォート・ゾーンで暮らしているときの気分とは正反対のものだ。

喪失体験から学んだ教訓のせいで、アナはコンフォート・ゾーンを敵視し、心の中の安全な場所——心からホッとできる場所——に戻れなくなっていた。生きる勇気と釣り合うだけの心地よさがないまま、アナは苦しみを燃料に、山ほど行動する人生を創造していた。

信念や思い込みによって、人生の質が変わる

それとは対照的な、サンディの話をしよう。サンディは、車の事故で娘と娘の夫と2歳の孫を失った。その数年前に夫を亡くしたサンディも、一緒に車に乗っていた。娘家族がサンディを空港まで迎えにきてくれた直後に、別の車に真横から衝突されたのだ。彼らはサンディにとって唯一の家族だったのに、一瞬で全員を失ってしまった。

それでもサンディは、この悲劇に、楽しく充実した人生を生きる力を奪われたりしなかった。

私がサンディと出会ったのは、事故から10年ほど経った頃だったけど、元気いっぱいで、よく笑う人だった。再婚こそしなかったけれど、彼女の予定表は冒険とわくわくに満ちていた。持ち前の大らかさと優しさで誠実な友情を紡ぎ、地元の大学で授業を受けたり、慈善団体でボランティアをしたり、友達を招いてゲーム大会をしたり、旅行に出かけたりしていた。

サンディの家は、亡くなった夫、娘、娘の夫、孫息子の写真であふれていた。「写真を見てもつらくないの？」と尋ねると、「全然」と彼女は言った。「娘家族はあの事故で亡くなったけど、私は生き残ったのよ。なのに死んだように生きるなんて、愚かなことでしょ」

サンディは悲劇的な喪失体験から、アナとはまったく違う教訓を学んでいた。彼女がこんなふうに言うのを聞いたこともある。

「人生は尊いものだから、楽しまなくちゃね」

「私たちは、最高の人生を生きることで、亡くなった人たちに敬意を払っているのよ」

「一番大事な人たちを亡くしたことが教えてくれたのは、一瞬一瞬を大切にすること。だって、私たちが本当に手にしているものって、今この瞬間だけでしょ」

「遠からず私も家族に合流するんだから、それまでは、みんなの分も楽しむわ」

信念や思い込みで、人生の質がどれほど違ってくることか！

人は自分が選んだ思考と自分が育てた信念で、人生経験を生み出している。サンディは安心できるコンフォート・ゾーンで過ごせるような思考と信念を選んだ。でも、アナの思考と思い込みは、絶えず脅威と危険が渦巻くコンフォート・ゾーンの外へと彼女を追い出した。

2人の女性が、家族を失うという大変な悲劇のあとに普通の生活に戻るのには、とてつもない勇気が必要だったはずだ。けれど、心地よさと安心を手に入れる能力の差が、2人の人生経験に計り知れないほど大きな違いをもたらした。

この本を書きながら私が願っているのは、あなたが練習を重ねて、必要なときに持ち前の勇気を発揮し、ずっとコンフォート・ゾーンにいてくれること。

あなたが成し遂げたこと

素晴らしい！　Chapter 10を読み終えて、「心地よい状態をつくるためのプロセス」の「ステップ1：自分の現在地を明らかにしよう」を終了したね。勇気と心地よさの関係を掘り下げた今、あなたが理解してくれていたらうれしい――Chapter 10までに学んだツールやアイデアを使えば、勇気を出すことは難しくないし、ごく自然なことだ、と。あなたが望む人生を目指して勇敢な行動を取ることは、本来簡単で、自然で、心地よいことのはずなのだ！　実際、自分が思っている以上に、あなたには勇気がある。

コンフォート・ゾーンで生きている人は、ほかの人たちが「勇敢だ」と感じる行動を取ることが多い。難しい話し合いに挑み、明確な境界線を引き、夢を追いかけ、ありのままの自分として姿を現し、自分らしく生きている。世の中の人たちが難しいと感じることを事もなげにやっているように見えるのは、彼らにとって、本当にたやすいことだからだ。

あなたもこの本を読みながら、心の家の状態にしっかり目を向ける時間を取ってきたなら、すでに人生で勇敢な行動を取り始めているかもしれない。その結果、今、かつてないほど自分らしい気分で過ごしているかもしれない。あるいは、自分の弱さをさらけ出したような、居心地の悪さを感じている可能性もある。それでも大丈夫だ。もしかしたら、あなたの現時点での勇敢な行動は、ただこの本を読み進め、没頭することだけかもしれない。結局のところ、新しい考え方を探求し、古い思い込みを断ち切るのには、勇気が必要だから。

おそらく人間の経験の何より面白いところは、ありのままの自分の人生に恋をした途端に、もっともっとほしくなること！　拡大が止むことは絶対にないし、「もっとほしい」という願いも意欲も留まるところを知らない。ありがたいことに、自分自身を受け入れて、コンフォート・ゾーンと仲直りすると、飛躍的な拡大に向けての心の基盤が整うのだ！

次の章では、セルフイメージと人生のイメージを、大きく拡大するチャンスが得られるだろう。あなたは今まさに壮大な水しぶきを上げて、自分自身をアップグレードしようとしている。望み通りの人生を誰に遠慮することなくパワフルに生きる、新しいあなたに向かって。何より最高なのは、コンフォート・ゾーンから出なくてもコンフォート・ゾーンを拡大し、夢の人生と夢の自分を実現できること。もう準備はできた？　それでは、スタートを切って、「ステップ2：目標地点を決めよう」に飛び込もう。

「本当の自分との関係を育てれば、
他人の成功のロードマップに従うことはなくなる。」

Chapter 11

「拡大自己」のつくり方

人生の目的地がわからなければ、望んだ場所に到達できない、とよく言われる。どこかに向かって車を走らせるなら、2つのことを知る必要がある。現在地と目的地だ。GPSに今いる場所を入力しなければ、道順を受け取ったところで役に立たないし、行きたい場所に案内してもらえない。また、目的地を明らかにしないと、当てもなくぐるぐるさまよって、至るところで道に迷い、結局ガス欠になってしまうだろう。

人生にも同じことが言える。あなたが目標や夢に至る道をなかなか見つけられないのは、今いる場所か、目指している場所がわからないからだ。それでは、行き方を尋ねて道順を受け取ったところで、どこにもたどり着けないだろう。

今の話を「どうかしてる」と思ったなら、まったくその通り。本当にどうかしている！ Chapter5の「心地よい状態をつくるためのプロセス」の図を、もう一度見てほしい。自分が今いる場所を見つけるのが、このプロセスのステップ1で、Chapter6〜10の目的だった。お伝えした説明や事例はすべて、しっかり目を凝らして、自分のスタート地点を見つけてもらうためのもの。現在地を知らなければ、行きたい場所に到達する方法もわからない。

「心地よい状態をつくるためのプロセス」のステップ2では、目的地を知ることに注力していく。次の5つの章で、目的地の明確なビジョンを構築してもらい、目標地点を決めてもらう予定だ。

ここで強調しておきたいのは、それがあなたの目的地——あなたの未来——であること。そして、そこに至る道は、あなたならではのものになること。想像してみてほしい。あなたは自宅からサウスダコタ州のラシュモア山に行きたいけれど、地図で自宅とラシュモア山を確認し、2つの地点を結ぶ道を見つける代わりに、別の州に住む友達に電話して、彼女の家からラシュモア山への行き方を尋ねたとしよう。

もちろん、丁寧に道順を教えてくれるだろうが、まったく使えないはずだ。自分がいる場所からその指示に従おうとしたら、イライラし、ヘトヘトになった挙げ句、迷子になるだろう。

この例に負けないくらいバカバカしく思えることを、私たちはやっている。他人に「どうやって成功したの?」と尋ねて、**彼らがたどった道を自分の人生でも同じようにたどろうとする**のだ。コンフォート・ゾーンの中で本当の自分との関係を育てれば、他人の成功のロードマップに従うことはなくなる。自分自身の欲求を認めて対処し、ありのままの自分を受け入れることで、ようやく自分の道を構築できる。

今立っている場所から、自分が求めるすべてのものに通じる道があることを、知っておいてほしい。ただし、その道順は自分自身の中に宿り、自分にしか示されない。それを受け取るためには、コンフォート・ゾーンにいなくてはならないし、どんな人生経験をしたいのか――どこにいたいのか、どんなふうにいたいのか、どんな自分でありたいのか――を決めなくてはならない。

「計画通り」にこだわりすぎない

私はよく、コンフォート・ゾーンは木の幹に刻まれた年輪のようだ、と思う。年輪を見ることができるのは、木を切り倒したとき。木が大きくて太ければ太いほど、たくさんの年輪が刻まれている。年輪は、木の成長と強さを表している。自分のコンフォート・ゾーンをほったらかしにしていると、木の幹は細いままで、木は小さくか弱いままだ。

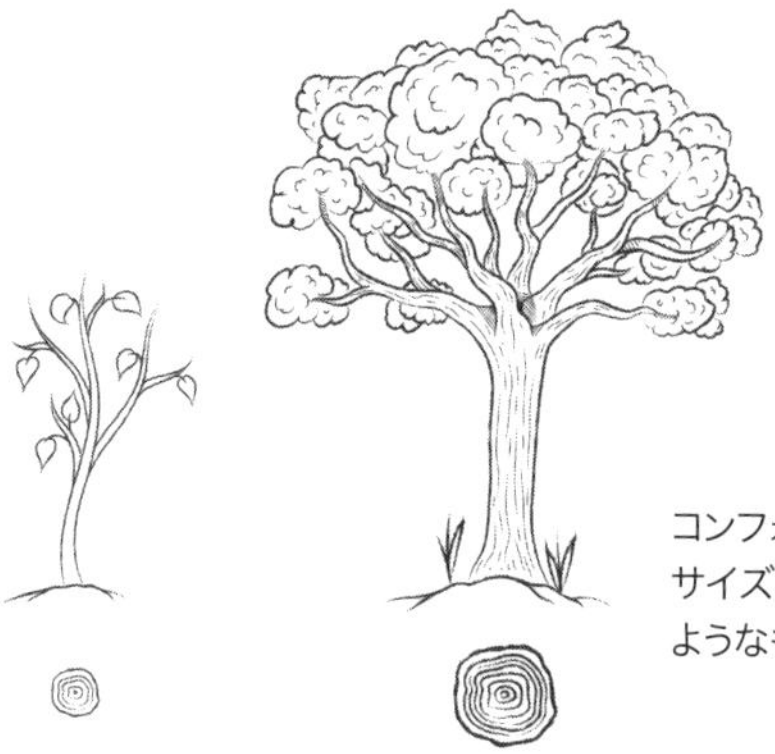

コンフォート・ゾーンのサイズは、木の年輪のようなものだ

自分のコンフォート・ゾーンが小さいままだと、かすかなそよ風とも格闘する羽目になる。人生の嵐に怖い思いをすることになるだろう。でも、コンフォート・ゾーンの手入れをして、意識的に拡大させていけば、自分もたくましくなる。コンフォート・ゾーンが育つにつれて、あなたも、何百とは言わないが、何十もの年輪を持つ成木のようになれる。根は大地にますます深く根を張って、枝は空に向かってさらに高く伸びていくだろう。そのうち、どんな嵐が来ても根っこが抜けてしまうことはなくなる。

私がコンフォート・ゾーンを拡大するのに使っている、一番速くて効果的な方法は、どんな自分になりたいのかを、強く意識すること。つまり、自分の中にすでにあるもの——自分がどんな人間になるために生まれたのか——を理解して、それを外に向かって拡大していくことだ。

「自分がどんな人間であるかなんて変えられない」とあなたは思っているかもしれないが、それはとんでもない誤解だ。あなたが何者であるかは毎瞬毎瞬、毎日毎日、毎年毎年変わっている。細胞レベルでも、毎瞬一部の細胞が死んで、新しい細胞が生まれている。7～10年ごとに、体内のすべての細胞が入れ替わって、あなたは――文字通り――まったく新しい自分になっているのだ。

今立っている場所から、自分が求めるすべてのものに通じる道があることを、知っておいてほしい。ただし、その道順は自分自身の中に宿り、自分にしか示されない。それを受け取るためには、コンフォート・ゾーンにいなくてはならない。

問題は、自分がどんな人間になりたいのかを意識していないと、恐れや疑念、リミッティング・ビリーフに乗っ取られた自分が当たり前になってしまうこと。時代遅れな世界では、ポジティブ思考よりもネガティブ思考の放映時間が長いからだ。

自分のアイデンティティを基盤に、最高の人生を生きる自分として姿を現すことを選ぶのは、コンフォート・ゾーンから拡大していくのに欠かせない要素だ。

ほとんどの人は、何かを達成したいとき、「どうすればできる?」と尋ねるだろう。要するに、何かがほしいときは、「方法」からスタートしがちなのだ。さらにまずいのは、社会全体が方法にとらわれていること。ある考えを誰かに伝えた途端に、方法について質問攻めにされる。

「それはどうすればうまくいくの?」
「どんなふうにやるつもり?」
「どうすれば確実に成功できるだろうね?」

方法にまつわる質問が厄介なのは、そのせいで足止めを食らって、夢を追いかけられなくなることだ。現時点で利用できるリソースを計算しているうちに、夢見ることを早々にあきらめてしまう危険があるのだ。

方法にこだわると――とくに、大きなことや一番ほしいものについて考えているときは――行き詰まってしまうだろう。たいてい、どんなリソースを活用できるのかわかっていないから。どんな扉が今にも開こうとしているのか、どんな人たちがあなたを支える準備を整えているのか、あなたは何も知らない。ほんの数歩先の角を曲がれば、どんなチャンスが隠れていて、それがさらにどんなチャンスを運んできてくれるのか、何ひとつ知らない。

あなたの人生で夢がどんなふうに開花していく可能性があって、実際に開花していくのか、あなたにはわからない。だから、それを受け入れてよしとすること。それがコンフォート・ゾーンに留まる重要なステップだ。そもそも方法はわからないことになっている。スタートを切る前に、全行程を計画しておく必要はないのだ。

実のところ、私はほとんど計画を立てない。もちろん、1日や1週間の計画なら立てるかもしれないが、「どうやって?」と聞かれても答えられないほど大きな夢があるときは、何を、なぜやるのか、それだけで満足しなくちゃいけない、と心得ている。人生が計画通りに行くことはめったにないけれど、自分を信頼していれば、未知の世界が魔法のように展開していく。だから、次の一歩が見えているだけで十分なのだ。

方法を明らかにしようとしたら、人生はがんじがらめになってしまう、と私は思う。「どうやって?」は、私の知ったことではないのだ。それは担当外、つまり、私たちの仕事ではない。やっていくうちに、どうすればいいのかは見えてくる。あなたが一歩進むたびに、方法はおのずと姿を現すだろう。

方法を考える必要がないなら、あなたの仕事は何なのだろう? 夢をかなえる方法に目を向ける必要がないなら、夢はどのようにかなっていくのだろう？

答えは、思考の枠組みを変えること《パラダイム・シフト》。・・・・どうやって？と尋ねる代わりに、・・・・どんな人？と尋ねなくてはならないのだ。

たとえば、こんなふうに。

「ほしいものをすべて持っている私って、どんな人なんだろう？」

「やりたいことを心地よくやっている僕って、どんな人なんだろう？」

「理想の人間関係を築いている私は、どんな人間なんだろう？　ビジネスで成功している私は？　世界を旅している私は？」

ほしいものをすべて手にし、世の中に望み通りの姿を現し、夢のビジネスを展開し、夢に見た通りの人間関係を築き、理想の親やパートナーになれている、そんなあなたは存在し得る。それはど・・・んな人なのだろう？

その人を、私は「拡大自己」と呼んでいる。

理想の自分である「拡大自己」を設定する

あなたの拡大自己とは、GPSに「目的地を入れて」と言われたときに、あなたが入力するものだ。「目的地」という言葉には最終状態という含みがあるけれど、実は拡大自己には絶対に追いつけない。そのバージョンの自分になって、拡大された人生を生き始めた途端に、目指すべき新しい拡大自己が生まれるからだ。つまるところ、ある目的地に到達して、そこに一生留まるわけではないのだ。人はいつだって新しく訪問する場所や、試したいレストランを探し、新たにやるべきことを求めている。生きていて身体が動く限り、人は周りの世界を探検できる。息をしている限り、自分が望んでいる以上の人生を生きる、新しい拡大自己を明らかにして、そこに向かっていくことができる。

これが拡大の面白さであり、「心地よい状態をつくるためのプロセス」の、私のお気に入りのパートなのだ！

拡大自己とは、夢の人生を生きているあなただ。しかも、やすやすと、自信にあふれて。そのバージョンのあなたから見れば、今のあなたがほしがっているものは、人生に当たり前に備わっているものだ。拡大自己がなじんでいる環境は、今のあなたにとっては心地よくないかもしれない。それどころか、新しい自己にまつわる多くのものが——思考、信念、習慣、クセ、服装、振る舞い方、話し方なども——今のあなたとは違っていることだろう。

それでいいのだ。私たちは、じっと動かない存在ではないから。人間として、絶えず成長し、変化し、新しい自分になっている。本書ではそれを、意図的・具体的に行おうとしている。

拡大しながら人生を歩んでいくと、数十年後に自分を振り返って、こう言えるだろう。「当時より今のほうが心地いいし、心穏やかに安心している。豊かに自分を表現できているし、自分らしく過ごせている」と。これは、コンフォート・ゾーンで暮らし、人生を拡大していくことで、自分に贈ることのできるプレゼントだ。ぜひ未来の自分に、過去を振り返って、こう話すチャンスをあげてほしい。「今は当時の私よりも幸せだな。今のほうが自分らしく過ごせている気がする」と。

実は、自覚していようがいまいが、人はいつだって未来の自分に向かって歩んでいる。ただし、意識して目的地を選ばないと、どんどん小さく、どんどんか弱い自分になる——という悪循環に陥りがちだ。被害者意識を募らせたり、無価値で正しく評価してもらえない自分になってしまったりする。

でも、意識して拡大自己を目的地に選べば、脚本をさっとひっくり返して、かつてないほどパワフルで、心穏やかに安心している、本当の自分に向かって旅を始められる。そういうわけで、Chapter11～14（ステップ2）はとても重要なのだ。ステップ2の練習をすれば、次第に拡大自己に慣れて、心地よくなるだろう。そうすれば、拡大自己と拡大自己の現実を、人生に取り込める。

では、少し時間を取って、あなたの拡大自己を知り、目的地を上手に構築していこう。

拡大自己を構築する

ほんの少し、想像してみてほしい。あなたはリビングのお気に入りの椅子に座っている。満たされて、心地よい気分だ。ふとコーヒーテーブルに目をやると、見たことのない小さな箱が置かれている。手に取ってみると、何となく見覚えがある気もするが、なぜなのかわからない。箱を開けた瞬間に、まぶしい光がわっと目に飛び込んでくるから、そのままじっと目を向けると、光は消えていき、何もかもが違って見えてくる。あなたはなおもリビングにいて、箱を手にしているが、すべてがどういうわけか、あなたがひと目で気に入るようにアップデートされている。そのとき、誰かが「こんにちは」と言う声が聞こえる。

右側に目を向けると、あなたを見返すあなた自身が見える。それはたしかにあなたで、見間違いようもないのだが、そのバージョンのあなたは少し違って見える。自信に満ちた雰囲気で、安心していて、できないことや持てないものなど何もないかのようだ。そのあなたは、うれしそうにしている――心からの深い喜びにあふれ、心底安心している。あなたの隣に座っているこの人物こそが、未来のどこかからやってきた、あなたの拡大自己なのだ。

新しいあなたが温かく微笑んで、1時間ほど、人生がどんなに素晴らしいかを語ってくれる。

人生のすべてがどんなに完璧にうまくいっているかを。今心配しているすべてのことは、影も形もなくなっている。

「でも、どうやって？」とあなたは言う。

「うん、どれもこれも心配要らない。そのうちわかるよ。じゃあ、私に案内させて」

もう一人のあなたが自宅へ案内してくれて、自分の人生について、残らず話してくれる。どんな毎日を送っているのか、どんな人間関係を築いているのか、どれほど自由な気分でいるのか、どこへ旅をしたのか、などなど。一緒に住んでいる人たちにも、会わせてくれるかもしれない。

では、日記を取り出して、今見聞きしたことを書こう。

1. 白紙のページの一番上に、「私の拡大自己」と書いて、あなたが訪問したときに、拡大自己が報告してくれたことをもれなく書こう。聞いた通りの言葉で書くこと。心に留めておいてほしいのは、そのバージョンのあなたは、語っていた通りの経験をすでにしたことだ。拡大自己にとって、あなたに話したことはすべて、過去の体験だ。それがすでに起こったことのように、拡大自己の言葉をそのまま文字にしてほしい。

2. では、あなた自身の視点に切り替えよう。想像してみてほしい。あなたは未来から戻ってきて、親友に自分の拡大自己について説明しようとしている。その拡大された新しいあなたは、どういう人だった？　どんな感じがした？　ほかの人たちは、そのバージョンのあなたとどんなふうにやりとりしていた？　そのあなたと友達になるのは、どんな気分だろうか？

注：拡大自己を、今構築してほしい。この概念を、のちの練習で活用するから。

拡大自己に名前をつけてみる

時々、人々は拡大自己を思い描いて、それを「もう1人の自分《オルター・エゴ》」と呼んでいる。シャイで内向的なパフォーミング・アーティストのビヨンセも、「サーシャ・フィアース（猛烈なサーシャ）」という別人格の自分を生み出した。サーシャ・フィアースは、ためらいなどみじんも見せない、激しくてエネルギッシュなパフォーマーだ。

マリリン・モンローについても、お抱えカメラマンのミルトン・グリーンが彼女の死後に明かした有名な話がある。マリリンとミルトンはあるとき、ニューヨーク・シティを歩いていた。誰にも気づかれないから、彼女はニューヨークが大好きだった。マリリンは普段着でノーメイクだったから、歩いていても振り返る人はいなかった。誰も気づかないのだ。すると、ミルトンのほうを向いて、マリリンが言った。「私が彼女になるところを見たい？」。意味がわからないまま「ああ」とうなずくと、ものの数秒で、マリリンは自分の中の何かを変えた。その変化はかすかな、ほとんど気づかない程度のものだったけれど、いきなり車という車がスピードを落とし、人々が視線を向け始めた。まるでさっとベールを脱いで正体を明かしたみたいに、みんなが突然、マリリンに気づいたのだ。

私はこの話が大好きだ。この話は、周りの世界とどんなやりとりをするかは、自分がどんな姿を現しているか、いや、もっと正確に言えば、何者として姿を現しているかによって決まる、と教えてくれるからだ。周りの世界とのやりとりは、目に見えない、エネルギーレベルで始まっている。だから、世界は自分の映し鏡だ、と言われるのだ。

自分の拡大自己を明らかにするときに、あなたがしているのは、起こり得る未来を認めること。その未来にいるあなたは、すでに望み通りの人生を生きている。拡大自己と過ごす時間が増えれば増えるほど、未来の自分を今のコンフォート・ゾーンに連れてくることが増えるから、現在地と目的地の差が縮まっていく。

私も、ソーシャルメディアのハンドルネーム「@positivekristen《ポジティブ・クリステン》」をつくったときに、これをやった。もちろん、大胆な行動ではあったけど、自分の拡大自己を受け入れて、最高の自分を構築したのだ。それは私が「本当になりたい自分」。ポジティブであることは、私の核《コア》となるアイデンティティに欠かせない要素だ。希望の光をキャッチすることが、私の使命じゃないかと思う。もちろん、人生のあらゆる瞬間を、ポジティブな気分で生きているわけではないし、私の過去がポジティブだったとは到底言えない。それでも、ポジティブ・クリステンが私の拡大自己だ。彼女は最高に幸せで、感謝に満ち、連帯感を感じて、わくわくしている。愛情深くて、イキイキしていて、情熱的で、成功していて、自信にあふれ、健康で、みんなを元気づけ、力を与えている。

　拡大自己に名前やアイデンティティを与えるなんてバカバカしい、と最初は思うかもしれない。でも、私が保証する。これは物事をスムーズな流れに乗せる、とびきりパワフルな手段であり、ビジュアライゼーションのパワーを、最も意識的に活用する方法だ。本当の自分の真実を信じ、理想の自分になることを許す手段だ。これが徐々に変化していくパワフルなプロセスなのは、理想の人生を生きる自分になりきることで、人はやがて人生を理想の人生に変えていくからだ。絶えず新しい自分になっているうちに、最高の自分を受け入れられるようになる。最高のあなたとは、神さま、宇宙、もしくは森羅万象など――そのエネルギーを何と呼んでも構わない――が計画しているあなたであり、長い間リミッティング・ビリーフに抑えつけられてきた本当のあなただ。

　拡大自己を受け入れるなら、近しい人に話したりして、そのバージョンの自分をなるべく頻繁に意識することが大切だ。リミッティング・ビリーフは、今後もこっそり脳内に忍び込もうとしてくるから。以前、私のコーチが、制限されたバージョンの私を「サッシー・サリー（生意気なサリー）」と名づけたことがある。これは、自分の成長のチャンスを言い訳でぶち壊そうとする、ずる賢い私のことだ。コーチは、「ポジティブ・クリステンなら、そんな言い訳を受け入れないよね」と、拡大自己の存在を思い出させてくれた。あなたも、言い訳を受け入れたりしないでほしい。

コンフォート・ゾーンを拡大する練習 11

拡大自己に名前をつけよう

サーシャ・フィアースもマリリン・モンローも、完全に具現化された拡大自己だ。マリリンの本名は、ノーマ・ジーン・モーテンソン。ノーマ・ジーンは、ビヨンセがスポットライトを浴びた瞬間にサーシャ・フィアースに変わったように、マリリン・モンローになった。だから、あなたも楽しんでほしい！　誰かに話してもいいし、自分だけの秘密にしてもいい。拡大自己に名前をつけたら、その人と一緒に過ごし始めよう。1日を過ごしながら、その人に話しかけ、その人がイキイキするような状況になったら、その人になりきろう。拡大自己と親しくなろう。そのバージョンの自分と長く過ごせば過ごすほど、その人の人生をすみやかに自分のコンフォート・ゾーンに引き入れて、拡大バージョンの人生に足を踏み入れやすくなる。

拡大自己になりきってみる

私の友達は――ここではサラと呼ぼう――部長に昇進したくてたまらなかったけれど、昇進のチャンスのたびに見落とされていた。サラはとてもガッカリして、一緒にコーヒーを飲んだ日には、あからさまに肩を落としていた。

私は話を聞いて、「目を閉じて、すでに部長になっている自分をイメージしてみて」と言った。そして、「あなたの見た目はどんな感じ？」「どんな服を着てる？」「どんなふうに振る舞っている？」と尋ねた。サラは、そのバージョンの自分がオフィスに足を踏み入れるところを思い浮かべた。その瞬間に、サラのエネルギーががらりと変わったのがわかった。身体的な変化も目の当たりにした。背筋をすっと伸ばして座り、胸を少し前に突き出して、呼吸もゆっくりと安定していった。想像の中で、新しいデスクの周りを歩き、そこに座ったときには、口元にかすかな笑みを浮かべ、違うバージョンの自分になっていた。拡大自己になりきっていたのだ。

その拡大自己に名前をつけるように言うと、サラはすぐさまこう答えた。「ボス・ベイブ・ベティにする」と。

「ボス・ベイブ・ベティには、どんな特徴があるの?」と尋ねると、サラは一瞬考えてから言った。

「ボス・ベイブ・ベティは自分に自信があるから、何事にも動じないの。決断力があるから、ためらわずに行動する。優しくて親切だけど、人の言いなりにはならない。はっきり物を言うし、断固たる姿勢を取るけれど、思いやりもある」

それから数分間、サラは目を閉じたまま、ボス・ベイブ・ベティの人生を詳しく語り続けた。彼女がどんなふうに話し、どんなふうに人に話を聞いてもらうのか。どんなふうに自分や他人のミスに対処し、どんな服を着て、部長職の何を楽しんでいて、どんなマネジメントをしているのか。

サラが説明する人物には、サラの面影が感じられた。ボス・ベイブ・ベティが持つ資質の多くは、サラがすでに持っているものだったけど、ボス・ベイブ・ベティは、それを意識的に表現していた。そうした資質の多くは、サラが恐れや恥ずかしさや無価値感から、抑えつけたり隠したりしてきたものだった。たとえば、気難しく思われたくなくて、大事な情報や鋭い意見をあえて出さない姿を、私は何度も見ていた。ボス・ベイブ・ベティには恐れがないから、本音で話をしていた。

サラが目を開いたとき、まなざしがいつもと違っているのを感じた。以前は気づかなかった穏やかな自信すら漂っている。私は興味がわいて、さらに詳しく尋ねた。

「ボス・ベイブ・ベティは、どんな信念を持って毎日を過ごしているの?」

サラは何分かじっと考えてから、1つずつ挙げ始めた。「まず、心に決めたことは何だってできる、と信じてる。やると決めたら、やるのよ」。さらに、こう言った。「自分のリーダーシップに絶対的な自信を持っているけど、傲慢なやり方はしない。でも、たとえつまずいたり、ミスをしたり、答えがわからなかったりしても、解決できると知っているの。物事は何とかなっていくものだから」

ボス・ベイブ・ベティの信念を掘り下げていくうちに、サラは「なるほど！」と目を丸くし始めた。ボス・ベイブ・ベティの信念の中には、自分の考えと違うものや、正反対のものがあることに気づいたからだ。たとえば、ボス・ベイブ・ベティは「チャンスは至るところに転がっていて、予測したり避けたりできない」と考えている。「何かが私のために用意されているなら、向こうからやってくるはずだ」「チャンスが訪れたときは、私の準備も整っている」と信じている。これは、サラが絶えず抱いている「準備不足かも」という不安や、「自分はおかしなタイミングで、おかしな場所にいるから、チャンスを逃してしまう」という恐れとは正反対だ。今まで昇進できなかったのもうなずける！

もうおわかりだろう。信念や思い込みは、現実創造に重要な役目を果たしている。理想の人生を生きているバージョンのあなたが、どんな核となる思い込み《コア・ビリーフ》を持っているのかを明らかにするのは、そのあなたに近づくためのパワフルな練習だ。この練習に取り組むと、今いる場所と行きたい場所の間に橋がかかり始める。拡大自己の信念を明らかにし始めると、拡大自己の存在がさらに現実味を帯びてくるので、拡大自己の人生を今の人生に引き入れやすくなる。こうして、あなたの夢が現実になっていく。そして、何より最高なのは、あなたが一度もコンフォート・ゾーンを出なくてもいいこと！

コンフォート・ゾーンを拡大する練習—12

拡大自己になりきってみる

私の友達のサラが、拡大自己が昇進後に新しいオフィスに足を踏み入れ、新しいデスクに座るところをイメージしたように、あなたにとって重要な、拡大自己の人生の瞬間を明らかにしよう。目を閉じて、そのシーンに身を置いてみよう。ほしいものを手に入れて、望み通りの経験をするのはどういう感覚なのか、感じてみてほしい。

日記を取り出して、次の質問への答えを書こう。

1. 私の拡大自己は、どんなコア・ビリーフを持っている？

2. 拡大自己のコア・ビリーフの中に、今の自分の信念と違っているものや、正反対のものはあるだろうか?

あなたが成し遂げたこと

あなたは正式に「心地よい状態をつくるためのプロセス」のステップ2に取り組み始めた！

これはなかなかの成果だ。一緒に行《おこな》った心のワークは、結構大変だったかもしれない。常に最初がつらいのは、自分の内側に目を向けて、自分自身や自分の現在地を批判せずに受け入れなくてはならないからだ。でも、あなたはしっかりやり遂げた。そんなあなたを私は誇りに思っているし、あなたの残りの旅にわくわくしている！

「ステップ2：目標地点を決めよう」では、各章で目的地のビジョンの構築に取り組んでいる。ここは、夢を見ることのできる場所だ。遠慮は一切無用。すべては自分の中にあり、理想の人生は手の届くところにある、と信じてほしい。あなたが人生で生み出すものを制限するのは、あなたの想像力と、可能性に対する思い込みだけだ。何かがほしいなら、それを持っているところをイメージしよう。さらにいいのは、ほしいものも、人間関係も、経験も、すでに山ほど手に入れた自分を思い描くこと。そのバージョンのあなたが、あなたの拡大自己だ。

次の章に進む前に、この章の練習が最大の効果を上げるよう、必ず完了しておくこと。何事もなおざりにしてはいけない。拡大自己と一緒に座るのはどんな感じか、しっかり感じよう。未来の自分が築いた夢の家を、実際に見よう。そして、この拡大バージョンの人生を支えるコア・

ビリーフを理解すること。その概念を深く掘り下げるうちに、次のステップに進むために何をする必要があるのか、おのずと見えてくるだろう。時間を取って、このビジョンをできるだけ鮮明に、現実的にしてほしい。それが終わったら、次の章でまたご一緒しよう。そこでは、そのビジョンをさらに深め、夢の人生に向かうためのロードマップを構築したいと思う。

Chapter 12
コンフォート・ゾーン・ビジョンボードの効果

拡大自己が生きている現実を視覚化する

あなたが人生に抱いているビジョンは、いずれ現実化する。なりゆき任せにすることもできるし、意図的に創造することもできる。

何年か前に、初めて「ビジョンボード」という考え方に触れたときのことをよく覚えている。友人たちが誰かの家に集まって、新年のためのボードをつくるという。私も「古い雑誌を全部持ってきて」と声をかけられた。何が待っているのかわからなかったけれど、好奇心をくすぐられた。

「で、何をすればいいの？」と、会が始まったときに尋ねた。5人の女性が、リビングに敷いたモコモコの絨毯《じゅうたん》の上に輪になって座っている。絨毯の空いたスペースには、ライフスタイルや旅行やアートやファッション関連の雑誌の山と、カラフルなフェルトペン、スティックのりやハサミがばらばらと置いてある。壁には、大きな白いポスター用のボール紙《ポスターボード》が、何枚か立てかけてあった。友人はみんな、お茶をすすりながらパラパラと雑誌をめくり、中にはもうページを破り取っている人や、色とりどりの切り抜きをそばに積み上げている人もいた。

あなたが人生に抱いているビジョンは、いずれ現実化する。なりゆき任せにすることもできるし、意図的に創造することもできる。

主催者の友人が説明した。「じゃあ、雑誌を見て、今年人生に創造したいな、と思うものを見つけたら、切り抜いて、のりでポスターボードに貼ってね。それが今年のビジョンボードになるから」ビジョンボードが何なのかも、何に使うものなのかもよくわからなかったけど、私が質問する前に、ほかの人たちが合いの手を入れだした。

「1年中、ビジョンボードを見ることができるでしょ」とある友人が言うと、「それがほしいものをすべて現実化するのに役立つの」と別の友人が補足した。「どうやって？」と聞きたかったけれど、質問を飲み込んだ。

現実になってほしい言葉や画像を探して雑誌のページを穴が開くほど見つめてみたけど、「なんてバカバカしいの」と思ったことを覚えている。モデルや異国情緒あふれる風景の写真を切り抜くことが、夢の実現にどう役立つわけ？　適当に写真を貼ったボードなんか、家に置きたい？　そもそも、どこに飾ればいいの？

それに、何だか心の内をさらされるようなおかしな気分になった。私は常に大きな志を持っている人間だけど、普段はその壮大なビジョンを自分の胸に秘めている。相手に知ってもらう必要がない限り、人に話したりしない。目標はたいてい、自分で撮った好きなものの写真や詳細なリスト、長い日記、たくさんの行動などで表現していた。たいていこっそり1人でやっていたから、親しい友達や家族ですら、私が何を創造したいのかを知らなかった。

ひと握りの友人たちとのイベントでボードに写真を貼るなんて気乗りしないし、何となく身構えてしまった。気乗りしないのは、それが目的地に到達するのにどう役立つのかわからないから。身構えてしまったのは、自分の願いを他人に公開する、という習慣がないからだ。

結局、すっかり自意識過剰になって、ほしいものをすべて正直に詰め込んだボードをつくることはできなかった。ほかの人たちから――声に出さなくても、心の中で――あれこれ批判されるのが怖かったから。何枚か写真を切り抜いて、ちょっぴり会話に加わってから、パーティーをあとにした。「ビジョンボードは家で完成させるね」と。

興味・関心を増幅する五感

数年後、「現実化の科学」をさらに深く掘り下げ始めた私は、ビジョンボードがなぜ、どんなふうに効果を発揮するのかを理解し始めた——そう、本当に効果があるのだ！ 効果がある理由は、「脳は一度に数個のことにしか集中できない」という事実に基づいている。どんなときも、人は吸収したり理解したりできる以上の情報に囲まれている。でも、五感が、周りに絶えず存在する何十億という形のない無意味な情報のかけらを拾って、それらを映像や音、味、感覚、思考に変換してくれるおかげで、人は自分が生きている世界を理解できる。とはいえ、情報の解釈は人それぞれに違う。五感はその人ならではの形で調整され、それぞれの人が「面白い」「重要だ」と感じるものを映し出している。

五感はフィルターのようなものだ。身の回りのすべての情報から、本人が認識できるものだけを通過させる。当然ながらそれは、本人にとっての制限を生み出すが、その制限の中に、その人の好みや強みが宿っている。一度にすべてを認識して知ることはできないから、自分の好みを通して情報を整理するほかないのだ。そういうわけで、好みを意識的に明らかにすれば、自分のほしいものを意図的に選べる。五感の制限こそが、人生を意識的に創造するための、パワフルなプレゼントをくれるのだ。

たとえば、あなたがミュージシャンなら、音楽だけでなく身の回りの音ですら、音楽好きでない人とは相当違う聞き方をしている。音の高さやリズム、メロディーのテーマについても、音楽と縁の薄い人には感じ取れないような微妙なものさえ聞き取っている。あなたが料理人なら、においをかぐだけで、料理の材料を当てられる。画家なら、自然の中で見た色を、カンバスに再現する方法を知っているだろう。

五感は、あなたが興味を覚える体験と、さらに深い関係を築くのに役立っている。また、あなたの興味を引かず、あなたの人生に関わりのない雑音を、無視する助けにもなっている。私は作家なので、音楽がなぜ、どのように効果を上げているのかをいちいち考えずに大人しく聴いていられることをありがたく思っているけど、本の場合は、どんなに内容が面白くても、編集が下手だと読み進められない。

ほんの少し、想像してみてほしい。五感が自分と、自分の周りを飛び交う膨大な情報のかけらの緩衝材になってくれなかったら、人生はどうなっているだろう？　と。たとえば、視覚に制限がなかったら、一度に周りのすべてが目に飛び込んできて、形も色も質感もぶつかり合ってしまう。特定の音を聞き分けたり、ある周波数に焦点を合わせ、ほかの周波数を無視したりする能力がなかったら、すべての音が混じり合って騒音と化し、人の話も音楽も理解できないだろう。衣服や空気のようなものが身体に触れる感覚を無視できなかったら、肌は神経過敏になってしまう。

五感の制限は、天賦の能力なのだ。五感の制限のおかげでどっと押し寄せてくる情報の優先順位をつけられるから、自分の好みを通して世の中を理解できる。情報の優先順位をどうつけるかも、人それぞれで面白い。実は、注意を払うべき情報と、無視していい情報をどう判断するかのカギになる、「価値のタグづけ」という概念がある。価値のタグづけも、ビジョンボードが効果を発揮する大きな理由のひとつだ、と私は考えている。

価値のタグづけとは、認識した情報を重要な順に並べるプロセスのことだ。大まかに言えば、人は肉体的な生存や社会的な成功に役立たないものを無視したり、優先順位を下げたりする。反対に、危険から身を守り、世の中で成功するのに役立つものを重要視する。

自覚していようがいまいが、人は無意識にいつだって価値のタグづけをしている。絶えず状況を見極め、集めた膨大なデータのかけらを整理して、人生の危険から身を守り、前に進んでいる。

価値のタグづけがあるから、ビジョンボードを使って効果的に願いを生み出せる。紙に書いたりビジョンボードをこしらえたりして、ほしいものを明確に示すとき、人は自分の好みを心の中で明らかにしている。潜在意識から引っ張り出して、そこに光を当てているのだ。そして、毎日のようにビジョンボードを眺めて、自分の好みに繰り返しフォーカスしているうちに、自分の選択が強化され、好みが今の人生の一部となって、コンフォート・ゾーンに取り込まれる。そして、コンフォート・ゾーンで、今の現実に組み込まれていく。

Chapter11で紹介した日記の練習では、あなたの拡大自己を明らかにし、拡大自己に親しんでもらった。ビジョンボードは、あなたが選ぶ未来であり、拡大自己が生きている現実を視覚化したものだ。ビジョンボードは、拡大自己の人生を今のあなたの人生に招き入れるチャンスをくれる。拡大自己の人生をあなたが現実的に感じれば感じるほど、あなたの人生ですばやく現実化されるからだ。

それでも、ビジョンボードの効果が出ない場合がある。この章を読みながら、何年も前にこしらえたビジョンボードを思い出した人もいるだろう。そのボードには、いまだに実現しない夢や目標が描かれている。これは、到底実現しそうにないビジョンボードをつくってしまったときによく起こることで、私ももちろん経験ずみだ。ビジョンボードのビジュアルが、自分のコンフォート・ゾーンからあまりにかけ離れている気がするなら、自分の人生の一部だとは感じにくいだろう。

よく似たことは、「引き寄せの法則」がうまく働かないときにも起こっている。引き寄せの法則のようなツールを使おうとして、みんなが最初にやらかすミスは、コンフォート・ゾーンの外で現実化しようとすること。そこは、自分のパワーや真実が宿っていない場所だ。2つ目のミスは、なじみのない、縁遠く感じるものを手に入れようとすること。そうして、慣れ親しんだ、自分にとって自然でラクなことから、ますます遠ざかってしまうのだ。ほとんどの人は、夢に向かって自分が拡大していくのではなく、やみくもに夢を追いかけている。

私はここ何年かで、ちょっとしたコツをいくつか取り入れて、ビジョンボードをアップグレードした。おかげでビジョンボードは今や、私の現実化プロセスに欠かせないステップになった。実は、私のビジョンボードは従来のビジョンボードとは違うので、「コンフォート・ゾーン・ビジョンボード」と呼んでいる。あなたもビジョンボードをつくった経験があるなら、コンフォート・ゾーン・ビジョンボードは、従来のそれとは少し違うことに気づくだろう。大した違いじゃない、と感じるかもしれないが、効果には大きな違いが出ている。

実際にコンフォート・ゾーン・ビジョンボードをつくり始める前に、このボードならではの要素を理解し、ボードに何を組み込むかを考え、準備する必要がある。そのあと、この章の最後に用意した「コンフォート・ゾーンを拡大する練習13」で、どのようにビジョンボードを組み立て、作成すればいいのか、具体的に伝授していく。

コンフォート・ゾーン・ビジョンボードのつくり方

コンフォート・ゾーン・ビジョンボードを従来のボードと比べて、まず気づく違いは、円形のデザインであること。コンフォート・ゾーン・ビジョンボードが円形なのは、私たちがコンフォート・ゾーンで暮らしているときに、自然と人生を拡大していく様子を真似ているからだ。

コンフォート・ゾーン・ビジョンボードの輪は、大きな円の内側に小さな円を配置していく形で3つの円を描いたものだ。入れ子になった3つの輪には、3つの空きスペースができるので、そこに選んだ画像や言葉を入れていく。

次の図には、3つの輪を描き、それぞれの輪に何を入れていくのかを記した。

真ん中の一番小さな円の中のスペースは、あなたの現在の成功や成果を表している。この輪の中には、すでに達成した目標や成果を表す画像や言葉を入れてほしい。これが従来のビジョンボードとコンフォート・ゾーン・ビジョンボードの2つ目の違いだ。従来のビジョンボードは、あなたがまだ達成していないこと——あなたが創造したいもの——で埋め尽くされている。コンフォート・

コンフォート・ゾーン・ビジョンボード

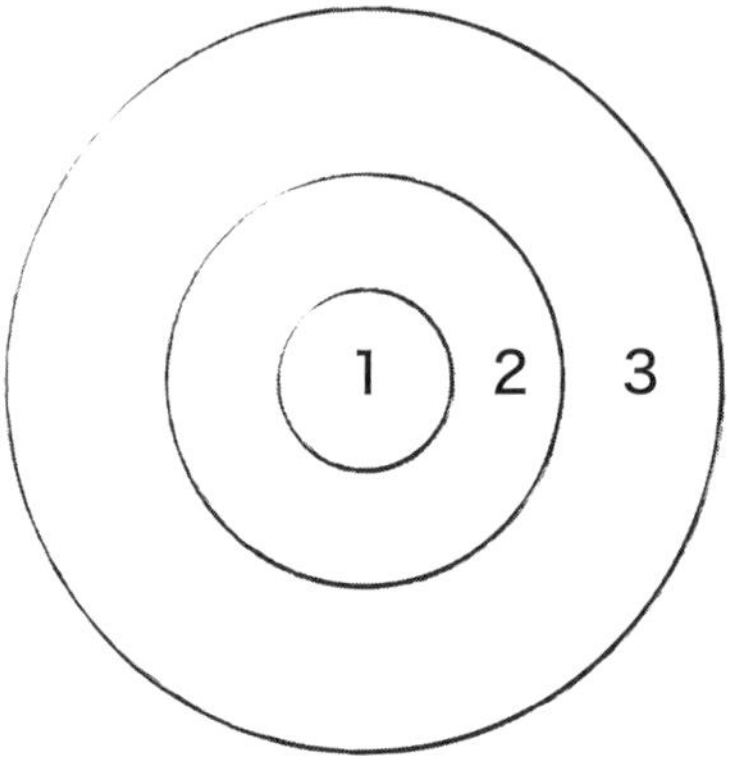

1
あなたの現在のコンフォート・ゾーンに存在し、あなたが感謝しているものの画像や言葉

2
現在のコンフォート・ゾーンの少し外にあるように感じる、あなたがほしいものの画像や言葉

3
現在のコンフォート・ゾーンのかなり外にあるように感じる、あなたがほしいものの画像や言葉

ゾーン・ビジョンボードは、すでに現実化し、誇りに思っているものを盛り込むことで、「ほしいものは手の届くところにある」と自分に無意識に伝えている。「見て！　以前は持ってなかったけれど、獲得できたものがここにあるよ！」と。

コンフォート・ゾーン・ビジョンボードの効果を最大にするために、次のような感情を呼び起こすものを、中心部に配置するとよいだろう。

- **感謝**：見ると感謝や満足感がわくような物事や人間関係、現実化した事例を選ぼう。
- **可能性**：時折、魔法や可能性を信じさせてくれるような出来事や人間関係に恵まれることがある。それを自分が達成したと自覚することで、未来に希望を抱くことができる。あなたも人生でそういう出来事や人間関係、成功を経験したことがあるなら、その写真をここに組み込もう。

- **満足感**：とくに誇りに思っている成果があるなら、ここに組み込もう。
- **愛**：あなたの人生には、愛の感情を呼び起こしてくれる人や人間関係が存在するだろうか？人生にすでに存在する愛を思い出させてくれる、特別な人間関係を示す画像や言葉を組み込もう。愛の感情は、家族、コミュニティ、職場などの人間関係の中に見出せる。
- **自由**：人生には、100パーセント自分らしく、自由な気分になれる瞬間がある。そんな瞬間を味わったことがあるなら、その自由な感覚を示す画像を組み込んでみよう。

要するに、ビジョンボードの中心部（イラストの1の部分）は、あなたがすでに手にしている成功や、すでに達成して誇りに思っていること、大切にしている人間関係、喜びをくれた出来事を表している。これらは、今の人生であなたを穏やかな楽しい気分にし、愛情や感謝の念を抱かせ、自由を感じさせてくれる要素だ。人生ですでに現実化した、恵みの数々である。

コンフォート・ゾーン・ビジョンボードの中心部を埋めたら、残りの部分に取りかかろう。ここでも、従来のボードとは違ったアプローチを取る。従来のボードの場合、自分に「何がほしい？」と尋ね、その質問に導かれるように、心に響く画像や言葉を選んでいく。すると、選んだ画像からある種のパターンが浮かび上がり、最終的なビジュアルの構図が自然とでき上がっていく。

このアプローチも効果的ではあるのだが、最高の結果をもたらすには、少し大ざっぱすぎる気がする。私は、もう少しアドバイスや具体性があったほうが、ボードの内容もレイアウトもさらによいものになると思う。それに、自分が何を現実化させていくのかも、もっと明確にできる。

コンフォート・ゾーンの真ん中の輪を取り囲む2つのスペースを埋めるときは、あなたの「拡大自己」をイメージしよう。そして、拡大自己をガイド役に使って、その自分がすでに生きている人生でスペースを埋めていこう。拡大自己はどんな車を運転しているだろう？　キャリアはどんな感じ？　人間関係はどうだろう？　どんな賞を獲得している？　拡大自己は、夢の家に住んでいる？　朝起きたときや、夜寝るときは、どんな気分だろう？　どんな服を着ている？　仲よしには、誰がいるのだろう？

拡大自己の人生を詳しく確認し始めたら、2つの輪に具体的な画像を貼ることができる。やや近しい感じがして、達成しやすい物事は次の輪（イラストの2）に入れよう。それらは目の前に提示された、行動ステップのように感じられるだろう。そして、今の時点では、計画を立てることすらできない「大きすぎる」夢は、外側の輪（イラストの3）に入れよう。

自分の現在地はボードの中心部にある、と心に留めながら、何となく達成できそうな夢はどれで、かなり遠く感じる夢はどれなのか分類し始めよう。もしかしたら、いくつかはすぐそばに、真ん中の円のすぐ外にあるから手が届きそうだ、と気づくかもしれない。

では、3つ目の一番外の輪に入れる物事に目を向けてみよう。これらは、今のあなたからは到底手が届かない目標や願いだ。それらの目標や願いの、もう少し心地よく感じるバージョンはないか、考えてみよう。3つ目ではなく、2つ目の輪に入れられるようなものを。

たとえば、演技でアカデミー賞を獲得したい（3つ目の輪）けれど、はるか遠くに感じているとしよう。その場合、もう少し手に入れやすい賞や成果はないだろうか？　もう少し今の自分に近くて、オスカー獲得への道しるべになってくれそうな目標だ。「俳優組合」に入る、長編映画で大きな役をもらう、指導してくれる監督やプロデューサーと親しくなる、大好きなポッドキャストに出演する、お気に入りの深夜番組の司会者にインタビューされる、などだ。それらを「やや達成できそうだ」と感じるなら、2つ目の輪に入れよう。それを目指して努力すれば、アカデミー賞に近づける、と心得ておこう。

中間目標も役に立つ

健康やフィットネスに関しては、最終目標が目に見えやすいだろうが、現在地と最終目標との間に、中間目標を立てることをお勧めする。たとえば、減量していた頃、私には明確な目標があったけれど、自然食品を食べる、ランニングする、ウエイトリフティングをする、といった習慣があれば、BMI〔訳注：肥満や低体重の判定に用いられる体格の指標〕の目標は達成できる、と知っていた。だから、ビジョンボードには、ヘルシーな野菜、ランナーの画像、走ることが好きだというアファメーション、セクシーな身体になるというアファメーション、ウエイトリフティングの意欲を高めてくれる人の写真など、さまざまなものを組み込んでいた。取り組み方はいろいろあるが、ぜひあなたの気分がよくなる方法で取り組んでほしい。正しいやり方も、間違ったやり方もない。あなたの心に一番響くことをしよう。

コンフォート・ゾーン・ビジョンボードがすこぶるパワフルで効果的な現実化のツールなのは、人がコンフォート・ゾーンで生きているときに、人生を自然に拡大していく様子を真似ているからだ。私たちはいつだって、コンフォート・ゾーンのすぐ外にある体験や要素を、徐々にコンフォート・ゾーンに取り込むことで成長している。徐々に成長していくスピードは人それぞれで、個人のライフスタイルや好み、習慣によって違うが、この方法で成長すると、結果が長続きする。コンフォート・ゾーンの中で成功し、そこで生み出したライフスタイルを維持していけるのだ。

コンフォート・ゾーンは、ゴムバンドに似ている。徐々に広がって、どんどんどん伸びて、やがてあなたが望むすべてのものを包み込む。コンフォート・ゾーン・ビジョンボードがあれば、意識的にこの拡大を起こせる。どんな人生に向かって拡大していきたいのかを明らかにすることで、そのボード全体が、いつか新しいボードの真ん中の輪になるようなシナリオを描けるのだ。今日コンフォート・ゾーン・ビジョンボードをつくるなら、その日が来たらどんなにわくわくするか、イメージしてほしい。その頃には、外側の輪の中の願いでさえ、実現できているのだから。

コンフォート・ゾーンを拡大する練習 13

コンフォート・ゾーン・ビジョンボードをつくろう

次のステップに沿って、コンフォート・ゾーン・ビジョンボードをつくろう。これは家族や仲間と一緒にできる、素晴らしい取り組みだ。

●大きなポスターボードに、入れ子になった3つの円を描こう（イラスト参照）。

●円の中心部には、あなたが感謝し、誇りに思っている、すでに達成した目標を示す画像や言葉を配置しよう。感謝、可能性、誇り、愛、自由を感じさせてくれるものを選ぶこと。

●少し時間を取って、あなたの拡大自己の人生についてじっくり考えよう。Chapter11の練習に対する自分の反応を読み返そう。自分の中にいる拡大自己の存在をしっかり感じること。

●雑誌などの画像を山ほど集めて、拡大自己の人生を表す写真や言葉、フレーズを切り抜こう。あなたの拡大自己はどんな成果を挙げているだろう？　ライフスタイルの特徴は？　好みは？　拡大自己がすでに生きている人生は、あなたが創造しようと努めている人生だ。拡大自己の成果は、あなたの目標だ。

●中心から一番遠い円（イラストの3）には、達成したいが、今の自分からはほど遠く、手が届きにくい、と感じる目標を表す写真や言葉を配置しよう。

●次に、この2つの輪にはさまれたスペース（イラストの2）に、ほかのすべてのものを配置しよう。つまり、中心の輪に近い、達成できそうな目標と、外の輪に近い、達成が難しそうな目標だ。

注：コンフォート・ゾーン・ビジョンボードは、今つくっておこう。ボードをのちの練習で活用するから。

あなたが成し遂げたこと

Chapter12をやり遂げたね。やった！　人生は準備が肝心だ。あなたが求めているものは、あなたの準備が整ったときにやってくる。物事を強引に押し進める必要はない。「コンフォート・ゾーンを拡大する練習13」に全力で取り組めば、あなたにとっての歯車が回り始める。だから、なるべく早くコンフォート・ゾーン・ビジョンボードをつくる計画を立てよう。これは、目標をイメージし直すことで、理想の人生に向かうロードマップを作成できる、とても楽しい方法なのだ。最終的に、価値のタグづけを使ってあなたが拡大し、目標に意図的に手を伸ばしていけば、各ステップがさらにラクに、自然に、現実味を帯びてくるだろう。もしかしたら、予定より早く目標を達成できるかも！

さて、ビジュアルを用意できたら、次はあなたの独り言をさらに深く掘り下げよう。これは私の人生をがらりと変えてくれたから、きっとあなたの旅にも欠かせない取り組みになるはずだ。次の章では、長年のネガティブなメッセージをプログラムし直すチャンスが得られる。それによって、自分自身や周りの世界に対するポジティブな感情に、必要なときに簡単にアクセスできるようになるだろう。

では、そろそろスタートを切ろう！

PS：あなたのビジョンボードがどんなふうにできたか、私も見てみたい。Instagramのストーリーズに写真を載せて、私をタグづけしてほしい。（@positivekristenと@powerofpositivity）ぜひシェアしたいから！

Chapter 13

口癖は現実になる

あなたの言葉はパワフルだ。ほかの人にどんなふうに話しかけるかや、ほかの人についてどんなふうに語るかで、人間関係の質が決まる。また、自分自身にどんなふうに話しかけるかで、人生の質が決まる。

あなたは気づいているだろうか？　愚痴を言うのがクセになっている人は、常に愚痴を言わなくてはならない物事を抱えている。いつも他人を悪く言っている人は、人を傷つける思いやりのない人に囲まれているように見える。自分はなぜ何をやってもうまくいかないのかを常々語っている人は、年がら年中うまくいかない事態に陥っている。

当然ながら、アイデアを語る人は、より多くのプロジェクトを生み出し、美しいものに目を向けて感謝を口にしている人は、人生に感謝できるものをより多く持っている。「私はなんて運がいいんだろう」と話す人には、どういうわけか常に幸運なことが起こっている。パートナーに優しく語りかけ、パートナーについて愛情を持って話す人は、より愛情深い人間関係に恵まれているようだ。

そんな状況を目にすると、ついこう言いたくなるだろう。「ああ、なるほどね。愛情深い人間関係に恵まれている人は、そりゃあパートナーについて愛情を持って話すでしょうよ！」。こういう発言は、外の状況がまず先にあって、言葉はあとからついてくる、という前提に基づいている。でも、この前提は間違っている。常に言葉が先で、それが現実をつくるのだ。実は、言葉がいわゆる「自己達成的予言」になる場合がある。言葉は自分がどこに注意を、ひいてはエネルギーを向けているかを示しているからだ。私たちは文字通り、言葉で人生（や自分自身）を語り、物理的な現実を生み出している。

あなたの言葉は、あなたの信念を反映し、形づくり、強化している。自分が口にしていることを信じていれば、たとえイヤでもその通りになる。実に多くの人たちが、言葉を使って望まない物事に目を向け、そうすることで、人生に望むことよりも望まないことを、数多く生み出している。

じっくり考えてほしい。あなたの人生は、あなたの頭の中で続いている会話の現実バージョンなのだ。

自分への話し方を変えてみる

15年以上前の太っていた頃の私は、生活習慣だけでなく、自分の言葉のパワーで体重を増やしていた。実は、健康的な食生活と運動を心がけていたのだが、どちらもほとんど効果がなかった。実際私は、その努力を十分なものと見ていなかった。見えていたのは、体重の増加だけ。だから、行動も言葉も、そこだけに向けられていた。

「食べてはいけない」と思っているものを食べてしまう自分をののしり、恥ずかしく思い、公私にわたって自分を見くびっていた。鏡をのぞいては、心の中でつぶやいた。「見てごらん、何て醜いの。あなたって最低。体重を減らせなくて、すごく太っているね。どんどん太る一方じゃないの」

日記には、こう書いていた。「すっかり行き詰まってる。自分の見た目が大嫌い。これをどうにもできない自分が大嫌いだ。私はすごく醜いから、こんな私を心から愛してくれる人なんていない。みんな私に同情しているに違いない。もうどうすればいいのかわからない。あらゆることを試し続けているけど、どれも効果が見られない。私はどこかおかしいんだと思う。私には何の価値もない」

ほかの人たちには、こう言っていた。「写真が嫌いなの。お願いだから私を撮らないで。自分のルックスが嫌い。ダイエット中なの。そんなの食べたら5キロぐらい太っちゃう。体重は絶対に落ちないだろうな。やれることは全部、試してみたもの」

私の最大の敵は私だった。他人の目を気にしすぎるあまり、ネガティブな最悪の独り言を延々とつぶやいては、それを現実化し続けていた。

「ネガティブな言葉を排除するのは、本当に大切なことだ。そうするだけで、あなたが思っているより早く、人生がポジティブに変わり始める。」

まさに自分をおとしめる思考と言葉の悪循環だ。実は、体重が減ったときでさえ、「頑張ったのにこの程度?」と、自分をたたき続けていた。この悪循環は、絶対に勝てっこない苛烈な闘い。イライラし、あきらめ、また頑張り始める、の繰り返しだ。

物理的には努力していたし、時には全力で頑張っていた。家族でさえそれに気づいて、「あなたは身体にいいものを食べて、定期的に運動もしてる。なぜ痩《や》せないのか不思議ね」と言っていた。家族が身体の変化に気づいてくれることもあったけれど、私には見えなかった。実は、肥満になったのは習慣だけではなく、自分に対する見方や声のかけ方が原因だったのだ。

ようやく痩せ始めたのは、心と身体と人生が一変し始めた頃だ。まず思考が変わりだし、次に言葉が魔法の杖になって、人生に愛情という魔法をかけられるようになると、目標を達成できるようになった。心の中の独り言に、優しく愛情を込められるようになっていった。体重が500グラム、いや、250グラム減るたびにきちんと認めることで、前向きな勢いに意識を向け始めた。「何だ、あんなに頑張ったのに、たったの500グラム？」なんて思わずに、進歩し、よい方向に向かっている、とわくわくし、一歩進むたびに、「よくやった！」と自分をほめた。自分の一番のチアリーダーになったのは、本当に必要な形で応援してくれる人が、ほかにいなかったからだ。

自分がどんなにいい気分か、どんなにエネルギーにあふれているかに注意を向けるようになると、自分がどんなに健康的な気分でいるかにも気づくようになった。体重計の目盛がどうでも、服が身体に心地よくなじむ感覚を楽しんで、自分の努力をほめた。コツコツ頑張る自分をほめ、前に進んでいることをねぎらった。自分の身体をほめ、順調な流れを喜んだ。すると、順調に進んでいくための解決策やチャンスが自然と舞い込むようになった。私の決断や習慣も、「健康になる」という目標を支え続けてくれた。

私は今も発展途上だけれど、ここまで来ることができた。そのためには、長年自分に浴びせていたネガティブなメッセージをプログラムし直す必要があった。「自分への話し方を変える」と決めたことは、おそらく人生最高の決断だったと思う。そして、これが新しいモットーになった。「素敵なことが言えないなら、なんにも言うな」――とくに自分自身に対しては。

望まない人間関係や状況に燃料をくべる言葉を排除することは、目標達成に欠かせない一歩だ。だから、あなたのパワフルな言葉を、どう使っているかに意識を向けることがとても大切なのだ。この章の練習問題は、そうした気づきの練習になるだろう。また、言葉を使って、人生に本当にほしいものを意図的に創造していく助けになるだろう。

コンフォート・ゾーンを拡大する練習―14

ふだん使っている言葉を思い出す

数日間、1日の間に自分が使っている言葉に注意を払ってほしい。ネガティブなフィードバックループを終わらせたいなら、しっかり観察しなくてはいけない。気づいたことを日記に書き留めよう。

- 私は他人について、どんなふうに話しているだろう?

- 私は自分自身について、どんなふうに話しているだろう?
- 私が使っている言葉は、力をくれるものだろうか? それとも、力を奪うものだろうか?
- 私は人のうわさ話をしているだろうか? 自虐的な言葉を使っているだろうか?
- 私はどんな物語を語っている?
- そうした物語は、私が自分自身や他人について、よく思えるものだろうか? それとも、悪く思ってしまうものだろうか?

自分の言葉の使い方に気づくことは、言葉だけでなく、自分が人生で何を創造しているかに意識を向ける、重要な一歩だ。

ネガティブな言葉や自分を制限する言葉に気づいたら、使うのをやめられるかどうか確認しよう。新しい気づきがあれば、意地悪な物語を語るのをやめられる。うわさ話をやめよう。自分や他人を笑いものにする冗談はやめよう。自分や他人の欠点を指摘するのもやめよう。

この練習をさらに一歩進めたいなら、そうした言葉を排除したあとの気分に注意を払おう。気分はよくなっただろうか? それとも、悪くなった? 自分に対するネガティブな言葉で心の中をいっぱいにするのをやめたら、どんな思考や感情がわいてきただろう？

オリジナルのアファメーションをつくる

ネガティブな言葉を排除するのは、本当に大切なことだ。そうするだけで、あなたが思っているより早く、人生がポジティブに変わり始める。ただし、言葉をパワーアップして夢に向かって大きくジャンプしたいなら、ポジティブで、気分を高め、力をくれるような言葉を使う必要がある。そうすれば、ほしいものを意図的に生み出せるだろう。

アファメーションやマントラは、それを助ける素晴らしい手段だ。そうしたポジティブな宣言は、絶え間ない心のおしゃべりやネガティブな感情を静め、あなたの注意を願いに向けてくれる。思考や言葉を意識的にコントロールすれば、魂に栄養を与え、あなたとあなたの心をつなぐことができる。何度も繰り返すうちに、アファメーションとマントラで心が満たされ、心穏やかに安心できるようになる。そうした宣言や言葉を何度も繰り返すとき、あなたは文字通り、言葉とひとつになっている。宣言があなたの存在に深く染み込んでいくのだ。心も繰り返しを好むから、これはあなたの核となる価値観や信念を潜在意識に植えつける、効果的な方法だと言える。

アファメーションとマントラは同じ意味で使われることも多いけど、実は少し違っている。

マントラの起源は仏教にあり、マントラとは、瞑想を深めるために心を静める音、言葉、祈り、フレーズのことだ。マントラは「オーム［訳注：すべてのマントラの源とされる音で、唱えると心身の状態が整うとされている］」「平和」「愛」「平穏」「解放」など一語の場合もあれば、フレーズやフレーズの連なりの場合もある。たとえば、ハワイの許しの祈り「ホ・オポノポノ」（「物事を正す」の意味）の場合、4つのフレーズ――「ごめんなさい」「許してください」「ありがとう」「愛しています」――の一部、または全部を繰り返し唱える。

ポジティブなアファメーションは、1970年代に神経科学者が、言葉を意図的に使って破壊的、もしくは不快な思考パターンを書き換えるために開発した手法だ。その15年ほどあとに、作家のルイーズ・ヘイが著書『改訂新訳ライフヒーリング』（たま出版）で、アファメーションを有名にした。では、私が日常的に使っている、お気に入りのアファメーションをいくつかご紹介しよう。

- 私にとって、すべてはいつもうまくいっている。
- 私に必要なものはいつも、私のところにやってくる。
- 私は愛されていて、価値があり、ありのままの私で十分だ。
- 次のステップは、私の準備ができたときに、私のために用意される。
- くつろいで人生を楽しめば楽しむほど、私は満たされる。

- 愛は私に流れ込み、私を通して流れていく。
- 私はとても幸せで、人生に感謝している。
- 私の夢は、完璧な時期に、完璧な形で開花する。
- 私は神さまの導きを信じている。
- 私は喜んで気楽に受け取る。
- 私の心は才能にあふれている。クリエイティビティは、軽やかに私の全身を流れている。
- 私の身体は、私の神殿だ。
- 私は、素晴らしいものにふさわしい。
- 私は喜びと共に歩む。
- 私の物語は、神の栄光のためにある。
- 私は愛と奉仕の人だ。

「私は」という表現は、今この瞬間に強くアイデンティティを宣言するために、アファメーションでよく使われる。あなたが初心者なら、今紹介したアファメーションをいくつか試してみるか、2~3個、自分のアファメーションをつくることを強くお勧めしたい。私が長年の間に学び、気分が高まる効果的なアファメーションをつくるのに役立てている、重要なヒントをいくつかお伝えしよう。

効果的なアファメーションをつくる4つのカギ

❶一般的な表現にする：最も効果的なフレーズは、ある状況や願い、目標に合わせたものではなく、より一般的なものだ。具体的すぎると、アファメーションに対する抵抗や疑いが生じやすいからだ。あなたのアファメーションが疑いや恐れの感情をかき立てるなら、具体的すぎるか、あなたに合わない言い回しなのかもしれない。一般的な表現にしておくと、常に役立つだろう。「ほしいものはいつも、私のところにやってくる」というフレーズは、「私は1年後には、夢の家に住んでいる」という表現よりも一般的だから受け入れやすい。2つ目の宣言のほうが、ほしいものも時間枠も具体的だから、あれこれ考えてしまいやすく、「どうやって？」と方法にこだわり始めて、途中でストレスを感じたり、混乱したりしやすいのだ。

❷ポジティブな言い回しを使う：最もパワフルなアファメーションとは、ポジティブに表現された言葉だ。「私はネガティブな性格を手放す」と言うのではなく、「私は毎日、自分のパワーを発揮する」「私は毎日、気分がよくなっている」などと言おう。心には、あなたがそれを

手にしたくて注目しているのか、避けたくて注目しているのか、その違いがわからない。人は常に自分が注意を向けている方向に進んでいく。つまり、「私は浮気しない人とつき合いたい」と言うと、浮気する人を引き寄せてしまう可能性がある。代わりに、「私は、私のことが大好きな人とのラブラブな関係を引き寄せる」と口にしよう。そのほうが、ずっとよい結果が得られるだろう。

❸現在形にする：アファメーションには、時間を崩壊させ、あなたが未来に創造したいものを、今の体験に引き込むパワーがある。だから、こうした宣言は現在形で言うことが大切なのだ。「私の借金はなくなるだろう」と言うのではなく、「私は経済的な自由を楽しんでいる」と言おう。2つ目の宣言が具体的すぎて、心に疑いや抵抗が生まれるなら、レンズをぐっと後ろに引いて、次のように調整しよう。「私は人生の自由を楽しんでいる」「私は自由でパワフルな気分だ」と。

❹気分がよくなる言葉を使う：先ほど紹介したアファメーションは、私をいい気分にしてくれる。どの宣言も、私のコンフォート・ゾーンの中に存在しているからだ。あなたのアファメーションも、口にするときに心地よいものでなくてはいけない。採用したいアファメーションで

イヤな気分になるなら、それを徐々にコンフォート・ゾーンに引き込む、素晴らしいコツがある。アファメーションに「目指して頑張っている」「学んでいる」といった言葉を足すのだ。たとえば、「私にとってすべてはいつもうまくいっている――と信じることを学んでいる」などと言ってみよう。

自分が話す言葉を意識するようになると、自分が創造している人生にも意識を向けられる。マントラとアファメーションがパワフルなツールなのは、自分に力をくれる思考――ひいては人生――を意図的に選ぶ助けになるからだ。

コンフォート・ゾーンを拡大する練習―15

自分のアファメーションをつくろう

1. 今お話ししたガイドラインに沿って、少なくとも1つ、アファメーションをつくろう。そのアファメーションは一般的で、ポジティブで、気分がよくなるもので、現在形であること。

---

2. あなたの拡大自己を思い浮かべよう。拡大自己が唱えるアファメーションはどのようなものだろう？　毎日自分自身に語りかける拡大自己のアファメーションを、少なくとも1つ考えること。

3. 自分でつくったアファメーションを、少なくとも1日に5回繰り返そう。忘れないように、アラームをセットするのも一案だ。スマホのアラーム設定時間のタイトルにアファメーションを入れて、会議中ではない時間帯にセットするとよいだろう。アラームが鳴ったら、少し時間を取って、宣言を自分自身に繰り返し、その言葉と完全につながったら、また日常に戻ろう。場合によっては、何度もこの動作を繰り返して初めて、宣言とつながることができるかもしれない。それでいいのだ！

あなたが成し遂げたこと

すごい！　あなたの成果に、私も心からわくわくしている！　あなたは今、とてもパワフルな章を完了したのだ。素晴らしい！　あなたがすでにポジティブな独り言に慣れ親しんでいたとしても、拡大自己の視点からポジティブに語る、新しい方法を編み出してくれていたらうれしい。

時には、恐れや心配や疑いのせいで、拡大自己を締め出してしまうこともある。「私には価値がない」と感じることもあるだろう。今つくった宣言が、今この瞬間の自分には「あり得ない」と感じるものだったとしても、それを実現したいと思っているなら、あなたは正しい方向に進んでいる。そう、それでいい。繰り返し唱えるうちに、その宣言はいずれ、今あなたが話しているどんな言葉にも負けないくらい、自然なものになるだろう。身体の全細胞がそれを真実だと感じるようになる、と私が約束しよう。それは自分に対するウソではなく、自分が何者かを思い出させてくれる言葉だから。

次の章で、感情のパワーと、感情を使ってコンフォート・ゾーンを育てる方法を、あなたと探求できるのを楽しみにしている。

Chapter 14

感情のかじ取りをしよう

感情は混乱しやすいものだけど、感情があるから人間でいられる。自分の感情を見定め、理解し、かじ取りするコツをつかめば、この物理的な現実において、感情は最大の強みになるだろう。

長年の間に気づいたのは、自分の感情を把握できているときは、コンフォート・ゾーンに留まれるばかりか、コンフォート・ゾーンを拡大できること。時にはつるりと足を滑らせて、いきなりサバイバル・ゾーンや自己満足ゾーンの深みに落ちることもある。人生のそんな瞬間に目を凝らしてみると、自分の感情を否定したり、認識できなかったりしたせいで、知らず知らずのうちに、コンフォート・ゾーンから遠く離れた場所をさまよっていたのだった。

コンフォート・ゾーンで生きる重要な要素の1つは、そこを出たときにわかることだ。人はどんどん拡大していく存在で、コンフォート・ゾーンの境界線をめいっぱい広げながら夢を追いかけているときは最高にわくわくしている。だから、つい勢い余って、自分にとって自然で心地よい場所から飛び出してしまうことがある。自分の感情を把握できていない状態で、コンフォート・ゾーンの外に出てしまったら、戻ってくるのは難しいだろう。

「心地よい状態をつくるためのプロセス」のステップ1と2では、自分のコンフォート・ゾーンを知り、自分のスタート地点を明らかにしてもらった。そして、コンフォート・ゾーンをどのように拡大したいのか、ほかのどんな人生経験をコンフォート・ゾーンに取り込みたいのかを確認してもらった。あなたは、自分の願いを明らかにして、コンフォート・ゾーン・ビジョンボードに組み込んだことだろう。そのとき、ほしいもののいくつかはコンフォート・ゾーンのすぐ外の、手が届きそうな場所にある、と気づいたはずだ。それらは、コンフォート・ゾーンをほんの少し拡大すれば、手に入れられる。また、ほしいものの中には、コンフォート・ゾーンから相当遠くにあるから、どのように獲得すればいいのか計画すら立てられないものもある、と気づいただろう。

「心地よい状態をつくるためのプロセス」のステップ3「到達方法を逆算しよう」に進んだら、コンフォート・ゾーンを拡大し、コンフォート・ゾーン・ビジョンボードに配置したすべてを取り込むためのテクニックやツール、マインドセットの変え方、プロセスをお話ししていく。でも、まずは感情について話す必要がありそうだ。自分の感情を理解し、かじ取りすることは、目的地のビジョンを構築し、そのビジョンを守るために欠かせない要素だ。また、目的地にうまく到達する最善の方法でもある。

苦しみは進歩の証ではない

ずっと昔、マインドフルネスのセミナーで出会った紳士と話をしていたときのこと。お互いのスピリチュアルな旅の物語を語り合っていると、彼が言った。「大人になってからほとんどの時間を、怒ったり、落ち込んだり、不幸せな気分で過ごしていたんだ。でも、自分は元気だと思っていたんだよ」。自分が落ち込んでいることに、ずっと気づかなかったという。あるとき妹に聞かれた。「一体どうすれば、お兄ちゃんは幸せになれるの?」。彼はびっくりして叫んだ。「僕は幸せだよ!」。それから数年後に、彼は泥沼の離婚劇を演じていた。健康問題も山ほど抱え、今にもノイローゼになりそうで、何とかしなくちゃ、とインド行きの片道航空券を手に入れた。そこで4ヵ月間一人旅をし、いくつもの瞑想センターを訪れて、導きを求めた。そうしてついに、ほしかった安心感と心の平和を手に入れた。

この紳士の話が面白いのは——そして、彼との出会いを思い出すたびに私が考えるのは——彼が心の平和と幸せを手に入れたあとになってようやく、自分がずっと不幸せだったと気づいたことだ。

「常々、自分はわりと幸せな人間だ、と思っていたんだ」と彼は言った。不安にも不幸せにも慣れっこになって、サバイバル・ゾーンで暮らしているという自覚すらなかった。ところが、コンフォート・ゾーンに戻った途端、自分がずっとストレスや不安にまみれ、不快だったことに気づいたのだ。

コンフォート・ゾーンで生きるのに慣れると、サバイバル・ゾーンや自己満足ゾーンで過ごす時間は当然ごくわずかになるから、「苦しみで進歩の度合いをはかる必要はない」と気づくだろう。

想像してみてほしい。シートから画びょうが突き出ている椅子に腰を下ろす自分を。即座に飛び上がるのではないだろうか？　コンフォート・ゾーンで暮らしているときに、サバイバル・ゾーンや自己満足ゾーンに足を踏み入れるのは、画びょうの上に腰を下ろすのに似ている。コンフォート・ゾーンで生きるのはどういう感じかを知っているのは、椅子に座るとはどういうことかを知っているのとよく似ている。心地がよくて、尖ったものなど、もちろん一切突き出ていない。

残念ながら、私たちは、画びょうの上に座るのが当たり前になっているばかりか、そこに座りたがらない人間を批判するような社会で生きている。世間は言ってくるだろう。「あなたが本当にやり手なら、タフで価値のある人間なら、実力を証明したいなら、あの画びょうの上に座ってごらんよ。きっと気に入るから！　文句を言ってはいけないよ。画びょうの上に座るのは、通過儀礼だからね。画びょうの上に長く座っていられればいられるほど、たくさんの画びょうの上に座っていられればいられるほど、あなたは強い人で、成功する資格がある」。そして、画びょうのない心地よい椅子を選ぼうものなら、時代遅れな社会が言うだろう。「お前はその椅子にふさわしくない！まだそれを勝ち得ていないじゃないか！　まずは画びょうの上に座らないなんて、自分勝手だ！よくもそんなことができるな!?」

バカバカしく聞こえるだろうが、これは、健康を犠牲にして、不快な気分や頑張りすぎを美化するときに、私たちが言っていることだ。残念ながら、みんなが1日中画びょうの上に平気で座っている世の中で、罪悪感を覚えずに心地よい椅子に座りたいなら、この手の時代遅れなプログラムをどんどん解除しなくてはならないのだ。

コンフォート・ゾーンの外に踏み出したと気づけば、戻る道を見つけられる。これが磨くべき大切なスキルなのは、それがないと、「心地よい状態をつくるためのプロセス」のステップ3で、いとも簡単に自分をコンフォート・ゾーンから追い出してしまうからだ。コンフォート・ゾーンを離れたことに気づいて戻るのが早ければ早いほど、すぐにまた安心して、今創造しようとしている拡大バージョンの人生に向かって歩を進められる。

感情の嵐に翻弄されるな

私はよく「感情はお天気のようだ」と思う。多くの人にとって、感情はお天気のようにコロコロ変わるものだ。かすかな風が吹くたびに人生をかき乱され、根こそぎにされ、振り回されて、ひどく生きづらくなったり、場合によっては生きていけなくなったりする。常に刻々と変化する感情に、翻弄されているのだ。

恐れがかき立てた感情の嵐に延々ともまれるうちに、人は希望を失い、怒り、イライラし、やけを起こして、孤独感を募らせる。感情の浮き沈みに翻弄されればされるほど、周りに敵が増え、危険が増すだろう。私が見たところ、常に感情の嵐に翻弄される、敵の多い危険な世界は、コンフォート・ゾーンの外にいるときに経験する世界だ。

では少しだけ、またコンフォート・ゾーンを現実の家にたとえてみよう。安全な自宅にいるときは、お天気にどう対処している？　安全な家に住んでいたら、厳しい自然から守られている、と感じるだろう。でも、天井が雨漏りしていたり、壁が朽ちかけていたり、カビが生えていたり、電気や配管のトラブルを抱えていたら、当然ながら、外から突然どっと雨が漏れ出してこないか、心配になるだろう。心の家をないがしろにしているときも同じだ。心に不安を抱えていたら、外がほんのちょっぴり揺れただけで、危険を感じるだろう。でも、健全で安全な心の家、すなわちコンフォート・ゾーンを育んでいれば、どんな感情の嵐にも耐えられる。

安心して自由に自分を表現し、楽しく過ごせるコンフォート・ゾーンを育んでいると、感情に翻弄されなくなるので、感情から人生を取り戻せる。どんな感情がわいても、安心したまま、自分の価値を思い出し、信頼感や帰属感を抱いて、「どんな状況でも乗り越えられる」と自信を持っていられる。

今の感情を見定めよう

感情は情報だ。感情は、自分がコンフォート・ゾーンの中にいるのか、外に出てしまっているのかを教えてくれる。また、コンフォート・ゾーンに戻る必要があるときには、戻れるよう導いてくれる。

では、次の「感情リスト」を見てほしい。コンフォート・ゾーンに近ければ近いほど、感情の質が上がる。コンフォート・ゾーンから離れるにつれて、恐れに満ちた感情が募っていく。自分の感情を批判せずに観察し、正しく見定められるようになること――それが感情を意図的に変え、感情の導きでコンフォート・ゾーンに戻れるようになる第一歩だ。

今よりほんの少し気分がよくなる選択をし続けることで、感情を使ってコンフォート・ゾーンに戻ることができる。たとえば、あなたが今、自己満足ゾーンの感情を味わっているなら、感じ方を変えることで、サバイバル・ゾーンに移り、そのあとコンフォート・ゾーンに戻れる。不安感（自己満足ゾーン）から、いら立ち（サバイバル・ゾーン）を経て、希望に満ちた気分（コンフォート・ゾーン）に戻れるのだ。

自分の今の気分を見定めるだけで、おおむねネガティブな感情を手放せるから、気分がよくなるだろう。それでも気分が改善しない場合は、頭の中で、あるいは日記に書きながら行う、より深いワークもある。

たとえば今、私が誰かに嫉妬しているとしよう。何もかもうまくいっていて幸せなはずだから、なぜ自分が嫉妬するのかがわからない。私なら、そんな気持ちになる自分をたたくのではなく、ただ観察してその感情を認めるだろう。観察しているうちに気づくのは、その感情が、嫉妬心を引き起こした相手に対抗するよう、自分を焚きつけていること。それを自覚すれば、その不快な感情を気づきに変えられる。たいていの場合、感情を見定めて観察すると、最初にその感情がわいた本質的な理由が見えてくる。意識的に観察するうちに、感情をコンフォート・ゾーンに連れ戻すことが

感情リスト

コンフォート・ゾーン	サバイバル・ゾーン	自己満足ゾーン
喜び／気づき	落ち着かない気分	退屈
自由／愛	悲観的な気分	失望
自信／安心	不満／いら立ち	怒り
感謝	焦り	憎しみ
情熱	恐れ／圧倒される気分	嫉妬
熱意	落胆	不安感／罪悪感
ポジティブな期待／信念	疑念	無価値感
楽観的な気分	心配	恐怖／悲しみ／落ち込み
希望に満ちた気分	非難	恥ずかしさ
満足感	羨望	無力感

できる。

一方、どんな感情がそこにあるのか、正確に見定めるのに苦労しているなら、身体の感覚を観察しよう。感情はたいてい、身体的な感覚を引き起こす化学反応と結びついているから。たとえば、怒りを感じると顔がカッと熱くなるし、悲しくなると喉が詰まる感じがするし、不安なときには胸に圧迫感を感じるだろう。

今味わっている感情を見定めたら、注意を身体に移して身体の感覚に目を向ければ、感情に対する気づきを深められる。この感覚はどこに現れているだろう？　どう説明すればいいのだろう？　その感情がどんなふうに身体に現れているか、親友に説明しているところをイメージしてみよう。

ここでも、身体の感覚を自覚すると、味わっていた感情が消えて、いくぶん気分がよくなることに気づくだろう。

たとえば、イライラが体内でどんな感覚を放つのかを観察していると、イライラが消えていくのがわかる。それどころか、希望を感じ始めるかもしれない。もしそんなことが起こったなら、おめでとう！　あなたはコンフォート・ゾーンに戻ってきたのだ。

「恐れに対する息の長い本当の解決策は、コンフォート・ゾーンに戻って、安心と明晰さとパワーに満ちたこの場所から状況に向き合うことしかない、と私は信じている。」

コンフォート・ゾーンを満たしているのが、安心、希望、愛、帰属感、感謝、価値といった気持ちのよい感情だとしたら、コンフォート・ゾーンを出た途端に、ネガティブな感情がわいてくるのは当たり前のことだ。実際、不快な感情は、コンフォート・ゾーンから離れれば離れるほど増していく。自分自身から離れて亡命する時間が長くなればなるほど、あなたの世界は危険と恐れに満ちていく。そう考えると、コンフォート・ゾーンの外で生きることを優先させる世の中が、恐れに満ちているのもうなずける。そこでは、ほとんどの決断が、ひらめきではなく恐れによって下されている。

恐れに対する息の長い本当の解決策は、コンフォート・ゾーンに戻って、安心と明晰さとパワーに満ちたこの場所から状況に向き合うことしかない、と私は信じている。自分自身や自分の能力、境界線、人間関係、自宅に安心できているときは、自分を取り巻く危険に、はるかにラクに向き合えるから。

私の人生がよい方向に向かいだしたのは、コンフォート・ゾーンの外にいるときの感情を見定めて手放し、コンフォート・ゾーンの中にいるときの感情を優先し、味わい始めたときだ。

あなたが自分の感情を見定めるのに苦労しているなら、ブレネー・ブラウンの著書『Atlas of the Heart』がお勧めだ。さまざまな感情が列挙され、詳しく説明されていて、驚くほど読みやすい。

私たちは時々、思い込みと感情を取り違える。たとえば、「僕が人生で成功することは絶対にない気がする」なんて言うとき。この発言が感情じゃないのは、「気がする」という言葉を取り除くと、思考だけが残るからだ。あなたがこういう発言をしがちなら、本書のリソースのページ（https://thecomfortzonebook.com/resources）にある「リミッティング・ビリーフを変えるプロセス（Change Your Limiting Beliefs Process）」を使って、もう役に立たなくなったリミッティング・ビリーフを見定めて、別の信念に置き換えよう。

コンフォート・ゾーンからの出方を考える

コンフォート・ゾーンを出ることは避けられないけれど、どのように出るかによって、やけになって恐怖にさいなまれるか、自信にあふれた穏やかな気分でいられるかが決まる。

よく晴れた午後に、現実の家を出る自分を想像してみよう。数時間出かけるにしろ、数日間留守をするにしろ、そのうち戻れると確信している。住所がわかっているのだから、難なく帰り着けるのは当たり前だ。そして家に戻れば、お気に入りの椅子に座るか、横になってゆっくり休み、英気を養えると知っている。たとえ行きや帰りに道に迷っても、家に戻れることをみじんも疑っていない。

では、「二度と戻れないかも」と知りながら家を出る自分をイメージしてみよう。前線に送られる兵士か、はるか遠い世界へ船出する探検家のように。「ここに立てるのはこれが最後かもしれない」と知りながら、着の身着のままで玄関を出ていく自分を思い描いてほしい。帰宅する代わりに、見知らぬ土地へ旅立って、自分の身を守り、生き残りをかけて闘い、自分の価値を証明しなくてはならないのだ。

家を出る後者の様子は、ほとんどの人がコンフォート・ゾーンを離れる様子とよく似ている。みんな「成功するためにはイヤな思いをしなくちゃいけないし、成功するまで戻ってこられない！」という以外に、何の目標も持たずに出発する。しっかりした計画も目的地もないまま、心の家を飛び出すのだ。そして、亡命することで、「いつでも戻れる家がある」という安心感を自ら捨ててしまう。コンフォート・ゾーンに身を置くことを失敗と結びつけているから、何があっても家に帰ろうとはしない。

この2つの体験がどれほど違っているのか、少し考えてほしい。家に戻れる保証もないまま人生を生きていくのは、どんなにつらいことだろう。それに、帰り道を見つけたくても、見つける方法もわからないまま遠いところをさまようなんて、途方に暮れてしまうだろう。

そう考えると、ほとんどの人が恐れと不安にまみれて、もしくは、闘いに備えて身構えて人生を生きているのもうなずける。多くの人は、自分自身から切り離される苦しみを一瞬やわらげてくれる活動や人間関係や物質で、恐れをまぎらわせている。心地よさと弱さを一緒くたにして、何が何でもコンフォート・ゾーンを避けることで、恐れにまみれて生きるのが当たり前の、亡命兵士になってしまう。中には、くつろいで安心し、心地よく休むとはどういうことか、忘れてしまっている人もいる。

コンフォート・ゾーンを離れたときに感じる5つのこと

私は、コンフォート・ゾーンを離れたときには、5つの感情のサインがあることに気がついた。あなたもそのうちのどれかを感じているなら、そろそろレンズを内側に向けて、自分の心の状態をじっくり見るべきだ。私はさらに一歩進んで、次のように言いたいと思う――あなたがコンフォート・ゾーンの中か外、どちらで活動しているかによって、同じ状況に対しても、違った感情で反応することになるだろう。

❶混乱――心の中を散らかして、自分をコンフォート・ゾーンから追い出してしまったら、混乱を味わうことになる。これは、現実の家を散らかしたときに、心が混乱するのとよく似ている。時には、散らかった家を片づけるより、家を飛び出したり避けたりするほうがラクな場合もある。あなたの内と外の混乱は、密接に結びついている。だから、生活空間を片づけると、心の混乱も落ち着くのだ。家の中が混沌としていると、心の中も混沌とする。反対に、心の中が混沌としていると、現実の家も混沌としてくるだろう。

- **混乱を生む、もしくは持続させる行動：**大勢の人にアドバイスを求める。お決まりのよくない状況に戻る。自分の本当の気持ちや考えや意図を、自分自身や他人に正直に伝えない。自分の内なるアドバイスに耳を傾けない／信じない。
- **混乱を静め、コンフォート・ゾーンに戻るための行動：**お決まりのよくない状況に戻るのをやめる。他人にアドバイスを求めるのをやめる。自分自身や他人に対するあらゆる義務や期待を手放す。毎日瞑想する（5～10分で十分だ）。日記を書く。自分の感情・思考・意図に正直になる。自分の心のアドバイスに耳を傾ける。生活空間をきれいにする。自分の考えをリストにまとめる。

❷嫉妬――他人に嫉妬しているときは、自分の内側ではなく外側にひたすら目を向けている。窓辺に座って双眼鏡を手に、よその家の庭をのぞき見しながら、自宅の床掃除はできない。嫉妬と羨望は恐れの現れで、たいてい「足りない」という感情をもたらすだろう。自分は力不足だ、成功し足りない、魅力が足りない、頭が足りない、などなど。そんなふうに感じていると、朝は「寝不足だ」と感じながら目覚め、夜は「今日は十分やらなかった」と思いながら寝ることになる。嫉妬と「足りない」感情は、人生のあらゆる場面に染み込んで、人間

関係を内側からむしばみ始める。「足りない」と感じているときは、欠けた部分を自分や自分の大切な人たちを傷つける形で、補おうとするからだ。

- **嫉妬心を生む、もしくは持続させる行動：**外にばかり目を向ける。他人の人生を美化する。自分の成果や長所を見くびったり否定したりする。比較する。自分が持っているものより、持っていないものに注目する。

- **嫉妬心を静め、コンフォート・ゾーンに戻るための行動：**内側に目を向ける。感謝の日記を書く。自分の成功をほめる。他人の成功を心から喜ぶ方法を見つける。自分と他人を比べるのをやめる。その感情を気づきに変える。

❸身体の痛みやけが――身体の痛みやけがは感情ではないが、強い感情を伴うことが多く、その感情は、人生において自分を大切にしていない分野を教えてくれる。長い間、自分の心の健康を無視していたら、身体はけがや痛みや病気を通してあなたの注意を引こうとする。通常これは軽い症状から始まるが、時間と共に悪化し、生き方を見直さざるを得なくなる。

- **身体的なけがや痛みを生む、もしくは持続させる行動：**疲労の初期のサインを無視する。痛くても無理をする。被害者意識を持つ。他人のせいにする。
- **身体的なけがや痛みを静め、コンフォート・ゾーンに戻るための行動：**セルフケアを優先する。生活のペースを落とし、心身を大切にする。痛みの責任が自分にあることを認める。「このけがは、私に何を伝えようとしているのだろう？」と自問する。

❹圧倒——ストレスを無視して、心の警報が鳴っても無理し続けると、情緒不安定になって、無気力に陥り、誤った意志決定をするようになる。圧倒されて心の余裕がなくなると、ストレスが高じて、考えたり役目を果たしたりするのが難しくなる。そのうち心を閉ざすか、逃げ出すか、泣き崩れるかしか選択肢がなくなる。

- **圧倒された状態を生む、もしくは持続させる行動：**ストレス・疲労・栄養不良・脱水を抱えた状態で、無理をし続ける。休まない。助けを求めない。
- **圧倒された状態を静め、コンフォート・ゾーンに戻るための行動：**ひと休みする。泣く。昼寝する。散歩に出かける。助けを求める。「サポートが必要だ」と伝える。水を飲む。栄養価の高いものを食べる。深呼吸する。考えをリストにまとめ、重要でない仕事はやめたり延期したりする。

❺不安――まだ起こってもいない出来事や結果を恐れていると、不安になる。不安を放置していると、身体の病気や不眠症になったり、人間関係に問題が生じたりしかねない。

- **不安を生む、もしくは持続させる行動**：自分にはどうしようもないことを心配する。状況や人を避ける。ネガティブ思考に陥る。初期のサインを無視する。
- **不安を静め、コンフォート・ゾーンに戻るための行動**：今この瞬間に立ち戻る。瞑想する。運動する。休む。

コンフォート・ゾーンへの留まり方

「心地よい状態をつくるためのプロセス」を使って意図的に人生を築いているときは、信じられな

コンフォート・ゾーンにあるもの

い、奇跡のような飛躍を経験することも多い。このパワフルな変容プロセスの効果は、3つのステップを経験しているときに、コンフォート・ゾーンに留まれるかどうかに左右される。そういうわけで、私がコンフォート・ゾーンの境界線を押し広げながらそこに留まるのに役立った取り組みを、いくつかシェアしたいと思う。

焦点をうまく合わせる

コンフォート・ゾーンで過ごす時間を意識的に増やす方法は、コンフォート・ゾーンで味わう感情に焦点を合わせ、コンフォート・ゾーンの外にある感情にはあまり注意を向けないことだ。

コンフォート・ゾーンの感情は、気分がいいものだ。安心、信頼、自信、つながり、充実感が、そこで味わう感情の中核をなしている。コンフォート・ゾーンから遠くへ旅をすればするほど、敵意に出会うことが多くなるので、自分も恐れに基づく、ぴりぴりした感情を抱くことが増える。恐れ、怒り、イライラ、絶望、孤独感、途方に暮れる／やけになる、といった気分が、コンフォート・ゾーンの外で味わう感情だ。

私が「気持ちのいい感情にもっと目を向けて、イヤな感情にはあまり目を向けないで」と言うときは、「自分の感情を無視しろ」とか「はねつけろ」と勧めているわけではない。自分の感情を味わって何を感じようと何の問題もないし、感情がわいたときは、それがどんな感情でも、家を出る前に今日の天気を受け入れるのと同じように、受け入れることが大切だから。たとえば、雨の日に用事で出かけなくてはいけないなら、たとえ雨が降っていないふりをしても、楽しいお出かけにはならない。同じように、友達との会話の最中に、相手に感じた怒りやいら立ちを無視しても、相手と無駄にぎくしゃくするだけだろう。

とはいえ、イヤな感情に必要以上にエネルギーを注ぐと、ろくなことにならない。雨の中で用事をすます必要があるなら、それに文句を言い続け、頭にポツポツ落ちてくる雨粒にいちいち腹を立てていたら、さらにイヤな思いをするだろう。ネガティブな感情も、いずれは雨のように通り過ぎていく。でも、それと闘って文句を言い、自分が無価値な証拠だと思えば思うほど、ますます無駄にコンフォート・ゾーンから遠のく羽目になる。ネガティブな感情を受け入れたら、闘わずに感情が通り過ぎていくのを見守れる。そうすれば、ネガティブな感情を抱えている時間を思いきり短縮できる。

そうして、気分がいい自分に気づいたら、その気分を楽しむことで、ポジティブな感情をなるべく長く抱えていよう。つまり、心が安らいだり、楽しかったり、自信にあふれたりしているときは、その感情を味わって、楽しむことが大切なのだ。その感情を味わうのがどんなにいい気分か、書き留めよう。その感情を歌にしよう。何か曲をかけて、その感情をほめたたえて踊ろう。その感情を心ゆくまで堪能し、なるべく長く、一緒に過ごそう。

レアな方法

私は初めての著書『3 Minute Positivity Journal（未邦訳：3分間のポジティブ日記）』の中で、自分で考案した「RARE Method（レアな方法）」というプロセスを紹介している。これは、私が長年にわたってネガティブな思考、ひいてはネガティブな感情を手放すのに使っているツールだ。RAREは、**R**ecognize（認める）、**A**ccept（受け入れる）、**R**edefine（定義し直す）、**E**volve（進化する）の頭文字だ。このプロセスでは、まずネガティブな思考や感情に気づくことで、それを**認める**。それから、今この瞬間にどんな思考や感情が存在しているかを考え、感じる許可を出すことで、それを**受け入れる**。すると、思考と感情は事実ではない、と知っているから、思考を**定義し直す**ことができるし、もう少し気持ちのいい思考に置き換えることもできる。「定義し直す」とは、「再び定義する」あるいは「別の定義をする」という意味だ。最後に、ネガティブな思考を認め、受け入れ、定義し直すことで、感情をポジティブなものに変え、自分自身や状況が**進化する**よう促すことができる。

止まる・呼吸する・転換する

何かについて考えれば考えるほど、ますますそのことを考えたくなる。思考や感情は勢いを増すものなので、勢いをあおればあおるほど、長持ちする。だから、問題にこだわると、問題はますます揺るぎないものになり、解決がどんどん難しくなる。あるいは、誰かのひどい言葉や行動について考えれば考えるほど、ますます腹が立ってきて、どんどん許しがたくなる。

だから、心の知能指数——感情を活用し、理解し、コントロールすることで試練を乗り越え、人間関係を強化する能力——が、最近ホットな話題なのだ。感情のパターンを長続きさせるネガティブ思考にとらわれないことで、感情のパターンを断ち切ることはできる。それどころか、ネガティブな感情を体内から勢いよく放出してしまえる。感情が自分の中を通り過ぎていくのを許せば、もしくは、その感情を引き起こしたネガティブ思考をうまく取り除くことができれば、体内で活性化した化学反応は自然におさまり、明晰に考えることができるようになる。

このプロセスを起こすために、私は「**止まる・呼吸する・転換する**」と名づけた方法を、好んで使っている。

まず、私は感情をかき立てられると、不快な状態を引き起こしている感情や思考にとらわれず、ただ止まる。時には、思考を文の途中で止めることもある。まさに、「フリーズ！」と言われたらダンスをやめる「フリーズダンス」さながらだけど、これは完全に心の中の話で、踊っているのは私の思考だ。私が目指しているのは、たとえ一瞬でもぴたっと静止すること。時には、誰かが私の脳内にずかずか入り込んでくるところをイメージしてみる。侵入者によって、私の思考はいきなりその場でフリーズし、見知らぬ誰かと私が、空間にただ浮かんでいる私の思考を見つめる。

次に、私が長い深呼吸をすると、フリーズしていた思考が地面にぱたりと落ちる。数秒間息を止めて、そのあと残らず吐き出すのが効果的だ。この呼吸を、さらに2〜3回繰り返すこともある。それが終わる頃には、感情は私の中を通り過ぎて、私は明晰に物を考えられるようになっている。

ここでようやく、3つ目のステップの準備が整う。コンフォート・ゾーンの中から状況を見ることを選び、意識的に思考を転換するのだ。私は自分にこう尋ねる。「今安心していたら、何を考えるだろうね？」と。あるいは、「これがうまくいく、と私は知っている」「今これを解決する必要はない」「どういうわけか、これも私のためになる」のような思考を取り入れる。

思考の転換が大切なのは、感情のループを引き起こした思考を再度かき立てると、同じ感情のループに陥りやすいからだ。意識的に別の思考を選べば、状況に対する感情の反応を変えられるし、自分をコンフォート・ゾーンに連れ戻せる。この練習問題に意識的に何度も取り組めば、心の知能指数を、おのずと高い状態に保てるだろう。


コンフォート・ゾーンを拡大する練習―16

今の感情に向き合う

今日は寝るまでずっと、自分の感情に注意を払おう。感情を言葉で表現したり、日記に書いたりしよう。コンフォート・ゾーンを離れたときの5つのサイン（混乱、嫉妬、身体の痛みやけが、圧倒、不安）のうち、どれか1つを経験したら、「**止まる・呼吸する・転換する**」を使って、そのサイクルを断ち切ろう。

日記で、自分が味わっている感情を解消するのにこの方法が役立ったかどうか、そして、自分が何を学んだかを振り返ろう。この方法が役立ったと感じたら、次の7日間、この方法を使い続けて、その経験を日記に書くこと。

あなたが成し遂げたこと

おめでとう！「心地よい状態をつくるためのプロセス」のステップ2を完了したね。この章では、自分の感情に気づく大切さを学んだから、このプロセスの効果を人生で最大限に活用できるだろう。

コンフォート・ゾーンで暮らしているときは、いつどんな感情がわいても、本当の自分の中心が脅かされることはない。感情はお天気と同じように過ぎ去っていくものだから、自分の内なる世界が感情に影響される必要はない——と理解しているからだ。

こんなふうに生きれば、気持ちのいい感情を大いに楽しめる。また、イヤな感情が通り過ぎていくのを見守れるし、進んでそうするようになる。この姿勢がとてつもない力をくれるのは、感情が通り過ぎてしまえば、目の前の状況に、弱りきった状態からではなく、明晰で穏やかな場所から対処できるからだ。コンフォート・ゾーンを意図的に拡大し、そこに身を置けば置くほど、感情の浮き沈みという嵐を難なく乗り切れるようになる。

人生の質は、実はコンフォート・ゾーンを離れたときに気づけるかどうかで決まる、とあなたが理解してくれたらうれしい。気づくことができれば、離れても戻れるからだ。

さて、あなたはスタート地点を明らかにし、拡大自己が生きる理想の人生のビジョンも構築し、感情への気づきを育んで、コンフォート・ゾーン内外での変化をかじ取りし始めている。つまり、「心地よい状態をつくるためのプロセス」の3つ目の最終ステップ「到達方法を逆算しよう」に進む準備ができている。

本書の次のセクションでは、夢に向かって着実に進んでいくために何ができるかをお話ししたい。GPSが曲がり角のたびに最終目的地への方向を示してくれるように、次のセクションのツールが、決断のたびにあなたを最高の人生へと導いてくれるだろう。

Chapter 15
「順応」「足場かけ」を使ってコンフォート・ゾーンを拡大する

充実した人生を生きてレベルアップする——それは、新しいことに挑戦し、冒険して、楽しみ、途中で失敗してもそれをよしとすること。あなたが旅を楽しんで、プロセスから学んでいる限り、間違った方向に進むことはない。

ふと思い出すのは、初めてダンスレッスンを受けた日のこと。私は昔からダンスが大好きで、いつかパートナーとのダンスを習ってみたい、とずっと夢見ていた。ダンスフロアで滑らかに動きを合わせ、夢中で踊る姿をイメージするたびにゾクゾクするのだ。そんなわけで、数年前のバレンタインデーに、夫がペアダンスのプライベートレッスンをプレゼントしてくれた。ひとえに私のために。夫はダンスにまるで興味がなかったからだ。踊ってみようとはするのだが、いつもぎこちなく、おぼつかない様子を見せていた。

2人で初めてのレッスンに参加したところ、テレビのダンスコンテスト『ダンシング・ウィズ・ザ・スターズ』ばりに軽やかに飛んで、ロマンティックにフロアを舞う夢は、瞬く間にしぼんだ。ペアダンスを学ぶのは、とても難しかった。夫は音楽好きではあるのだが、ダンスの動きが照れくさいらしく、リズムを刻むのは大の苦手のようだ。動くときに私を抱く様子もガチガチにこわばって、何だか不自然。おまけに、ステップの一部をまったく飲み込めていない。さらには、インストラクターから何度「彼にリードしてもらって」と注意されても、私が彼の動きを予測して、とんちんかんな動きをしてしまうから、お互いにドン！ ドン！ とぶつかってばかりいた。

初めてのレッスンを終えて家に帰ると、夫は習ったステップをほとんど覚えていなかった。「僕はどっちの足からスタートするんだっけ？」「後ろに下がってた？ いや、前に一歩だったかな？ 待って！ どこかで横に一歩じゃなかった？ もう一度、タイミングを教えてくれる？」

インストラクターからは、レッスンで学んだステップに100パーセント自信が持てないなら、家で練習してはいけない、と言われていた。「練習で完璧にする、なんて思っちゃダメよ」と先生はくぎを刺した。「練習でクセがついちゃうから」。間違ったクセをつけてほしくないのだ。

そこで、練習する代わりに、「正しい」ステップを口頭で確認し合うことで、流れを覚えようとした。

ダメだこりゃ……なんでペアダンスなんか習おうと思ったんだろう？　そう思うと、悲しみがこみ上げてきた。でも、あきらめたくはなかった。心のどこかで「このパズルを解きたい」と強く思っていたからだ。毎週レッスンに通い、レッスンとレッスンの間には、習ったステップを2人で確認し続けた。

すべてが一変したのは、4回目のレッスンのときだ。インストラクターがステップに合う曲を探している間に、私たちは、毎回レッスンの最初にそうするように、ダンスフロアの真ん中で位置に着いた。そして、音楽が始まると、私たちも動きだした。インストラクターのいつものカウントダウンを待たずに、夫がリズムに合わせて前に踏み出したのだ。私はまだ踊り始めるつもりはなかったけれど、身体が夫のリードに反応し、彼が前に出るタイミングで、さっと後ろに下がった。習ったいくつかの動きをしたのだけれど、実に簡単だった。彼がリードして、私が従う。

私たちは突然、ペアダンスができるカップルになった。なぜこんなことが起こったのだろう？　ぎこちなくて心地よくなかった動きが、なぜこんなに自然な動きに変わったのだろうか？

一気に飛び出さず、徐々にレベルアップしよう

なじみのないことを新しく学ぶプロセスは、徐々に自分の能力を広げてコンフォート・ゾーンを拡大するプロセスと同じだ。私はこのプロセスを「順応」と呼んでいる。順応は、「新しい環境に適応し、慣れること」と定義されている。順応は、主に3つの段階《フェーズ》で起こる。

フェーズ1：なじみがなくて不快。
フェーズ2：なじみはあるが不快。
フェーズ3：なじみがあって心地よい。

ダンスレッスンの事例では、最初のレッスンでインストラクターが教えてくれたステップと動きは、なじみがなくて不快だった――フェーズ1。ペアダンスは、間違いなく私と夫のコンフォート・ゾーンの外にあったけれど、2人ともペアダンスに心を引かれ、わくわくしてはいた。

毎週レッスンでステップを練習するうちに、2人とも、ダンスの動きに魅力を感じ始めた。相変

3段階の順応プロセス

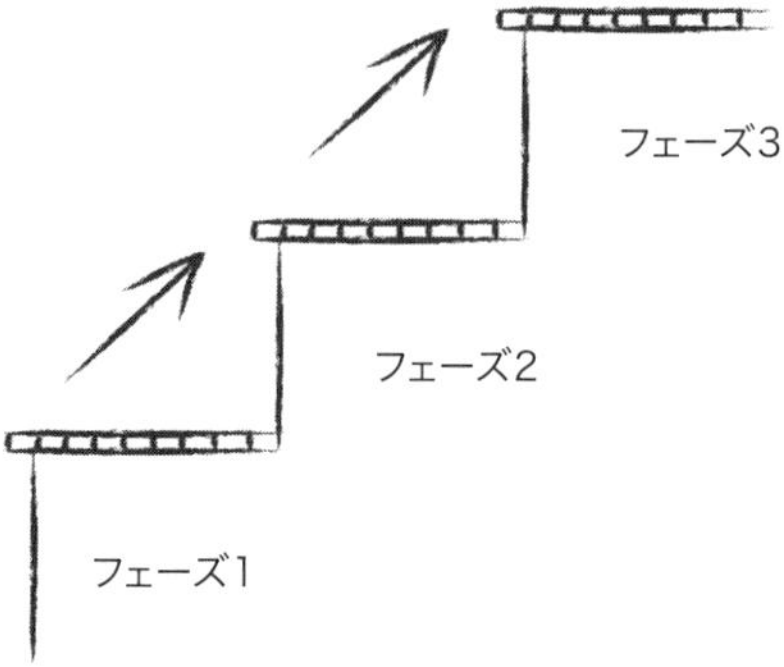

わらず照れくささは感じるものの、好奇心がわき、「学びたい」と思っていた。すでに「フェーズ2」に入っていたので、私たちの願いはコンフォート・ゾーンからかけ離れているというより、すぐそばにあった。フェーズ2にいる間は、相変わらず「あの動き、どうだっけ？」と確認し合い、正しいステップの流れを意識的に思い出さなくてはならなかった。なかなか大変だったけれど、「正しく踊れている」と確認できてからは、前より自信を持って動きを練習できるようになった。

　そうして4回目のレッスンのとき、予定も心づもりもなく、突然「フェーズ3」に移行した。ステップが身体になじんで、心地よく感じるようになったのだ。2人のコンフォート・ゾーンが拡大し、ダンスの動きを完全に包み込んだのだった。彼が私を抱く様子からも、硬さや不自然さが消え、2人のステップからもぎこちなさが消えた。どちらの足をどこに向けるのか、楽々と思い出せるようになると、ためらわなくなったのだ。まったく思いがけないことに、一緒に踊るのがラクになり、私たちはステップを踏んで、すいすいとダンスフロアを舞っていた。私も「リードしなくちゃ」と焦ることはなくなり、夫のリードに任せられるようになった。身体がステップを覚えて、もう何も考えなくても勝手に動いてくれる、と安心しているからだ。

この話の面白いところは、当時は知らなかったけれど、ステップを学び、ダンスをコンフォート・ゾーンに順応させるときに起こっていたことを表す用語が、実際にあること。それは**「足場かけ」**という言葉で、ロシアの心理学者レフ・ヴィゴツキーが開発した理論に基づいている。ヴィゴツキーは、サポートがある場合とない場合とでは、学習者が達成できることに開きがある、と考えていた。適切なサポートがあれば、課題の実行能力を大いに向上させられる。だから、インストラクターやコーチやメンターを持つことがとても重要なのだ。とくにコンフォート・ゾーンを、大急ぎで拡大したい場合は。

初めて「足場かけ」という概念に出会ったときは、胸が躍った。足場かけを利用すれば、コンフォート・ゾーンの中で、極めて効果的に順応できるからだ。とはいえ、順応するために、必ずしも足場かけが要るわけではない。意識的に学ぼうとしていようがいまいが、学びは起こるからだ。脳は絶えず自分を取り巻く世界を理解しようとするから、サポートがあってもなくても順応は起こる。

だから、外国に引っ越した人は、語学の授業をただの一度も受けなくても、やがてその国の言葉を聞き覚え始める。

つまり、新しいことを学びたいなら、その新しいことを自分の環境に近づけることから始めればいい。ダンスを学びたいなら、ダンスクラブに行って踊っている人たちを見るとか、オンラインでダンス動画を観ることから始めよう。今日私たちは、学びたいどんなスキルでも観察できる世界で暮らしている。どんな分野にしろ、動画を観る、専門家のインタビューを聞く、新しい発見について読む、といったことで、今すぐ足場を組むことができるのだ。大事なことは、次のステップに進み続けること。それが自分にとってどんなステップでも。次にどんなステップが現れるかは、問いかけ、耳を傾けていればわかる。自分の願いに対して、気持ちのいい感情と情熱を抱いていればわかる。道はあなたの中にあるからだ。あなたはいつだって自然と、自分を取り巻くものに順応している。だから、丁寧に選ぼう。

自分の内と外の環境を意識的につくることで人生を変えられる——そう気づくのは、実にパワフルな瞬間だ。環境の助けで、人は自分が望む人生経験に順応できるのだ。たとえば、もっと豊かになりたいなら、豊かな経験やアイデアに囲まれるとよいだろう。これは、どこかへ出かけて山ほどお金を使え、という意味ではない。そうではなくて、足場かけを使って、豊かな人生を生きている人たちのインタビューに耳を傾けるのも一案だ。アイデア豊富な人たちと一緒に過ごす、自然の中を歩いて、自分を取り巻く豊かさを観察する、好きな料理をつくって、食べものの豊かな風味を楽しむ、などもお勧めだ。

ダンスやランニングなど、身体を使った経験に順応できるのと同じように、幸せやポジティブ思考、内なる平和、といった心の状態にも順応できる。あなたが慢性的にストレスを抱え、恐れを抱き、自分を疑っているなら、自信にあふれ、心穏やかで、支えになってくれる人に囲まれれば、心の平和や自信に順応できる。あるいは、元気が出るようなコンテンツを楽しむ、心穏やかで自信に満ちた人たちがする活動に参加する、というのも効果的だ。

自分がほしいものに順応することは今、かつてないほど簡単にできる。あなたのほしいものが何であれ、ほしいものに触れるチャンスをくれる人やアイデアの中に、即座に身を置くことができる。自分が参入したい分野で経験を積んだメンターに支援を仰ぎ、足場かけのパワーを活用することもできる。あなたがほしいものを持っている人たちのインタビューを観たり、彼らが書いた本や彼らについての本を読んだり、ソーシャルメディアを使って専門家とやりとりしたりもできる。

ほしいものから遠い場所にいればいるほど、それを手にした自分をイメージしづらいし、それを自分のコンフォート・ゾーンに持ち込むためには、かなり頑張って順応しなくてはならないだろう。

自分の今のコンフォート・ゾーンを知り、忍耐強く順応プロセスに取り組めば、少しずつ持続的に順応していける。そうすれば、人生に生み出した変化をラクに長持ちさせられる。

自分が順応するペースをつかむ

順応は自然に起こるものだが、効果が出るまでにかかる時間は人それぞれだ。2人の人間が砂漠のような苛酷な環境を旅した場合、順応するペースも違うだろう。1人が灼熱地獄に数日で慣れても、もう1人は何週間もつらい思いをするかもしれない。新しいスキルを学び、新しい環境や経験になじむ過程では、自分の順応ペースを知り、受け入れ、辛抱強くそのペースで取り組めば、コンフォート・ゾーンに留まれる。

私は新しいことを学ぶときは、最初どんなにイヤな気分になっても、自分に言い聞かせることにしている。「この気分は、地図のない航海に乗り出す、わくわく感にすぎないんだよ」と。「完璧である必要も、すべてを知っている必要もないよ。新しい概念に触れただけで、私はもう順応し始めてる——それを自分のコンフォート・ゾーンに引き込もうとしているんだから。すでに学びは起きているから、学ぼうとする必要もない。今はわからなくても、いずれは概念を理解できるようになるからね」と。

学びについてこんなふうに考えると、ラクになれるし、新しい経験や情報やスキルに、より柔軟に、辛抱強く順応していける。学びや創造のプロセスにストレスを持ち込むのは、順応を度外視して、「何もかも自分でやらなくちゃ」と考えるからだ。順応という自然なプロセスを無視して、まだ準備もできていないのに、無理して行動していたのでは、落とし穴だらけの人生を歩むことになる。

たとえば、私が人前で話すのに順応できてもいないのに、何千人もの観客がいるステージに立ってしまったら、大きなストレスを感じるだろう。一方、スピーチに関する本を読み、仲間の前で練習し、次に小さなグループの前に立ち、そのあと、それなりに大きなグループの前で話して順応していけば、その間にスキルもメッセージも磨かれて、何千人もの前でステージに上がる頃には、準備が整っているだろう。

新しい大変な経験に順応する場を与えることは、自分や他人にしてあげられる最大の親切ではないだろうか。

経済的豊かさを得るための6つの方法

すでに学んだように、人は順応することで、コンフォート・ゾーンの流れに身を置いたまま、コンフォート・ゾーンから一歩も出ることなく、ほしいものを手に入れられる。そもそも周囲に順応するのは人間の本質だし、今はかつてないほど簡単に順応できる時代だ。あなたのほしいものが何であれ、ほしいものに触れるチャンスをくれる人やアイデアの中に、即座に身を置くことができるから、適切な準備や行動をすれば、どんな目標でも達成できる。新しい言語を学ぶ、5キロ走る、といった単純なことから、スカイダイビングやエベレスト登頂といったやや突飛な願望に至るまで。

パワー・オブ・ポジティビティの仲間から、とくによく耳にする問いや願いは、お金に関するものだ。多くの人は、心地よくて豊かな人生を望んでいるのに、うまく順応できていない。とくに、圧倒的に貧しい気分で、お金にまつわるイヤな思いをしながら育った場合は。

私もその一人だった。若い頃、貧乏でイヤな思いをしたから、何が何でもお金持ちになりたかった。「十分なお金があれば、問題はもれなく解決する」と思っていたけれど、経済的な豊かさに順応できなかったから、どんなに成功しても、苦労して稼いだお金は、いつも指の間からするりと滑り落ち、あっという間に前より貧しくなってしまうのだった。

私は最終的に、一過性ではないお金の自由を手に入れたけど、豊かな人生を生きるとはどういうことかを理解し、順応したあとのことだった。

あなたの夢に経済的な豊かさが含まれているなら――それは当然のことだ。お金は現実世界でのエネルギー交換の1つだから――まず裕福であるとはどういうことかを理解し、順応しなくてはならない。裕福な人たちはお金をどう見ているのだろう？　お金とどんな関係を築いている？　お金をどのように管理しているのだろう？　お金を使うときは、どんな気分なのだろう？　お金をあげるときは？　彼らはどんな習慣を持っているのだろうか？

「新しい大変な経験に順応する場を与えることは、自分や他人にしてあげられる最大の親切ではないだろうか。」

わざわざあなたが持っていないかもしれないお金をかけなくても、豊かさに順応する方法はいくらでもある。では、私が経済的な豊かさに順応するのに使った、6つの手段をご紹介しよう。おかげで、望み通りの人生を創造することができた。

●**ポジティブなアファメーションを活用する**――お金との関係を変えるときに最初にしたことの1つは、好きな音楽を聴きながら、ポジティブなアファメーションを行うこと。音楽はアファメーションにエネルギーを注いで、喜びのようなポジティブな感情を活性化してくれる。

●金融リテラシーを身につける――金融リテラシー〔訳注：お金や経済についての知識や判断力〕を学校で教えていないことが不思議でならない。経済的な知識のある親のもとに生まれなかった人は、自分で勉強するしかない。ありがたいことに、利用できるリソースはたくさんあるし、その多くが無料だ。今日では、YouTubeでお金について教えてくれる人を見つけたり、地元のコミュニティカレッジで金融の講座を受講したり、金融関連の本を読んだり、新聞の経済欄を読んだりできる。お金について理解し、裕福な人たちのお金の使い方を知れば知るほど、経済的な豊かさに心地よさを感じるようになるだろう。

●投資について学ぶ――この手の知識をまだ身につけていない人は、こんなことを言われたら圧倒されるかもしれないが、私がそうしたように、コンフォート・ゾーンの中でストレスなく学ぶことができる。では、私が取り組んだ練習をご紹介しよう。まず、株式市場に1000ドルを投資できるふりをする。当時、1000ドルは私にとって大金だった。そして、数週間かけてさまざまな株をリサーチして、お気に入りのリストを作成し、数日間観察した。それから、株をいくつか買ったふりをして、スプレッドシートに記録し、時間をかけて投資の進捗状況を観察した。こうして、一切お金をかけずに株式市場について、多くのことを学んだ。しばらくして、株式市場だけでなく投資全般について学びたくなると、企業か不動産に3万ドル投資できるふりをした。そして、数週間かけて、企業や不動産のチャンスをリサーチした。

●裕福な人たちに囲まれる――今日では、自分の影響の輪に有名人や作家、世界的なリーダー、詩人、ビジョンを持つ人たちを加えることも可能だ。しかも、最高なのは、ここ20年のコンテンツ革命のおかげで、とびきり面白い情報通の人たちが、専門知識を頻繁に、包み隠さずシェアしていることだ。つまり、心地よく安全な自宅にいながら、経済的な豊かさに順応できるよう導いてくれる人やアイデアの中に身を置くことができるのだ。

●高級な環境に身を置く――華やかな環境で過ごすのに慣れていないなら、そうした場所を威圧的で不快だと感じるだろう。昔、かなり高級なレストランで女友達と過ごしたのだが、そこにいる間中、私は居心地が悪く、場違いな気分だった。そこで、その後は努めてそういう場所を訪れるようにしていたら、華やかな環境にも順応できた。自分が知る一番高級なホテルのロビーにたびたび出かけ、お茶を1杯だけ飲んでいた。あるいは、一番安いアイテムがうちの家賃くらいの店に入って、ほしいものは何だって買えるふりをしていた。数百万ドルの不動産物件のオープンハウスに参加したこともある。そこまで極端ではないことも、たくさんした。たとえば、ソーシャルメディアで大好きなアーティストやデザイナーズ家具店をフォローする、活躍している人たちの行きつけの店でコーヒーを飲む、雑誌を拾い読みする、建築の本を読む、旅行のドキュメンタリー番組を観る、などだ。

●お金と健全な関係を築く――私が子どもの頃は、お金は限りある、なかなか手に入らない、すぐになくなってしまう、頼りにならないものとして扱われていた。お金を得るのは不確かで不安定なこと、とされていた。だから私は、お金と友達になることで、お金との関係を意識的に変えなくてはならなかった。お金を「頼りになる優しい友達」だと考えることにしたのだ。お金を払うときは笑顔で払い、そのお金が、ほかの人たちをどれほど助けてから自分のところに戻ってくるのかを想像した。銀行口座から引き出したお金を手に持ち、お金が与えてくれる食べものや住まいに感謝した。お金が入ってきたら感謝し、手放すときにも感謝していたのは、お金が世の中に出回って、助けを必要としている人たちをサポートすることを知っていたし、また私のところに戻ってきてくれる、と信じていたからだ。何かに感謝すると、相手もそばにいたいと思ってくれるものだ。

宝くじに当たった多くの人が、(経済的、人間的、心理的に) 以前より貧しくなるのは、経済的な豊かさに順応できなかったからだ。新しく手に入れた富と責任は、往々にして彼らのコンフォート・ゾーンから遠く離れたところにある。

順応は、新しいことを学ぶときに自然と起こる。新しい言語の習得、ローラースケート、スカイダイビング、ハイキング、新しい楽器の演奏、転職……やりたいことが何であれ、あなたは順応していく。私が気に入っている順応の事例の1つは、エベレスト登頂のトレーニングの話だ。この事例やほかの事例を読みたい人は、ぜひコンフォート・ゾーンのリソースのページ（https://thecomfortzonebook.com/resources）を訪問してほしい。

コンフォート・ゾーンを拡大する練習―17

新しいものに順応する

Chapter12で作成したコンフォート・ゾーン・ビジョンボードを見てほしい。あなたがコンフォート・ゾーンの外に配置したアイテムを1つ選ぼう。日記を開いて、そのアイテムに関して、自分が今、どの順応フェーズにいるのか確認しよう。

フェーズ1：なじみがなくて不快。

フェーズ2：なじみはあるが不快。
フェーズ3：なじみがあって心地よい。

自分が今どのフェーズにいるのか確認したら、ほしいものに順応できる環境をつくるために何ができるか、リストアップしよう。

たとえば、ほしい車があるなら、販売店へ行って試乗する、その車を持っている人たちのオンライングループに参加する、メーカーのウェブサイトを訪問して理想のバージョンをイメージする、車のカタログを検索してお目当ての車を探す、などだ。海外で暮らしたいなら、言語を勉強し始める、現地の街や人々についてのドキュメンタリー番組を観る、その国を舞台にした本を読む、現地の料理のつくり方を学ぶ、その国をテーマにしたオフ会に参加するなど、できることはいくつもある。

あなたが成し遂げたこと

信じられる？　Chapter15を完了したね！　コンフォート・ゾーンで生きるのが当たり前になると、心地よく拡大していくペースを上げるために、「順応」「足場かけ」といった手段を使えるようになる。すると、自分の内と外の環境を、意識的に、ほしいものにふさわしい要素で満たせるようになるだろう。そうしたら、夢に近づけてくれる人や専門知識、アイデア、物事がコンフォート・ゾーンに引き寄せられてくる。順応は、本当にほしいものになじむために活用できる、最高にパワフルな手段なのだ。

次の章では、コンフォート・ゾーンの中で正しい行動を取れるようになる、心の習慣について学ぶ。あなたの思考は相当力を持っているので、思考を変えるだけで感じ方まで変えられる。最高。では、先に進もう！

Chapter
16

「習慣」から理想の自分に近づく

あなたが日常生活でしているほぼすべてのことは、習慣から生み出されている。食器をどんなふうに食洗機に入れるのか、どのようにコーヒーを飲むのか、読書のときはどこに座るのか、スマホを手にしたら最初にどのアプリを開くのか、どの程度運動するのか、どんな運動をするのか――これらは、あなたが日々習慣的に下している何千という決断のごく一部だ。人は習慣で人生を自動化し、自動運転で漂うように生きている。

何かが習慣になると、意識的に「やる」と決める必要はない。とくにきっかけはなくても、身体が自然に動くからだ。私はソファで本を読むときは、決まってコーヒーテーブルの端っこに足を載せる。子どもたちと通りを渡るときは、2人とも必ず私の手を握る。家族で食後にテーブルを離れるときはいつも、全員がシンクにお皿を持っていく。

習慣について考えるときは、たいてい身体を使ってすることを思い浮かべるだろう。1日に2回歯を磨くことや、野菜の刻み方、食べているおやつの種類、近所を散歩すること、などなど。日常的な行動の多くは、「習慣」の傘下に入る。たしかに日常生活の大半を形づくっているのは身体的な習慣かもしれないが、毎日の質を決めているのは心の習慣だ。私たちは、行動を自動化するのとまったく同じ理由で、思考や感情も自動化している。そう、情報の処理に必要な時間を節約するためだ。心の習慣のおかげで、一度問題を解決したら、よく似た問題が発生するたびに、答えを自動的に引き出せる。すこぶる効率的だ！

問題なのは、自分を制限する思考や、自分のためにならない考えにはまり込んでしまった場合だ。「2＋2は5だ」と一度決め込んでしまったら、人生がどんなにややこしくなるか、考えてみてほしい。おかしな話に聞こえるだろうが、私たちはしょっちゅう、間違った答えを思い込みに変えている。

たとえば、仲間と遊んでいる最中に転んで、足首を骨折したとしよう。けがのせいでしばらく家から出られず、退屈で痛みもある。「なんでこんなことになったんだろう?」と考えているうちに、「楽しいことをしていたから転んだんだ」という結論が出たとしよう。すると、「楽しい思いをするたびに、悪いことが起こってけがをする」という思い込みができてしまうかもしれない。

リミッティング・ビリーフの多くがそうであるように、まったくバカバカしい結論だ。それでも、自分の心に反論しない限り、楽しい思いをするたびに、不安に駆られるようになる。何か避けられない事態が起こって、痛い思いをするんじゃないか？　と予測し始めるのだ。その痛みを回避しようと、楽しいこと自体をぶち壊し始めるかもしれない。尻込みしたり心を閉ざしたりする場合もあれば、楽しい活動をつぶそうと攻撃的になるかもしれない。「楽しい思いをするたびに、けがをする」と考える心の習慣が、顕在意識の下で思い込みとして働いて、自分で自分をダメにする、攻撃する、引きこもる、といった身体の習慣を生み出してしまうのだ。

この章では、習慣と自分自身との関係をさらに深く掘り下げ、習慣と思い込みについての議論をさらに深めていきたい。

あなたの心身の習慣は、あなたがどんな人間か――あなたのアイデンティティ――を形成する助けになっている。その行動の原動力があなたのアイデンティティなら、行動そのものがゴールだ。たとえば、私のアイデンティティが作家なら、毎日執筆すれば達成感が得られる。それがアイデンティティを強化してくれるからだ。あなたのアイデンティティがヨガの実践者なら、毎日ヨガをするだろう。ヨガをすることで、本当の自分になれるからだ。ほかの習慣を見ても、習慣がアイデンティティを強化することがわかる。いつも早起きしていたら、朝型人間になるし、朝型人間を自認すれば、必ず早起きするようになる。いつも会議に遅刻していたら、信頼できない人になってしまうし、常に服を片づけずにいたら、だらしない人になるだろう。

習慣とは、必ずしも身体的な行動を指すわけではない。心のあり方も習慣に数えられる。自分のミスを客観的に見て、進んで非を認めていれば、内省的な人になる。ネガティブ思考にとらわれないよう努めていれば、ポジティブな人になる。他人を愛するために、相手に「変わってほしい」と求めなければ、度量の広い人になっていく。

「こういう人になりたい」と願っていても、それとは正反対の習慣を実践している場合もあるだろう。運動が得意になりたいのに、身体を動かす習慣がないかもしれない。作家になりたいのに、書く習慣がないかもしれない。整理整頓できる人になりたいのに、物をあちこちに置きっ放しにしているかもしれない。

ほしいものをすべて持っているバージョンの自分を本当に現実にしたいなら、その人物の習慣を明らかにし、その習慣を身につけることから始めなくてはならない。

どんなときでも、拡大自己の習慣を意識的に実践することもできれば、惰性で身につけた習慣のまま生きていくこともできる。習慣を使って、夢の人生を生きる自分に進化することもできれば、同じく習慣を使って、そうではない自分になることもできるのだ。

ほんの少し立ち止まって、自分の習慣に目を凝らし、今の習慣がどんなアイデンティティを支えているのか、見極める価値はありそうだ。

毎日の習慣を把握する

日記を手に取って、白紙のページの一番上に、「私が毎日していること」と書こう。

1. あなたの毎日の習慣を、どんなに小さく、あるいは、大きく見えることもすべて、リストアップしてほしい。目を覚ます。もしかしたら起き上がるまで、そのまま何分間か横になっているかもしれない。トイレに行き、歯を磨き、顔を洗う。もしくは、いきなりシャワーを浴びるかもしれない。ストレッチはしている？　テレビはつけている？　コーヒーを淹れる？　散歩に出かける？　スマホをつかんで、メッセージをチェックする？　日常的に、無意識にしているすべてのことを、なるべく詳しく書き出そう。

2. リストができたら、Chapter11の拡大自己の練習に戻ってほしい。あなたの拡大自己の描写に目を通そう。少し時間を取って、そのバージョンの自分になりきるまで、その自分と過ごしてほしい。それから、今作成した毎日の習慣のリストに戻ろう。それに目を通しながら、正直に自分の毎日の習慣を評価してほしい。

- あなたの毎日の習慣は、あなたの拡大自己が日常的に実践している習慣だろうか？
- 拡大自己が実践している習慣に、チェックマークをつけよう。
- 拡大自己が実践していない習慣に、×をつけよう。
- はっきりわからない習慣には、クエスチョンマークをつけよう。

3. ×とクエスチョンマークをつけた習慣に、改めて目を向け、こう自問してほしい。「拡大自己なら、代わりに何をするだろう？」。頭に浮かんだ代わりの習慣を、すべて書き出そう。
4. 新しくリストアップした習慣に目を通してほしい。次の1週間は、現在の習慣を、今書き出した新しい習慣に置き換えてみよう。

- たとえば、リストには「最初に手に取るのはスマホだ」と書いていたが、この練習問題の最中に、その習慣に×をつけたとしよう。そして、一人ブレストをしながら、「拡大自己なら、まずポジティブ日記を書いてから起き出す」と書いたとしよう。その場合、次の1週間は、

――起きてすぐスマホを手に取るのではなく、日記を手に取ってほしい。

「拡大自己の視点で、今の習慣と新しい習慣を評価してほしい」とお願いするのには、具体的な理由がある。習慣に関して言えば、「アイデンティティ」が「一貫性」をもたらすからだ。

あなたが親切な人なら、面倒だなんて思わずに、一貫して周りの人たちに親切にしているだろう。フィットネスに関心があるなら、気分が乗っていようがいまいが、日々一貫して運動しているはずだ。それが自分の一部だから。

ある習慣が自分らしさから生まれた場合は、とくに不平不満もなく、自然に、一貫して行われる。この一貫性が勢いや自信を生み出し、さらにアイデンティティを強化していく。

先ほどの練習で書き出した習慣のリストに目を通すときは、その習慣がどんなアイデンティティを強化しているか、よく考えてみよう。そんなふうに生きているとき、あなたはどういう存在だろう？

「やらなくてはならないから」ではなく、「やりたいから」やろう

私のある友人は、ヨガ講師になるために長年努力してきた。私は何十年も彼女を知っているが、ヨガの瞑想会《リトリート》に参加し、ヨガ講師のプログラムを修了し、ウェブサイトを立ち上げて、いくつものヨガスタジオの会員にもなっている。それでも、定期的にヨガを教えることはできていない。彼女がこんなふうに言うのを聞いたことがある。「うーん、私、決まったグループにはずっといられないのよね」。何をやってもうまくいかない様子だが、彼女と話していると、私にはその理由がはっきりわかる。ヨガの実践者であることは楽しんでいるけど、ヨガを教えるのは好きじゃないのだ。

ヨガをすることについて話すときは必ず「楽しい」と言うけれど、「教えるのはつまらない」と口にしている。「ヨガが楽しいのは、レッスンを受講しているときだけ」と言ったこともある。

この友人が、ヨガのインストラクターになれないのは、至極もっともなことだと思う。定期的にヨガを教えることは、彼女のアイデンティティの一部ではないし、本人にとって楽しいことでもないのだ。

本当の変化には時間がかかる。
一貫した熱意ある行動が求められるのだ。
やる必要のあることを、
「やらなくてはならないから」ではなく、
「やりたいから」という理由で、
やり続けなくてはならない。

ある行動を支えているのがアイデンティティではない場合、人は規律に頼って目標を達成しようとする。規律は短期的には効果を生むかもしれないが、期待通りの結果が出ないと、効力が薄れる。新しい習慣の成果が現れる前に、規律のタンクに入った燃料が尽きてしまうからだ。興味がないことに取り組んでも、頑張った成果がすぐに出ないと、一貫して取り組むのは難しい。

規律に背中を押されて行動している場合、行動は外的な目標を達成する手段にすぎないから、新しい習慣に取り組みだした途端に、進捗（や進捗のなさ）をチェックしたくなる。2日間ジムに通ったただけで、成果を確認しようと体重計に乗る。1週間執筆しただけで、「本がまだ仕上がらない」とイライラし始める。やるべきことにこだわって、やるべきだと思うことをやり遂げられない自分をたたいてしまう。そして、さほど進めない自分にいら立ち、挫折感や罪悪感を味わう。やがて、サバイバル・ゾーンの深みにはまって、目標に向かって1ミリでも進もうと必死で頑張り始める……。

本当の変化には時間がかかる。一貫した熱意ある行動が求められるのだ。やる必要のあることを、「やらなくてはならないから」ではなく、「やりたいから」という理由で、やり続けなくてはならない。一貫した行動を支えているのがアイデンティティでない場合は、そのうち規律の効力が薄れて、燃え尽きたり、あきらめたりしてしまう可能性が高い。こうして、多くの夢が、毎年つぶされていく。

新しい習慣がアイデンティティに基づいていない場合は、当然ながら、ほかの理由であきらめてしまうこともある。時には、成果が出始めたから、新しい習慣をやめてしまう、というケースもある。たとえば、早起きをしたいけれど、「夜型人間」であることがアイデンティティの一部だとしよう。最初は、連続で何日も早起きするという好調な滑り出しを見せるかもしれない。でも、早寝早起きという新しいスケジュールに慣れ始めた途端に、いきなり朝3時か4時まで起きて、正午に目を覚ますような生活に逆戻りする。これは、「早起きしたい」という願いが、「夜中に仕事をしたい」夜型人間のアイデンティティと真っ向から対立したせいだ。

往々にして規律が抵抗を生むのは、規律が支配欲に基づいているからだ。支配欲は、「安心できない」という感覚から生まれる。コンフォート・ゾーンの外にいるとき、人は疑いと恐れに満ちた、なじみのない、心地よくない領域を、ひたすら規律に頼って必死で乗り切ろうとする。

一方、一貫性は、コンフォート・ゾーンに身を置くとついてくる副産物だ。一貫性は、願いとアイデンティティを燃料にしている。自分のアイデンティティを意識的に選んで、ほしいものを明らかにすればするほど、夢に向かって軽やかに一貫した行動が取れるようになる。私が「新しい習慣を根づかせたいなら、コンフォート・ゾーンに植えよう」と主張するのは、そういう理由からだ。

コンフォート・ゾーンを拡大する練習―19

習慣の根っこを見つける

先ほどの練習に戻って、あなたが人生で実践しようとしている新しい習慣を見てほしい。新しいそれぞれの習慣が規律に支えられているのか、アイデンティティに支えられているのか、

1つ1つチェックしよう。規律に支えられているなら、こう自問してほしい。「これがアイデンティティに支えられた習慣になるためには、私はどんな人間になる必要がある?」と。

追加課題として、もう一度、あなたの拡大自己を見てほしい。拡大自己のアイデンティティは、あなたが身につけたい新しい習慣を支えてくれるだろうか? 支えてくれない場合は、その目標を達成するのに役立つ、拡大自己にとって自然な、別の習慣はないか考えてみよう。

効果的な習慣を育む環境づくり

「心地よい状態をつくるためのプロセス」の「ステップ1:自分の現在地を明らかにしよう」では、自分のコンフォート・ゾーンを明らかにすることに集中してもらった。その取り組みに役立つよう、コンフォート・ゾーンを現実の家にたとえたが、たまたまそうしたのではない。コンフォート・ゾーンについて考えるのと同じように、現実の家についても意識的に考えてほしかったのだ。あなたが生活し、仕事をする環境は、目標に近づくための習慣を継続できるかどうかを左右するからだ。

ジェームズ・クリアーは、『ニューヨーク・タイムズ』紙のベストセラー、『ジェームズ・クリアー式 複利で伸びる1つの習慣』の中で述べている。「成功する確率を最大化したいなら、成果を妨げるのではなく加速させる環境で活動する必要がある」と。

人生のどんな分野でも、成果を加速させるのは、自信、帰属感、喜び、感謝、そして、「私は、ほしいものを手に入れるために必要なものをすでに持っている」という認識だ。これらは、コンフォート・ゾーンの中に息づいている感覚だ。ただし、ジェームズ・クリアーが環境の話をするとき、彼が語っているのは内側の状態ではない。彼は文字通り、あなたが仕事をし、生活している物理的な環境の話をしているのだ。彼が話しているのは、体重を減らしたいなら、キッチンカウンターの上にドーナツではなくリンゴを置くべきだ、ということ。もしくは、テレビの前にダンベルを置いておけ、ということ。そうすれば、大好きなテレビ番組を見ながら、忘れずに運動できる。

もちろん、彼の言う通りだ。効果的な習慣を育む環境をつくる、彼のアイデアは役に立つし、実践しやすい。

次の章に進む前に、まだそうしていないなら、何分か時間を取って、物理的な環境をチェックし、新しく拡大したあなたのアイデンティティにふさわしい環境に変えよう。

心に留めておいてほしいのは、このワークをすると、社会的な環境も変わり始めることが珍しくないこと。これまでほとんどの時間を一緒に過ごしていた人と、あまり一緒にいたいと思わなくなるかもしれない。とくに、その関係が、サバイバル・ゾーンや自己満足ゾーンで抱える課題に根差している場合は。あるいは、それまでとても親しかった人が、あなたの新しいアイデンティティや生き方を受け入れてくれないかもしれない。そうした変化はつらいけれど、自然なことだ。Chapter18では、人間関係をさらに深く掘り下げ、人間関係が変化し、進化していくときにどのようにかじ取りすればいいのかをお話ししていく。とりあえず今は、近しい人があなたの新しい生き方を心配したり拒んだりするなら、相手にも自分自身にも思いやりを持って、優しくしてほしい。あなたが行く道にその人が加わらなくても、好きでいることはできる。それどころか、わが道を行くその人を認めて、愛情を示すこともできる。いずれ人間関係は必ず進化していくし、あなたの人生に残った人間関係はさらに深く、さらに充実したものになっていく。

コンフォート・ゾーンを拡大する練習 20

拡大自己にふさわしい環境とは？

拡大自己になった自分をイメージしてみよう。あなたは未来からやってきて、現在の自分の家を訪問している。拡大した視点で現在の環境を観察し、拡大自己の自分にふさわしいか、ふさわしくないかを書き留めよう。拡大自己があなたのところに1週間転がり込んでくるなら、環境や習慣に今すぐどんな変化を加えるだろう？

あなたと同じ時間に目を覚ますだろうか？　同じ朝食を食べるだろうか？　同じ朝のルーティンに参加するだろうか？　参加しないなら、拡大自己は何をするだろう？

追加課題として、今から1週間、拡大自己があなたと暮らすところをイメージしてほしい。1日を過ごしながら、拡大自己の視点であらゆるものを見て、拡大自己ならすることをしよう。家が拡大自己から見て散らかりすぎているなら、片づけよう。テレビの観すぎなら、観る時間を減らそう。人生で拡大自己ならなおざりにしない分野をなおざりにしているなら、拡大自己がするように手入れをしよう。

それと同時に、あなたが自然にしている拡大自己にふさわしいことにも気づいてほしい。今のバージョンのあなたも、結局のところ、あなたなのだ。拡大自己と同じことをし、同じ姿を現している人生の分野が必ずあるはずだ。そうした分野や習慣、環境にまつわる選択を見つけて、拡大自己と一緒に喜ぼう。

あなたが成し遂げたこと

たった今、Chapter16をやり遂げたね。ゴールまであと少し！

習慣についての気づきが詰まったこの章を楽しんで、時間を取って練習を完了してくれたことを願っている。完了するチャンスがなかったなら、ぜひ戻って取り組んでほしい。私は深い意図を持って、特別な練習問題を盛り込んでいる。あなた自身が気づくだけでなく、周りのみんなにも気づいてもらえるような変化を起こす力になりたいからだ。

私が情熱を注いでいるのは、一貫性のある習慣を通して、日常生活にコツコツと小さな変化をもたらすこと。繰り返しになるが、あなたのほぼすべての行動は、習慣から生み出されている。自分が何者であるかは、自分が日々何を受け入れているかに大きく左右されている――その事実には、思わずハッとさせられる。習慣が人生を自動化し、あなたのアイデンティティを形成しているのだ。自分のアイデンティティを選ぶ自由意志を持っているなんて、何と幸せなことか！

この章では、「一貫性」と「規律」の違いについてお話しした。多くの人は「規律があれば、どんなことでも達成できる」と信じている。あながち間違いではないけれど、大事なことを忘れている。アイデンティティが行動の原動力なら、それほど規律は要らないのだ。どんな行動にも、ごく自然に、一貫して取り組めるからだ。あなたが「規律vs.一貫性」の話を新鮮に感じてくれていたらうれしい。一貫性は、なかなか魅力的なテーマではないだろうか?

次の章では、習慣についてさらに深く掘り下げ、目標に近づくための心の習慣(マインドセット)の整え方を議論していきたい。私の人生を大きく変えてくれた、考え方についての重要な気づきをシェアしていく。あなたに早く伝えたくてうずうずしている。さあ、ページをめくって、早速始めよう!

「新しい習慣を根づかせたいなら、コンフォート・ゾーンに植えよう。」

Chapter 17
マインドセットが行動を変える

あなたの現実は常に、あなたの思考を反映している。だから、今いる場所から行きたい場所に到達するためには、あなたの成長を支えてくれるようなマインドセットを持たなくてはいけない。

何も「行動するな」と言っているわけではない。気分が高まるような思考を抱けば、ひらめきに基づく的確な行動が生まれ、ひらめきに基づく的確な行動が、さらに好ましい結果を届けてくれる、と言いたいのだ。

コンフォート・ゾーンで創造している人は、たくさん行動していても、実は「少ないほどよい」という考え方をしている。正しい心の習慣を持てば、行動を減らしても、より多くのものを引き寄せられる、と理解しているからだ。「行動を減らし、より多くを成し遂げる」という究極の目標を達成するためには、より多くを求めて努力しながらも、コンフォート・ゾーンに留まれるようなマインドセットを育まなくてはいけない。それにはたいてい、行動をやめることが求められる。行動をやめるなんて、頑張っているときには「常識はずれだ」と感じるだろう。

心から喜べる道へ、方向転換を

何年か前、ある友人――ここではマーシャと呼ぼう――は、すっかり人生に行き詰まっている自分に気がついた。この20年間、マーシャはとても華やかでストレスフルな仕事をしてきたのだが、会社でどんどん出世して、人生が拡大し、経済的に豊かになればなるほど、本人はどんどん不幸せになっていった。20年にもわたって自分の欲求をないがしろにした結果、不眠症や鬱病をはじめ、さまざまな病気に苦しんでいたのだ。その上、仕事にも怒りを募らせ、病んだ身体とネガティブ思考にまみれた心を抱え、身動きが取れなくなっていた。マーシャには、変化が必要だった。

彼女が思いついた解決策は、自分にふさわしい別の会社に移ること。それまでの経験と実績があれば、さらに実入りのいいポストに就ける、と知っていたからだ。そこで、なるべく多くの上級ヘッドハンターと接触し、事態を改善してくれそうな会社を探し始めた。

マーシャに会って一緒にランチを取ると、今何をしているのかを報告してくれた。何でも「人生を変える」と決意したのだという。でも、私の目には、同じような経験を重ねようとしているだけに見えた。もっとストレスを抱え、もっと自分の欲求をないがしろにして、今より厳しい行動を自分に課して、身体にもさらに負担をかけて病気を悪化させてしまいそう……。

「今回は、あなたに喜びをくれるような仕事に応募するの？」と、私は聞いた。

「喜び？」とすかさず返すと、マーシャは笑いだした。「これは仕事よ。週末のお出かけじゃないの！」

「私が気づいたことを率直に話してもいい？」と聞くと、嫌がるどころか「ぜひ」と言ってくれたので、こう伝えた。「仕事に応募するんじゃなくて、少し休んで、自分自身を知る時間を取ったほうがいいんじゃないかな？　あなたは、本当は何がしたいの？　何があなたを幸せにしてくれると思う？　何より、行動するのをお休みして、ただ在ることを、最後に自分に許したのはいつだった？」

話をしているうちに、私の質問をマーシャが深く考え始めたのがわかった。彼女はどんどんリラックスしていったけれど、それでもこう言った。「なんにもしないでいるなんて無理よ」

「1週間だけ試してみたら？」と提案した。「1週間だけ、行動しないで休んでみるの。その1週間は、気分がよくなることだけをする――あなたがしたいことや、楽しいことだけをね。そして、残りの時間はただくつろいで、自然の中を歩いて、基本的になんにもしないの」

マーシャは、ちょっぴりおかしな提案だと思いつつ、実験としてやってみることにした。本人も言っていたように、彼女には変化が必要だったから。

数週間後、マーシャから電話がかかってきた。すっかり有頂天になっている。「1週間だけくつろぐっていうのを始めて何日も経たないうちにね、胃腸のトラブルや身体の痛みが治まりだしたの。1週間が終わる頃には、ひと晩中ゆっくり眠れるようになって、とくに計画もしないで適当な時間に、ただ歩きたいから散歩に出かけるようになった」。行動しない1週間がとても心地よかったので、さらにもう1週間、休みを延ばすことにしたという。すると、2週目が終わる2日前に、子どもの頃に家族でよく休暇を過ごした湖に行こう、と思い立った。すぐに湖まで車を走らせて、そばの小さな町で午後を過ごした。そうしたら、あるビルに「売り出し中」の看板がかかっているのが見えた。マーシャは、住んでいる街の外に、ずっと土地を求めていたことを思い出し、そのビルを見学してみることにした。それは、町の中心部にある素晴らしい物件だった。中を歩いているうちに、その建物が、上にアパートがついた店舗に変わっていく様子が、ありありと目に浮かんだ。

「いいんじゃない?」心の中で、そうつぶやいた。マーシャには、投資物件が買えるくらいの蓄えがあったし、この小さな町が気に入った。町を訪れたときに自分が使えるように、ビルの一部を取っておいて、残りは人に貸してもいい。1年間ストレスフルな仕事をするのと同じくらいの金額を、この投資で回収することができそうだ。しかも、ビルは自分のものになる。

不動産業者と話をすると、この物件は市場に出たばかりだとわかった。そして、申し込みが受け入れられたその日に、私に電話をかけてきた。大喜びしながら! ビルの改修に取りかかるのを待ちきれないという。マーシャは今では、上級管理職として20年間に稼いだ以上のお金を、不動産投資でもうけている。素晴らしいリーダーとしてのスキルを活かしながら、創造力を発揮して、心から情熱を覚える仕事をしている。あなたの心が微笑むなら、方向転換したって構わないのだ。

あなたの行動が、恐れや義務感や外から与えられた動機ではなく、ひらめきによるものなら、その行動はエネルギーにあふれ、明晰さと自信を燃料にしている。すぐに結果が見えなくても、必ずよい結果が出るだろう。あなたも、あるプロジェクトを仕上げるのに、わくわくしすぎて時間が経つのを忘れ、ひと晩中起きていたことはないだろうか？　あるいは、心が躍るようなアイデアが浮かんで、完成するまで手を止められなかったことはない？　ひらめきから行動を起こすと、時間があっという間に過ぎて、解決策がどこからともなく現れて、まるで魔法のようにプロジェクトを完遂できる。

一方、行動のための行動を取ると、疲労困憊して燃え尽きてしまうだろう。

あなたがどんな行動を取るかは、自分の状況をどうとらえているかに左右される。2人で話しているうちに、マーシャの思考は「新しい仕事に就いて、結果を出さなくちゃ」から、「少し休んで、自分自身ともう一度つながっても構わない」にシフトしていた。新しい思考が生まれたおかげで、マーシャはくつろいでただ自分に戻るために、本当に必要なスペースを自分に与えることができた。その結果、コンフォート・ゾーンに足を踏み入れ、そこで安心し、つながりを感じ、「湖を訪れる」

というひらめきを受け取ることができた。このひらめきは、湖に出かけて、ビルの見学をするという行動につながり、マーシャをまったく新しいキャリアの道へと導いてくれた。この道は、どんな仕事よりもさらなる拡大と、充実感と、喜びをくれた。

考え方を変えれば、行動も変わる。私は人生で、次の行動に必要なひらめきや導きを見つけられないときは、考え方を変えなくてはいけない、と心得ている。このように思考の影響はとても大きいけれど、すべての思考が同じようにできているわけではない。自分を制限する思考を抱くことも、自分に力をくれる思考を抱くこともできる。どちらを選ぶかは、あなた次第だ。

解決型思考vs.問題型思考

人生において、私はすべての思考を2つのバケツに分けている。そして、それぞれを「解決型の思考」と「問題型の思考」と呼んでいる。ひどく大変な状況で行き詰まりを感じたときは、ひと息置いて、自分の思考を観察し、自分にこう尋ねる。「この思考は、問題にばかり目を向けている？それとも解決策に目を向けている？」

自分の思考がどちらのバケツに入るのかを自覚するのは、とても重要な心の習慣なので、あなたにもぜひ身につけてもらいたい。そのために、2つの異なる思考を、さらに詳しく観察していこう。

ほとんどの人は、問題を優先させている。幼い頃から、そうしなさいと教わっているからだ。ニュースを観るときは、うまくいっていないあらゆることに目を向ける。物語を語るときは、イヤな気分になった話をする。計画を立てるときは、起こるかもしれない問題を予測する。人間の神経系は絶えず、潜在的な危険を探しているのだ。

こんな考え方が問題なのは、私たちに「受け身で人生を創造しなさい」と教えているから。本当に経験したいことに積極的に取り組むのではなく、望まないことに対処するよう求めてくる。この手の思考を、私は「問題型の思考」と呼んでいる。この考え方に陥っているときは、圧倒的に問題にばかり目を向けているからだ。

私が問題型の思考をしているときは、ぶつぶつ不満を漏らしては、制限を指摘し、なぜうまくいかないのかを説明し、恐れから判断を下して、解決策を提案したがる人と言い争いになることが多い。このバージョンの私は、何が何でも物事をうまくいかせたいのだけれど、プロセスを信頼しきれない。うまくいっていないことや、うまくいかなくなりそうなあらゆることで、ビジョンが瞬く間に曇ってしまうからだ。

問題型の思考をしているときは、恐れや不快感から行動しがちだ。すると、結果はまちまちになる。ほしいものもいくつか手に入るが、そこには必ず望まないものもくっついている。コンフォート・ゾーンの外で活動していると、思考は圧倒的に問題型になる。それは、ここまで学んできたように、コンフォート・ゾーンから離れれば離れるほど、安心感や帰属感が薄れ、環境がますます物騒なものになっていくからだ。すると、つい身構えて、怖がり、自分を取り巻く問題や危険を過剰に意識するようになる。そして、思考が問題や危険にこだわりだすと、問題を解決したくても、息の長い本当の解決策を見つけられなくなる。

息の長い本当の解決策は、あなたが安心し、リラックスし、自信に満ちているときに現れる。これらは、コンフォート・ゾーンで活動しているときにアクセスできる感覚だ。安心しているときに解決型の思考になるのは、感情をかき立てられて恐れを抱いた状態ではないからだ。解決型の思考のときは、可能性や解決策のほうに目が向くし、うまくいっていることに気がつくし、正しい道が今まさに自分の前に開かれようとしている、と信じている。

息の長い本当の解決策は、あなたが安心し、リラックスし、自信に満ちているときに現れる。

これらは、コンフォート・ゾーンで活動しているときにアクセスできる感覚だ。

解決型の思考をすれば、状況をより客観的にとらえ、おびえることなく課題を受け入れられる。それがひらめきや導きによる行動につながるのは、そうした行動が、信頼や安心や自信に根差しているからだ。自己防衛のために行動することも、やけになって行動することもなくなり、希望やわくわく感やポジティブな予感を燃料に行動し始める。そうした行動がもたらす出来事や状況、やりとりや人間関係は、いずれあなたの目標や願いがかなうよう導いてくれる。

解決型の思考をしているとき、私はたいてい、より穏やかで、地に足の着いた、安らいだ気分でいる。うまくいっていないことにやきもきせずに、「そのうち正しい解決策が見つかるだろう」と信じている。そして、どんなに取るに足りないささやかなことでも、うまくいっていることを口にする。このバージョンの私は、ひらめきを進んで受け取り、思いがけない場所で解決策を上手に見つけられる。たとえば、公園でピクニックをしているカップルを眺めていたら、パッとアイデアが浮かんだり、夕食をつくっていたら、スパゲッティのパッケージデザインの中に、今抱えている問題の解決策を見つけたりする。

覚えておいてほしい。どちらの思考も、解決しなくてはならない問題があることを否定してはいない。問題や課題が素晴らしいのは、それがなければ解決策も生まれず、解決策が生まれなければ、人生は拡大しようがないこと。問題は、解決するためにある。私たちを苦しめるために存在するわけではないのだ。

コンフォート・ゾーンの外で活動しているときは問題型の思考になるから、ごく単純な課題でも生死に関わることのように感じる。一方、コンフォート・ゾーンで活動しているときは解決型の思考ができるから、大問題にすらわくわくできる。解決する喜びを感じられるからだ。

解決型思考のときに問題が起こっても、当然ながら穏やかな気分のまま、あまりストレスを感じずに解決策を見つけられる。こうした流れは、毎日のルーティンをうまく調整すれば、現実のものにできるだろう。

ということで、思考を問題型から解決型に変えるために、私が日常的に使っている、お気に入りの心の習慣をいくつかご紹介しよう。これらの習慣を日常的に実践すれば、「心地よい状態をつくるためのプロセス」を最大限に活用できる。日々問題に目を光らせているあなたの神経系も、きっと感謝してくれるはず！

解決型思考のための5つの心の習慣

●ポジティブな自己暗示を活用する：意図的にポジティブな宣言をつくって唱える習慣がないなら、あなたの潜在意識は今、ネガティブな自己暗示を燃料に動いていることだろう。「どうすればいいのかわからない」「これは大変だ」「私は疲れている」「こんなの無駄」「私は苦労してる」といったフレーズを口にしているなら、あなたの心は問題型になっている。自分で宣言をつくって、それを1日に何度か思い浮かべたり唱えたりすると、脚本をあっさりひっくり返せるだろう。安全で自信に満ちた場所に心を連れ戻すことができるし、何か問題が起きたときにも唱えられる。いったん習慣になれば、「何て単純で簡単なんだろう」と笑ってしまうはずだ。私が個人的に気に入っているフレーズは、「私にとって、すべてはいつもうまくいっている」「私の最高最善につながる解決策があることを、私は知っている」「私がリラックスすればするほど、解決策は簡単に見つかる」などだ。こうしたフレーズや、あなたがこしらえた文章を、心が安らぐまで繰り返そう。録音して、お風呂に入るときや散歩に出かけるときに再生するのもお勧めだ。私は、何か楽しいことをしているときに、解決策が降ってくることにもう気づいている。

●日々の成功を喜ぶ：問題をひとまず脇に置いて、**自分の成功に目を向けよう。**人間の本能は、問題が起こったらそこにばかり目を向ける。でも、問題にこだわればこだわるほど、解決策を見つけるのは難しくなる。解決できない問題を抱えたときは、しばらく脇に置いておけるか確認しよう。そして、人生のうまくいっている部分に目を向けてほしい。それが今無視しようとしている問題と何の関係もなくても、そちらに注意を向けよう。成功に目を向けて喜べば喜ぶほど、コンフォート・ゾーンに入れる。そこにいったん入ってしまえば、問題の解決策はおのずと現れるから。

●解決策を感じる：いずれこれ以上ないほど望ましい形で、自分が問題を解決したところをイメージしてみよう。実際、あなたにとって、それ以上完璧な流れはない。あなたは大喜びしている！　うまくいった！　少し時間を取って、自分の気持ちを書き留めよう。その際、感情をかき立ててほしい――かき立てればかき立てるほど、よい結果が得られる、と私が約束しよう。ほとんどの人が「進展がない」と言うのは、感情抜きのビジュアライゼーションをしているからだ。本気で取り組んでほしい。日記を書くときは、今抱えている問題がすでに解決したかのように、過去形で書くこと。「すでに解決した」という感覚になれば、コンフォート・ゾーンに戻れるから、安心し、自信を持つことができる。脳はコンフォート・ゾーンでは、あなたが求めている解決策を生み出そうと創造的に思考し、適切なつながりをつくることができるのだ。

●**身体に栄養を与える**：心と身体には現実に、重要なつながりがある。身体が栄養不足なら、ポジティブな心の習慣を保ちにくい。そういうわけで、健康的な食べものと定期的な運動で身体に栄養を与えることは、心にも栄養とエネルギーを与える。私も身体に燃料を注げば注ぐほど、たくさんの解決策が引き寄せられ、創造力が高まるのを感じる。正直なところ、果てしなくアイデアがわくこともある。私は、1日に処理しきれないほど多くの解決策やアイデアを持っている――決して大げさではなく。

●**心の状態を観察する**：日記やノートを使って、毎日の気分、ストレスの程度、睡眠、水分の摂取量など、心の状態を表す要素を観察しよう。その日のそれぞれの分野を1~10点で評価すること。私は、この退屈な作業のおかげで、自分をしっかりと振り返り、習慣やマインドセットについて、驚くほどの比較ができることに気がついた。心の状態を観察すれば、心の焦点を変え、自分の状況をさらにはっきり見ることができる。そして、つらい日には自分を思いやり、周りにぼんやり姿を現している解決策をキャッチすることもできる。時には、マインドセットというより、身体的な習慣がないせいで、不調に陥っている場合もある。それが論理的に、クリエイティブに解決策を考える邪魔をしているのだ。私の著書『3 Minute Positivity Journal』では、日々の多くの習慣を観察するスペースを設けている。日々の習慣はあなたのマインドセットにも、ポジティブな感情を抱いて解決策を生み出す能力にも、影響を及ぼしている。

コンフォート・ゾーンを拡大する練習―21

思考と目標をチェックしよう

あなたのコンフォート・ゾーン・ビジョンボードを見て、今、あなたのコンフォート・ゾーンの外にあるものを確認しよう。日記を開いて、次の質問に答えてほしい。

- そのアイテムについての自分の思考を、正直に観察しよう。あなたは、それを手に入れられる、と信じているだろうか？　それとも、疑っている？　その願いを友達に話すときは、自信にあふれているだろうか？　それとも、申し訳ない気持ちになる？　ポジティブな言葉を使っている？　それとも、否定的な言葉を使っているだろうか？
- この目標に近づくために、どんなポジティブな自己暗示が使えるだろう？

- この目標をかなえる過程で、すでにどんな成功を手にしている？
- すでにこの目標を達成した自分をイメージしてみよう。どんな気分だろうか？　ほしいものを手に入れたときは、どんな気分だった？　成功の瞬間は、どんな感じだった？

思考が解決型に変わっていく過程で私が身につけた、とくに影響力の強い心の習慣と言えば瞑想だ。瞑想の実践は、とても重要で効果的なので、それについてもう少し詳しくお話ししたい。あなたが「瞑想を日常生活に取り入れたい」と感じてくれることを願っている。取り入れてくれれば、このシンプルな古代からの慣習が必ずあなたの人生を変えてくれる、と約束しよう。その変化は、絶えずあなたを驚かせ、喜ばせるだろう。

あなたは瞑想を試したことがあるだろうか？　きっと何らかの形で経験したことがあるはずだ。静かに星を見つめることも、瞑想の1つだから。では、もう少し具体的に尋ねよう。一貫した毎日の習慣として、瞑想を試したことはある？　瞑想の習慣ほど、心と身体と魂の健康を大きく変容させるものはない。瞑想は、私たちの健康と拡大を支える、ホリスティックなアプローチだ。

アメリカ国立補完統合衛生センター（National Center for Complementary and Integrative Health）が報告した調査によると、1日わずか10分間の瞑想で、心の状態と人生の質が大きく向上するばかりか、身体も細胞レベルで生理学的に改善される。たとえば、定期的に瞑想をすると、脳

心のトレーニングとしての瞑想

の皮質厚と灰白質が増加し、脳のストレスの中枢である扁桃体が縮小する。この発見は、瞑想をする人は楽々と問題を解決し、人と仲よくなる傾向があり、ストレスや不安を感じにくい、という調査結果とも符合する。医療のプロが患者に、予防や治療、全般的な健康計画の一環として、瞑想を取り入れるよう勧めるケースが増えているのもうなずける。

あなたが瞑想を実践しているなら、自分自身に素晴らしいプレゼントをしていることに拍手を送りたい。あなたが瞑想したいけれど、どこから始めればいいのかわからない、何百万人もの1人なら、私が瞑想を日常生活に取り入れるのに使った、いくつかのアイデアをお伝えしよう。

要するに、瞑想とは、集中できるよう心を鍛える手段だ。集中する対象として、何を選ぶかは問題ではない。何がよくて、何が悪いということはないのだ。重要なのは、瞑想中に集中する何かを選ぶことによって、自分の心の手綱を握ること。

たとえば、私が自分の呼吸に集中することを選んだとしよう。座って、目を閉じて、自分の呼吸が体内に入っては、また出ていく様子を観察し始める。でも、静かに座って呼吸に集中していても、必ず何かを考え始めるだろう。「夕食に何をつくろうかな」「家にちゃんと材料があったかな」などと思いめぐらし始める。それでも、座って瞑想しているから、「あ、呼吸に集中するのを忘れてた」と突然気づくだろう。食べもののことを考えていた自分に、はたと気づくのだ。

その瞬間、私はとても重要な選択をする。夕食についての思考を手放すことを選ぶのだ。そして、「瞑想が終わったら、考えるからね」と自分にささやいて、注意を呼吸に戻す。座って瞑想している間に、それを十分な回数繰り返せば、脳の力が強化され始める。脳が思考に気づいて、思考を意図的に、簡単に変えられるようになるのだ。

瞑想は、自分が創造したい人生にふさわしくない思考を抱いているときに気づいて、ふさわしい思考に変えられるよう、あなたを鍛えてくれる。定期的に瞑想すると、問題型の思考に気づいたらすぐ、解決型の思考に置き換えられるようになる。また、自分のアイデンティティと自分の思考とを区別できるようになる。感情と行動は思考に影響されるから、思考を変えると、人生の状況に対する感情の反応も変わり、ひらめきや導きに基づく行動を取ることが増える。要するに、瞑想をす

瞑想すれば、人生の手綱を握れるようになる。瞑想すれば、思考の手綱を握れるようになるからだ。

コンフォート・ゾーンを拡大する練習―22

瞑想しよう

この1週間は、毎日少なくとも10分間は瞑想しよう。これは私が初心者の頃に立てた目標で、瞑想を好きになるにつれて、さらに長い瞑想を楽しめるようになった。とりあえず今は、小さく始めることが大切だ。目標は、一貫して行うことだから。

瞑想中の目標はシンプルだ。注意を、自分が選んだ何かに集中させること。ブーンとうなるエアコンの音でも、静かな瞑想音楽でも、自分の呼吸の音でも、瞑想を誘導している誰かの声でも、小川のせせらぎでも構わない。絶え間なく続く、何の変哲もない、思考や感情を呼び起こさないものを選ぼう。たとえば、瞑想しながらオーディオブックを聴くのはお勧めではない。

では、タイマーをセットして、目を閉じて、心を音か感覚に集中させよう。心がさまよいだしたら――必ずそうなるから――思考をそっと手放して、集中する対象に戻ってこよう。

これを成功させたいなら、瞑想を、すでに毎日していることと組み合わせよう。たとえば、朝パソコンを立ち上げる前に、デスクに座ったときに瞑想するのも一案だ。あるいは、夜ベッドに入って、今読んでいる本を手に取る前に、数分間瞑想するのもお勧めだ。この習慣を身につけるのが初めてなら、誘導つきの瞑想を試してみよう。

あなたが成し遂げたこと

心の習慣を変えれば、簡単に思考の手綱を握れるので、人生の質が変わる。ここで重要なのは質だ。私たちは、ストレスが少なく、たくさんの解決策が見つかる、もっともっと気楽な人生を歩みたいと願っている。ほとんどの人は、自分が問題にばかり目を向けていることに気づいていない。だから、一貫性がなく、予測できない、おおむね不快な人生を創造している。そして、行き詰まりを感じたり、実りがないと考えたりしている。

習慣を使えば、問題型思考を解決型思考に変えられる。だから、この章で紹介した心の習慣のいくつかを毎日のルーティンに加える、とあなたが決めてくれたらうれしい。自分自身にそう宣言したら、Instagramのストーリーズやソーシャルメディアのフィードでシェアして、世の中にも伝えてほしい。そのときは、私をタグづけするのを忘れないで！

ここで心の習慣に気を配る大切さを学んだので、次は人間関係の重要性について話をしたいと思う。楽しい関係だけでなく、厳しく、つらく、厄介で許しがたい関係についても。たとえ周りに誰がいようと、コンフォート・ゾーンに留まれるよう、新たな視点を提供していきたい。

Chapter 18

あらゆる人間関係を見直す

セラピストをしている友達が、こう話すのを聞いたことがある。人は、自分の心の奥底にある痛みを見定め、癒やすのを助けてくれる人を、人生のパートナーに選ぶ、と。

それを聞いて、「じゃあ、暴力を振るうパートナーはどうなるの？　浮気する人は？」と別の友達が尋ねた。

「それでも、そのパートナーが傷を見定める助けになってくれる」と、セラピストの友達が言った。

「でも、どうやって私を癒やす助けになってくれるわけ？」

「どんな傷があるかがわかったら、対処できるでしょ。傷を理解して、許して、最終的には手放せるからね」

暴力を振るうパートナーはさすがにどうかと思うけど、人間関係ほど大きな成長のチャンスをくれるものはない。

友達や家族や同僚、妻、夫、子ども、近所の人など、他人との関係が、私たちの人生の細部を構成している。人生で出会うすべての人が、あなた自身について何かを教えてくれる。人間関係を通して、自分自身や自分の好み、自分の強みや弱点を知ることができるのだ。他人との関わり方で、あなたがどんな人間なのか、その時点でどんなふうに世の中に姿を現しているのかがわかるからだ。他人と関わりながら、進んで内側に目を向け、自分自身を観察すると、新しい拡大自己になるための、変容のための重要な情報が手に入るだろう。

また、本や記事、ポッドキャスト、歌、アート、テレビ番組、映画、その他のメディアを通して、有名人や歴史上の人物、インフルエンサーと関係を築くこともできる。そうした関係は一方通行ではあるが、自分自身について、やはり多くのことを教えてくれる。

もうこの世にいない家族や友達と交流することも、神さまや天使や宇宙といった論理的な理解を超えた概念と交流することもできる。心を開いて、そうした物質を超えたエネルギーとつながるなら。

どんな関係も――自分自身との関係、他人との関係、一方通行の関係、物質を超えた存在との関係も――成長のチャンスをくれる。あなたが正直に、公平な視点で、自分の内側に快く目を向ければ、これまでどんな行動や習慣が自分に根づくのを許してきたかを確認できる。そうした行動や習慣が自分のためにならないなら、心の家を片づけて、代わりに、平和、安全、喜びに満ちた自己表現を育める環境をつくることもできる。

　この章では、ほとんどの時間を共にしている人との関係に、やや深く足を踏み入れたいと思う。そうした人間関係で自分がどんな姿を現しているかを意識していないと、人は人間関係を言い訳に、いとも簡単にコンフォート・ゾーンを離れてしまう。

「心地よい状態をつくるためのプロセス」に積極的に取り組むと、あなたが変わっていくから、人間関係も変化していく。自分自身と親しみ、自分自身を受け入れていくうちに、本当の自分に近づいていくはずだ。そうしたら、積み重ねてきた誤った思い込みや思考パターン、習慣を手放し始める。あなたはどんどん変化していくが、それがよい変化なのは、拡大自己に変容していくから。その結果、遠のいていく人間関係もあるけれど、残った人間関係は強化され、新しい人間関係にも恵まれるだろう。どれもこれも、自然なことだ。何が起こっているかに気づいたら、抵抗や罪悪感や執着を持つことなく、人間関係の変化をかじ取りしていける。

　実は、遠のいていった人たちも、いずれまたあなたの人生に戻ってくる可能性がある。私が主にサバイバル・ゾーンで活動していた頃は、やはりサバイバル・ゾーンで暮らす仲間に囲まれていた。私たちは若く、目標を目指してがむしゃらに頑張る起業家だったから、夢をかなえるために、身を粉にして働く覚悟をしていた。私が視点を変えて、「コンフォート・ゾーンで生きる」と決めたとき、多くの人が離れていった。もう彼らのように必死で働くのをやめる、という私の決断に腹を立てる仲間もいたし、「もっといろんな講座を受けて、もっと行動しなくちゃダメだよ」と説得を試みる人もいた。中にはコンフォート・ゾーンで生きる選択を、友情を壊す行為だととらえる人もいたし、「クリステンは志を失った」と、私の活動に興味を失う人もいた。でも、時間が経つうちに、その多くが、また友達の輪に戻ってきた。彼らもたいていどこかで燃え尽きて、「もっと楽しい人生を送りたい」と考えるようになったのだ。中には、「コンフォート・ゾーン仲間」になった人もいる。

あなたのコンフォート・ゾーン仲間とは、あなたが歩む道に加わる意欲を持ち、実際に加わることができる人のこと。「人生は、本来つらいものではない」と理解している個人のことだ。世間の常識に反して、人生は本来楽しいものだ。安心してリスクを取り、自分の能力に自信を持って、自分のアイデアにわくわくし、人生を導いてくれるスピリチュアルな知性を信頼していられる。両親がほんの数メートル先にいてくれる、とわかった上で遊び場を探検する幼児のように、周りの世界を探求できるのだ。生まれて初めて雪山に登って、いきなりエキスパートコースをスキーで滑降するときの心境になんて、なるはずがない。

想像してみてほしい。列車がある方向に進んでいくうちに、望ましい方向からどんどん離れていく様子を。時代遅れな世界のルールに従って、サバイバル・ゾーンで暮らしていたとき、あなたの列車は間違った方向に進んでいた。今はコンフォート・ゾーンで暮らしているから、その列車を止めて軌道修正し、人生で本当に経験したいことを目指すことができる。あなたが軌道修正しているうちに、当然ながら、列車を降りる人も飛び乗ってくる人もいるだろう。それをただ許して、プロセスに身を任せよう。コンフォート・ゾーンに留まって、夢に向かって列車を走らせ続けよう。あなたがコンフォート・ゾーンで創造することに全力を注ぎ、同じ思いの仲間とつながりたいと願っているなら、私があなたにぴったりなグループを立ち上げた。ぜひこのサイトを訪問し、仲間に加わってほしい（https://thecomfortzonebook.com/resources)。

光／闇、どちらの面で人とつながるか

私たちは周りの人と、自分が抱える痛み（闇）の強さ、もしくは、自分が持つパワー（光）の強さによってつながっている。誰もが光の中にも闇の中にも身を置いている。私は誰かや何かを批判したくて、こんな話をしているのではない。闇とは、あなたの「悪い」部分や「間違った」部分を指しているわけではないから。闇は、あなたの痛み、恐れ、自分や他人を拒絶する思いが息づく、あなたの一部にすぎない。闇とは、自分が傷ついたときに他人を傷つけ、痛みや孤独、混乱に苦しんでいる、あなたの一部だ。闇は、コンフォート・ゾーンから自分を追い出し、本当の自分を否定

しているときに生まれる。

あなたの光は、たとえ自覚はなくても、常に、どんな瞬間にも存在している。光とは、自分がパワフルで、美しくて、価値があることを知っている、あなたの一部だ。だから、パワー・オブ・ポジティビティを立ち上げて以来ずっと、私たちは「毎日が輝く日だ。輝き続けよう！」というモットーを口にし続けている。もちろん、毎日が完璧な日というわけではないけど、どんなときも光の中に留まって、輝くチャンスはある。外の状況のせいで、あなたの光を消す必要はない。

光の中で暮らしていても、突然「よく」なるわけではない。ただ自分の本質——自分の価値やパワー——を思い出していくだけ。コンフォート・ゾーンで長く過ごすうちに、人は自然と、光の中で長く過ごし始める。価値、自信、信頼、自分への愛情といったものは、コンフォート・ゾーンで生きるとついてくる副産物だから。

電気のスイッチをオン・オフするようなものだ、と考えてほしい。光に身を置いているとき、あなたがいる部屋は明るい。ほしいものを創造するために必要なものはすべて目の前に揃っているのが、はっきり見えるだろう。自分を取り巻くすべてのものは、明らかに自分のために用意されたものだし、すべては自分のもので、自分にはそのすべてを手にする価値がある——とわかる。ところが、電気のスイッチが突然オフになると、闇に身を置くことになるから、数センチ先ですらもう見えなくなる。では、部屋がなくなったのだろうか？　一瞬前まであなたのものだった素晴らしいものはすべて、消えてしまったのだろうか？　何も見えなくなったから、突如としてあなたの価値も失われたのだろうか？　あなたは一人ぼっちで、愛されていないということ？

「もちろん、毎日が完璧な日というわけではないけど、どんなときも光の中に留まって、輝くチャンスはある。」

コンフォート・ゾーンで暮らし、コンフォート・ゾーンで成功するのに欠かせない要素は、他人と闇を通してつながることと、光を通してつながることとの違いを知っていること。痛みを通して誰かとつながるとき、その関係は気まぐれで、不安定で、感情をかき立てるものになりやすい。最初は、自分とよく似た痛みを持つ人を見つけたことで、心がなぐさめられるかもしれない。同盟を結んで、痛みや混乱をもたらす危険で気まぐれな世の中に対抗できるかもしれない。でも、この手の関係はたいてい、さらにつらい経験を連れてくる。

私は、闇を通してつながる人間関係を「闇の関係」と呼び、光を通してつながる人間関係を「光の関係」と呼んでいる。

闇の関係は、かなり暗い気分をもたらすだろう。極端な場合は、気苦労が多く、精神的に疲れ、

「光の関係」と「闇の関係」

光　　　　闇

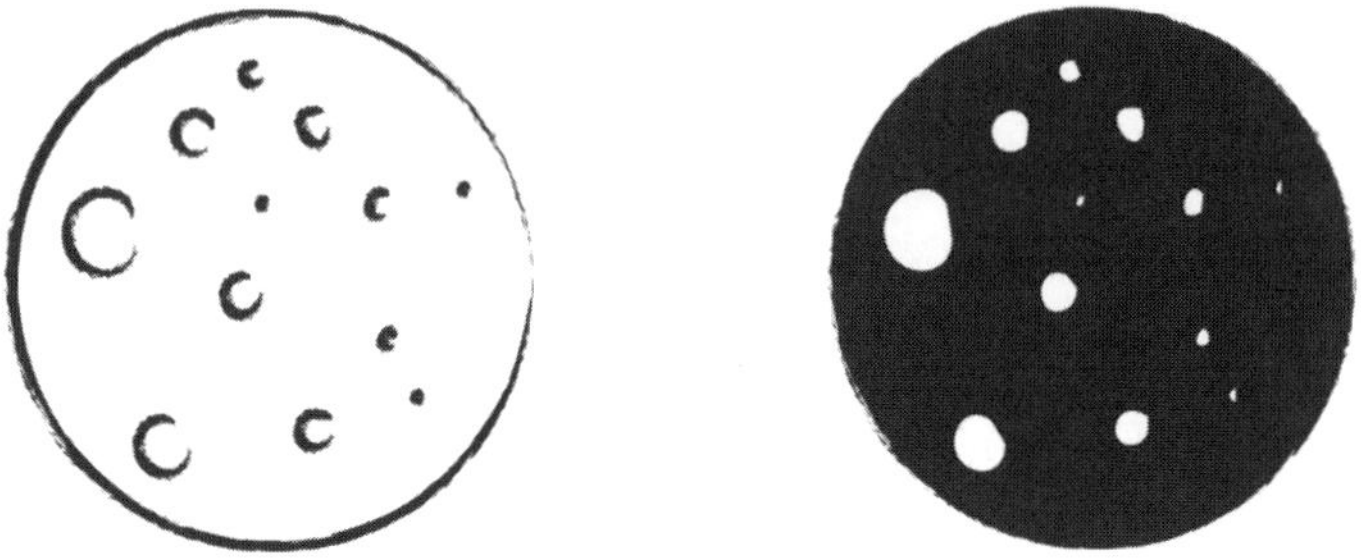

腹立たしい関係に陥る。私もそうした関係に絶望し、孤独感や強烈な不安を覚えたことがある。とはいえ、闇の関係で、毎回そういう気分を味わうとも限らない。時には心がなぐさめられ、ホッとすることもある。自分と同じ痛みを抱え、自分の混乱に燃料をくべ、自分自身や世の中に対する思い込みを強化してくれる人物と一緒にいるのだから。闇の関係を結んでいるときは、自分の長所よりも短所に気づかされることが多い。そして、ほとんどの時間を、可能性や解決策を語るのではなく、痛みについて愚痴をこぼすのに費やしている。ひどい悪循環に陥って、そこから抜け出せない自分にいら立ちと怒りを覚えている。バランスの取れた穏やかな気分というより、感情をかき立てられ、気が高ぶっていることが多いだろう。

一方、光を通してつながると、光の関係を築くチャンスが得られる。光の関係は、人生で何が起こっていようと、本当の自分に正直になることから生まれる。だから、あなたがつながる相手も、自分に正直に生きている。自分の長所に深く根を下ろしていると、長所を通して人とつながることができるから、きちんと目を向けられ、愛され、安心できる人間関係を紡ぐことができる。

知っておいてほしいのは、コンフォート・ゾーンの中でも外でも、他人と光を通してつながることも、闇を通してつながることもできること。ただし、おおむねコンフォート・ゾーンで生きているときは、当然ながら、光の関係を紡ぐことが多い。コンフォート・ゾーンにいるときは、自分のパワーに浸り、パワーの中で活動できているから、自信にあふれ、満足し、心穏やかな状態でいる。だから、他人のそうした資質にもアクセスできるのだ。

常にコンフォート・ゾーンの外で過ごし、途方に暮れ、混乱し、孤独を感じ、恐れを抱いていたら、人間関係のほとんどは、闇の関係になってしまう。コンフォート・ゾーンの外では、すべてではないにしろ、ほとんどの人間関係が、恐れや不安や痛みに根差したものになるからだ。何かに対抗するために協力し合う、友情が他人や世の中の嫌いな部分を軸にしている、あとで後悔するようなひどい言動をする自分に気づく――どれもこれも、闇を通して誰かとつながっている状態だ。

あなたが光の関係を結んでいる人たちを、あなたの人生の「光」だと考え、闇の関係を結んでいる人たちを「闇」だと考えよう。

もちろん、私たちはじっと動かない存在ではないから、人間関係にも動きがある。同じ人と人生のさまざまな時期に、光を通してつながったり、闇を通してつながったりしている。つまり、どんなときも、あなた自身が光にも闇にもなれるし、光とも闇とも触れ合えるから、当然、光の関係も、闇の関係も結ぶことができるのだ。重要なのは、一貫して、自分がどんな人間であるかだ。

もう1つ、理解してほしいことがある。どちらの関係も、個人としての成長を助けてくれるし、どちらの関係も、私たちの人生を大いに癒やすパワーを持っているから、人間関係を通して、私たちは必ず変化を遂げる。だから、光を通してつながろうと、闇を通してつながろうと、そのつながりに感謝して、その関係がくれる教訓を学ぶことが大切だ。

コンフォート・ゾーンにいると、人間関係に起こる9つのこと

意識してコンフォート・ゾーンで暮らし始めると、人間関係にいくつか重要な変化が根づき始める。次のリストは、私が経験した変化の一部だ。あなたも人間関係で、同じような変化を経験するだろう。

❶自然と「光」に引きつけられるようになり、「光」とのやりとりが増えて、「光の関係」を築くことが増える。

❷「闇」と出会ったり、「闇の関係」に陥ったりしている自分に気づいたら、自然とうまく境界線を引けるようになり、自分の痛みであれ、相手の痛みであれ、痛みを通して他人とつき合うことが減る。

❸闇にはまり込んでいる自分に気づいても、自分のつらい物語にあまり目を向けなくなる。その代わり、気分がよくなることを優先するので、再び自分の内なる光に足を踏み入れられる。

❹気分がよくなることを優先する時間が増えると、「闇の関係」や「闇」との接触時間が短くなる。

❺自分をネガティブな思考や感情のパターンに閉じ込める、思考ややりとりに耐えられなくなる。

❻人生において、「闇」を癒やしたり、彼らに感謝したりし始める。自分の心の家のどこが今も散らかっているのかを彼らが教えてくれる、と気づいているからだ。「闇」は、人生で出会うどんな人たちよりも、私たちのリミッティング・ビリーフや傷を映し出している。おかげで、自分の思考を正し、過去のトラウマを癒やすことができるのだ。

❼うわさ話や自虐的な話、ネガティブ思考、延々と痛みやいら立ちについて語ることに興味を失い始める。その代わり、解決策や、わくわくするようなアイデアを探求することへの興味が増す。

❽人生で出会う「光」に気づき、感謝し始める。「光」とは、応援することで私たちを励まし、意欲をくれる人のことだ。こうした個人にメンターになってもらえば、成長に役立つアイデアを議論し合うこともできる。

❾人生に「光」を招き入れれば入れるほど、さらに健康的で明るい気分になる。

自分がどんな人間関係を結んでいるかを自覚したときに、気づいてほしいことがある。それは、「光のつながり」や「闇のつながり」を結ぶためには、2人の人間が必要だということ。つまり、闇の関係に陥っていると気づいたら、自分がその関係に参加することを選んだ、ということだ。あなたの同意がなければ、誰もあなたと無理やり関係を結ぶことはできない。

闇を自覚し、自分の長所を輝かせよう

ある友達は、独身でデートを重ねていた頃、デートの相手には必ず、「前の彼女と別れたとき、何があったの?」と尋ねることにしていた。元カノのとんでもない性格にあれこれ不満を漏らし、「押しつけがましかった」「まともじゃなかった」なんて相手をののしる男性を、常に警戒していたからだ。こういう男性は、彼女の不安定な、乱暴な、もしくは、恐れによる行動のせいでどんなに大

変だったかを語り、「結局うんざりして、別れなくちゃいけなくなった」などと話すのだ。

友達は、耳を傾けているうちに、あることに気づいたそうだ。「元カノがどんなにひどい態度だったとしても、その関係に陥ることに同意したのは彼自身じゃないの」と。彼も闇から姿を現し、お互いの痛みを通してつながり、2人してつらい思いをした、というだけのこと。こういう男性との出会いが、2度目のデートにつながることは一度もなかった。友達は賢いので、そのパートナー候補が、いまだに自身の痛みや怒りにとらわれていることを理解していたからだ。彼女は自分のエネルギーに気をつけていたから、闇の関係を結ぶことに興味がなかったのだ。

往々にして、友達がデートした多くの男性のように、闇の関係に陥ってしまう人たちは、人間関係がくれる教訓を理解できていない。自分の選択に責任を取らず、いとも簡単に他人のせいにしてしまう。だから、多くの人は、内側に目を向けて人間関係から学び、問題を引き起こした痛みを癒やす代わりに、うまくいかない、毒になる関係を続けている。罪悪感や恥の意識、自信のなさ、不安、恐れを抱いているからだ。闇のパートナーを言い訳に、自分の成功や幸せを台無しにしている。そんな人間関係に陥っているとき、人は自分自身に毒を投げつけている。そして、痛みをもたらす行動を取れば取るほど、痛みのパターンから抜け出しにくくなる。

そんな破壊的な人間関係に陥っているときは、自分も闇なのだ、と認めることが大切だ。決して相手だけの問題ではないのだ。心の中で、痛みや闇の中に足を滑らせるのはごく簡単なこと。そんなときは、闇に足を踏み入れた自分をたたいたり、責めたり、恥じたりせずに、罪悪感や恥や恐れを手放して、コンフォート・ゾーンに戻ろう。戻れば、心地よさや自信、信頼、平和を手に入れられる。

闇の関係の相手は、理由があってあなたの人生にやってくる。でも、できれば、ほんのしばらくの滞在にしてもらおう。これは、あなた自身にも言えることだ。時には自分の闇に足を踏み入れることもあるけれど、ずっとそこにいる必要はないのだ。

コンフォート・ゾーンを拡大する練習―23

「闇の関係」と「光の関係」を考える

光の関係はたしかに素晴らしいかもしれないが、自分のネガティブな部分を振り返り、手放す助けになってくれるのは、闇の関係だ。人は、自分のネガティブな部分に注意を向け、癒やす必要があるのだ。また、闇の関係は、あなたが何を望んでいないのかを理解させてくれるから、何を望んでいるのかも明らかにしてくれる。この練習問題に取り組めば、あなたの人生で最も厄介な闇の関係からも、教訓を得られるだろう。

闇の関係の相手について

1. あなたとの関係が、とくにうまくいっていない人のことを考えよう。あなたをたびたびイライラさせたり、あなたに食ってかかったり、あなたの感情をかき立てたり、怒らせたりする人のことだ。

- なぜこの関係は、こうもうまくいかないのだろう?
- あなたは、この人、あるいは、この関係の何に一番イライラしているのだろう?
- 自分に100パーセント正直になって、あなたもそういう、自分が大嫌いな行動を取ったときのことを書こう。そんな振る舞いをしていたとき、自分の行動を正当なものだと感じていた?

2. あなたを怒らせ、イライラさせる、相手の視点に立って、その視点で次の質問に答えよう。

- そんな行動を取ることで、私は何を達成しようとしているのだろう?

●人を傷つけるような行動を取るとき、私はどんな気分なのだろう？
●ほかに何をすれば、望む結果を手に入れられるのだろう？
●別の行動を取っても、話を聞いてもらえるだろうか？
●自分の欲求を明確に伝えるために、何を言い、何をしなくてはならないのだろうか？

3．さらに振り返ろう。

●あなたはこの人に共感できるだろうか？
●あなたはこの人間関係から、何を学んでいるのだろう？
●人生にこの人間関係が存在しなかったら、あなたは何を学べなかっただろう？
●この人間関係が存在しなかったら、あなたが喜んだり、誇りに思ったりしている、どんな結果を達成できなかった、もしくは、受け取れなかっただろう？
●人生において、この闇の関係に感謝できるだろうか？

光の関係の相手について

では、あなたの人生における、光の関係の人に目を向けてみよう。この練習問題に取り組めば、光の関係からひらめきやよい影響を引き出して、今後の人生に活かしたり、ほかの人にシェアしたりできるだろう。

1. あなたが強く建設的なつながりを築いている人のことを考えよう。あなたをたびたびいい気分にし、励まし、気の置けない友情を示してくれて、あなたが成長してよりよい自分になれるよう手助けしてくれる人のことだ。

- なぜこの友情は、こうも気の置けない素晴らしいものなのだろう?
- あなたは、この人、あるいは、この関係の何から大きな影響を受け、大きな励ましや刺激をもらっているのだろう?
- あなたも、別の人に同じような行動を取ったときのことを思い出そう。そのときは、どんな気分だった? どうすれば、もっとそうした行動を取れるだろう?

2. あなたに大きな影響を及ぼしている相手の視点に立って、その視点で次の質問に答えよう。

- 人生で最も大切なことは何か?
- 私は、どんな人間関係を一番高く評価しているだろう?

- 私は、友達のどんな資質を評価しているだろう？　恋人の場合は？
- 私は、どのようにポジティブで明るい気分を保っているのだろう？
- 私は、友達や大切な人を、どんな気分にさせているだろう？　なぜ彼らをそんなふうに扱っているのだろう？
- 知らない人を、どのように扱っているだろう？　なぜ知らない人をそんなふうに扱っているのだろう？

3．さらに振り返ろう。

- あなたは、この人のどんな資質に一番感謝しているのだろう？
- あなたはこの関係から何を学び、自分のアイデンティティに活かしたいと考えているのだろう？
- 人生にこの人間関係が存在しなかったら、あなたは何を学べなかっただろう？
- この人間関係が存在しなかったら、あなたが喜んだり、誇りに思ったりしている、どんな結果を達成できなかった、もしくは、受け取れなかっただろう？
- こうした光の行動を、人生でほかの人に、どのように示せるだろう？

ライバルを「やる気にさせてくれる存在」にしよう

人生におけるもう1つの人間関係と言えば、より幅広い、あまり個人的ではない関係だ。たとえば、スポーツやビジネスで出会う人たちや、私的というより社会的な分野で出会う人たちとの関係だ。そうした関係の場合、関係者みんなに悪影響を及ぼすような形で、競い合ってしまうことも多い。

私たちは幼い頃から、「勝つ人もいれば、負ける人もいる」と教わっている。自分が勝つためには、友達が負けなくてはならない、と学んでいる。自分のチームが勝つためには、ライバルチームが負けなくてはならない、と。勝者は1人かもしれないが、敗者は山ほどいる、と教わっている。そして、勝利を収めた人が「最高」だとされているから、「最高」があるなら「最低」もあるに違いない、と思い込んでいる。

現代社会では、組織のシステムは比較によって構築され、みんなそこに価値を見出している。だからテストをつくって自分と他人の能力を比べ、テストの結果を用いて社会的な階級を築き、理解している——誰がより賢いのか、よりすばやく問題を解けるのか、より多くの単語を記憶できるのか。誰がより運動能力が高く、より音楽の才能があって、より科学に長け、より重要で、より好ましく、より成功しているのかを。

勝たないのは恥ずかしいこととされているから、「負け犬にはなりたくない」と心に決めている。「勝利を収めるただ1つの方法は、本来の自分とは別人になること」と教わっているから、イヤなことや不安を覚えることをやり始める。進んでイヤな思いをし、塹壕《ざんごう》の中で生き、命がけで闘えば、成功するために必要なものを手に入れられる――そう学んでいる。

自分を他人と比較するのは、幼い頃からそうしろと教わってきたからだけど、それだけではない。「他者との関係から、自分の立ち位置を知る必要がある」と、世の中が感じさせるからだ。ソーシャルメディアの存在によって、今日ほどそう感じさせる時代もないだろう。この比較のゲームが、「私は力不足だ」という永遠のサイクルから抜け出させてくれない。

人はいとも簡単にそんな考えにはまり込んで、結果的に、人と競い合うような生き方に飲み込まれてしまう。必死で頑張り、イヤな思いをし、他人を追い抜こうとしているうちに、人生が終わってしまうことも珍しくない。残念な真実を言おう。コンフォート・ゾーンの外で頑張ったからといって、自動的に成功できるわけではない。あなたの願いと意志の力と規律によって、成功する日もそうでない日もあるだろうが、約束されているのは、激務と恐れとストレスと、おおむね後悔に満ちた人生だ。自分を危険にさらすような経験を追い求めることで、自らトラウマをつくり、それが時間と共に悪化して、人間関係はもちろん、身体と心と魂の健康を損なってしまいかねない。常に自分自身をコンフォート・ゾーンから追い出していたら、ビジネスで成功するための努力が、高くつくこともあるのだ。

では、競争は悪いことなのだろうか？

「悪い」というのは、幼い頃からの教育の結果、あなたが競争から得た教訓なのかもしれないが、競争がくれる教訓はそれだけではない。競争はとても素晴らしいものになり得るのだ。ただし、競争の最大のメリットを手にするためには、コンフォート・ゾーンで競争に応じなくてはいけない。

競争はおそらく、コンフォート・ゾーンを拡大する、極めてエネルギッシュな方法だ。同時に、これほど簡単にあなたをコンフォート・ゾーンから追い出し、コンフォート・ゾーンの外で立ち往生させるものもない。競争が持つ意味は人によって違うし、競争がもたらす結果もさまざまだ。競争というプレッシャーのもとで大成功する人もいれば、心を閉ざし、引きこもってしまう人もいる。

私が気づいたのは、コンフォート・ゾーンにいるときは、競争がやる気を高め、可能性を解き放ち、自分の能力を深く探求するチャンスをくれること。ところが、コンフォート・ゾーンの外に出ると、競争は恐ろしいものになる。つい身構えて、必死になり、恐れに駆られた行動を取るほかなくなるだろう。

「一緒に成功し、一緒に沈む」

競争に関して、自分がコンフォート・ゾーンの中にいるのか、外にいるのかわからないなら、いくつかヒントを与えよう。誰かが成功したとき、次のような状態になるなら、あなたはコンフォート・ゾーンの外にいる。

- 自分自身や自分の能力がイヤになる。
- 自分自身や自分の能力に首を傾げたり、疑ったりする。
- 「なんで私じゃなくて、あの人なんだろう? 私のほうがずっと才能があるのに」などと思う。
- 嫉妬する。
- 落ち込む。
- 不安や怒りや恐れを感じる。
- ガッカリする。
- 心を閉ざす。

コンフォート・ゾーンの外にいると、競争がネガティブな感情をかき立てるだろう。不安で不快で自信がないときは、競争のたびに、命がけで闘わなくてはいけない気がするから。

安心し、心地よい気分で、自分自身や自分の能力に自信を持っていれば、「自分に正直に生きている限り、『負ける』という概念は存在しない」と気づくだろう。コンフォート・ゾーンで意識的に拡大しているときは、どんな経験も、どんな人間関係も、どんなやりとりも、あなたをなりたい自分に近づけてくれるし、望み通りの経験へと導いてくれるからだ。

私が勝つために、ほかの人が負ける必要はない——そう気づいたとき、私の中で革命が起こった。むしろ、私が勝てば勝つほど、周りの人も、どんどん勝つようになった。さらに、ライバルが勝てば勝つほど、私もますます勝てるようになった。

数年前にこの気づきを得てから、自分とよく似たビジネスや生活をしている人たちに対して、「ライバル」という言葉を使うのをやめた。ここ何年かの間に、いくつかの企業とコラボさせてもらったのだが、そのたびに「ライバルを5人挙げるとしたら？」なんて聞かれるので、必ずこう答えている。「そうですね、『ライバル』じゃなくて『やる気にさせてくれる存在』なら挙げられます。私に励ましや刺激をくれる会社です。彼らがやっていることが大好きなんですよ」。実は今、笑いながらこれを書いている。だって、これを聞いたときの、みんなの表情ときたら！　でも長年の間に、うちのチームは、ちょっと変わったこんな考え方になじんで、楽しんでくれるようになった。

さて、1ついいことを教えよう。「勝つ人もいれば、負ける人もいる」というマインドセットを手放して、「みんなで一緒に成功し、一緒に沈む」と理解すれば、大事なことに気づくだろう。ライバルがそこにいるのは、あなたを不安にしたり、成功を奪ったりするためではない。むしろ、彼らの意欲や成功に、背中を押してもらえる。私たちは、同じ船に乗っているのだ。競争なんて幻想。みんなで一緒に創造し、成功することができる。誰かの成功が別の人の成功をダメにするわけじゃない。それどころか、あなたの家族やコミュニティ、活動範囲、友達の輪の中で、豊かさや成功、幸せや拡大を経験する人が増えれば増えるほど、あなたもそれを経験できる可能性が高くなる。世の中には全員に行き渡るだけの十分なものが備わっているし、私たちはみんな創造エネルギーに満ちているから、文字通り、互いに奪い合う必要がない。全員がうまくやっていけるのだから！

「やる気にさせてくれる存在」はたいてい、私たちに、自分では気づけない可能性を見せてくれる。自分の中に宿るポテンシャルを教えてくれたり、探求すべき道やアイデアにまつわるひらめきをくれたり。私たちが「負けている」ときでさえ、実は勝っているのだ、と教えてくれる。負けることで、私たちのビジョン、ひいては人生が拡大していくからだ。負けるのは恥ずかしいことではないから、負けを気に病む必要はない。それどころか、自分自身ともう一度つながり、スキルを高め、ビジョンを磨き、再び挑戦するチャンスだ、と考えるべきだ。では、コンフォート・ゾーンで生きていれば気づく、成功を支えるエネルギッシュな真実をお伝えしよう――すべてのものは常に、その本質にふさわしい形で進化していく。

だから、裕福な人はいとも簡単にさらに裕福になり、借金がある人はいとも簡単にさらに借金を重ねる。幸運な人は、時間と共にさらに幸運になり、不機嫌な人は、さらに不機嫌になっていく。私たちは常に、自分が実践している通りに進化しているのだ。やる気にさせてくれる存在がくれる「もっとクリエイティブになりなさい」「もっと仕事の腕を上げなさい」という励ましを受け入れれば、やる気にさせてくれる存在はさらに増える。そうすれば、ますます励まされるようになり、あなたはどんどん進歩していく。何て素晴らしいプレゼントだろう！

コンフォート・ゾーンを拡大する練習—24

あなたにとっての「やる気にさせてくれる存在」とは誰か？

日記を開いて、あなたにとっての「やる気にさせてくれる存在」を5人書き出そう。それぞれの人の何が、あなたに励ましや刺激をくれるのか、リストアップしてみよう。その人について考えると、どんな感情がわいてくる？　その人から、何を学べる？　その人から学んだことを、コンフォート・ゾーンを拡大するために、どのように活用できるだろう？

その人たちに嫉妬しているなら、こう考えてほしい――うらやんでいるものは、自分がすでに持っている資質だけれど、誤った思い込みや恥の意識、罪悪感、恐れのせいで、封じ込めてきたものだ、と。

これを真実だと感じるだろうか？　嫉妬の核心部分に対処するために、どんな誤った思い込みを正す必要があるだろう？

あなたが成し遂げたこと

素晴らしい！　Chapter18をやり遂げたね。いろいろ大変なことがあっても、私は人と関わるのが大好きだ。あなたはどうだろう？

さて、あなたは「心地よい状態をつくるためのプロセス」の3つのステップを完了し、パート2も終えて、パート3［コンフォート・ゾーンのプロへの道］に進む準備ができた。

この章では、人は周りの人と、自分が抱える痛み（闇）の強さ、もしくは、自分が持つパワー（光）の強さによってつながっている、と学んだ。結局のところ、どんな人間関係も、成長する素晴らしいチャンスをくれる。人は人間関係を通して、自分のアイデンティティや好み、世の中にどんな姿を現しているのかを明らかにし、それを磨いている。あなたが進んで目を向ければ、人間関係は、自分がどんな人間として世の中に姿を現しているのか、どんな傷や思い込みが自分の反応に影響を及ぼしているのか、自分はどんな痛みを癒やす必要があるのかを教えてくれる。

人間関係は、私たちが傷を癒やせるように、どんな傷があるのかを明らかにしてくれるばかりか、自分のパワーを発揮して生きれば、どんな人間になれるのかも示してくれる。「光」と「闇」のセクションが、あなたの心に響いてくれていたらうれしい。感想をぜひ聞きたいので、ソーシャルメディアで遠慮なく私とつながって、シェアしてほしい。また、あなたがライバルを「やる気にさせてくれる存在」として、より明るい視点で見てくれることを祈っている。この視点は、ひらめきの源から来ている。

もうおわかりだろう。私は物事に対するポジティブな視点を見つけて、最高の使命の役に立たない言葉を別の言葉に置き換えてしまうのが好きなのだ。あなたが、型にはまらない概念を楽しんでくれていますように。私は、ここまでやり遂げたあなたをとても誇りに思っている。あなたも自分自身を誇りに思ってほしい。では、どうすればコンフォート・ゾーンのプロになれるのか、一緒に学んでいこう。

必死に頑張らなくても、夢が現実になったなら、大したことに決まってる。あなたが自分自身や地球での自分の目的と調和している証拠なのだから。

Part.3

コンフォート・ゾーンのプロへの道

Chapter 19

「勢い」を大切にする

コンフォート・ゾーンを極める——それが、望み通りの人生を生きるカギだ。つまり、自分自身、自分の夢、自分の目標、自分の現在、自分の未来に恋をする、ということ。あなたがただ自分らしく生き、自分にとって心地よい生き方をするプロになれば、すべてのことは楽々と展開していく——私はそう確信している。

不思議なことは、ほかにも起こる。自分の心地よさを優先し始めると、人は安心感を覚える。安心感を覚えれば覚えるほど、自分自身にも、自分の人生にも、自分の能力にも自信が持てるようになる。自信が持てるようになると、自分を試したり表現したりし始める。自分を表現し始めると、人生がさらに楽しくなって、夢を抱くようになる。そして、夢が大きくなりだすと、願いに向かって動き始める。そうしてついに、ほしいものに近づき始めると——安心と自信とわくわく感に満ちたコンフォート・ゾーンに留まっていられればだけれど——いわゆる「勢い」がつき始める。

勢いがついてくると、ほしいものが前よりラクに、速いペースで届き始める。何かを「ほしい」と求めたら、いきなり次の曲がり角に転がっていたりする。ある友達と話したい、と思ったら、何の前触れもなく、相手が電話をかけてくる。何かの仕組みがわからないな、と首を傾げたら、ちょうど観ていたテレビ番組で、誰かが説明を始める。誰かに質問を投げたら、相手が返事をくれるより先に、答えが見つかったりする。何かが必要なときには、頼んでもいないのに、それを持っている人が現れる。そんな面白い出来事が続々と起こっているなら、コンフォート・ゾーンを極めつつあるサインだ。あなたはフローに入って、正しい道を歩んでいる。

今のあなたは、説明のつかないそんな出来事を「偶然」と呼んでいるだろう。私も以前はそうだったけど、今では「**シンクロニシティ**」と呼んでいる。そうした出来事は、偶然ではないからだ。シンクロニシティは、「大いに関連性のある出来事が、一見何の因果関係もなく同時に起こること」と定義されている。魔法にかかったような不思議な気分になるだろうが、コンフォート・ゾーンに身を置いて、勢いが生み出したフローや気楽さを味わっていたら、そういうことが起こる。

成功を「運がよかった」と軽んじない

コンフォート・ゾーンにいると、勢いは人生のどんな分野にも流れ込む。プロジェクトがうまく進んで、かつてないほど楽々と遂行されたかと思えば、人間関係はさらに順調に広がって、対立もひとりでに解決し、物事が夢にも思わなかったほどスムーズに展開し始める。人生が、ストレスも人一倍の努力もなく、どんどんよいほうに流れていく。

こんなふうに、勢いがつくのは素晴らしいことなのに、あなたはぴりぴり神経を尖らせているかもしれない。勢いは、とくに時代遅れな世界では、恐ろしく感じられるから。時代遅れな世界では、コツコツ努力を重ね、ゆっくり目標に近づくことが素敵なことだとされている。だから、あっさりすばやく届いた幸せを、うさんくさく感じるのだ。

まったく理解に苦しむ。なぜみんな、ラクに手に入れた成功や幸せをおとしめたり、はねつけたりしたがるのだろう？　でも、それが時代遅れな世界の常識だ。何かがうまくいきだすと、「こんなうまい話があるわけない」と考える。「痛みなければ得るものもなし」という考えに、「ラクに得たものはラクに失われる」という言葉で追い打ちをかけるのだ。親がわが子に「頑張って手に入れないと、うれしくないでしょ」なんて言うのを耳にしたこともあるし、「あっけなく成功しちゃったから、値打ちを感じられないんだ」と、大人から告白されたこともある。

こんなリミッティング・ビリーフを手放して、勢いを生み出すのに欠かせない、気楽さやフロー、心地よさ、調和を大切にしよう。誰かがあっさり手にした成功を「運がよかった」と軽んじるのをやめよう。それに、苦もなく何かを手に入れたときに、罪悪感から、「いや、何てことないよ」「大したことじゃないさ」なんて言うのもやめにしよう。

声を大にして言いたい。あなたの願いの周りに勢いが生まれ、いとも簡単に願いがかなったなら、それは大したことだ。必死に頑張らなくても、夢が現実になったなら、大したことに決まってる。あなたが自分自身や地球での自分の目的と調和している証拠なのだから。

またほんの少し、コンフォート・ゾーンを現実の家にたとえてみよう。あなたが建て、あなたの好みやセンスに合わせて飾りつけた家の中に座っているところをイメージしよう。ソファにゆったり座って、お気に入りの飲みものをすすりながら、安全で静かな自宅でくつろいでいたら、ふと友達から教えてもらった本を注文し忘れていたことに気づく。そこで、スマホを手に取って注文する。

さて、あなたは次に何をするだろう？　今注文した本を手に入れようと、出版社の本社を目指して航空券を買う？　あるいは、家を出て、車を走らせ、でたらめにいろんな店をのぞいて、本を探すだろうか？　それとも、玄関先に本が届くのをただ待っている？

もちろん、本が届くまで待っているはずだ。

ところが、人生のこととなると、ほしいものを決めて注文した途端に、いきなり「コンフォート・ゾーンを出なくちゃ」という気持ちになるのだ。心地よく安全に過ごしていたのではほしいものはやってこない、と考えるよう条件づけられているから。そういうわけで、家を出て当てもなく車を走らせ、いろんな店をのぞいては目を皿のようにして探し回る――というような真似をする。たった今注文したものを見つけるために。

当たり前だけど、ほしいものを受け取りたいなら、家にいなくてはならない。コンフォート・ゾーンの言葉で言うなら、あなたが本当にほしいものは、あなたが安心し、心地よい気分で満足していれば、向こうからやってくる。それどころか、コンフォート・ゾーンで心地よく過ごせば過ごすほど、ほしいものはすばやく届くだろう。コンフォート・ゾーンの外に出て、生き延びようと必死になっている限り、注文したものはなかなか見つからない。でも、コンフォート・ゾーンという自宅に戻ったときに、ようやく気づくだろう。ほしかったすべてのものは、玄関先で待ってくれていたのだ、と。

あなたがどんなに病もうと、他人を健康にはできない

コンフォート・ゾーンで生きるのが当たり前になると、ほしいものがよりすばやく、より頻繁に届き始める。コンフォート・ゾーンに留まり続ける限り、あらゆる幸せやチャンスに恵まれ、受け取る態勢もできてくるだろう。そうして、人生に幸せを受け入れれば受け入れるほど、幸せがますますに頻繁にやってくるようになる。どんどん勢いがついて、そのうち、人から「運がいい」と言われる、ありとあらゆる魔法のような体験が、あなたに流れ込んでくるだろう。

でも、あなたも多くの人たちとよく似ているなら、夢が玄関先にやってきたのに気づくと、受け入れるのをためらうだろう。時代遅れな世界の思い込みや理想を背負っていたら、ほしいものを手に入れるのに罪悪感を覚えるはずだ。「私には、すべてを手に入れる価値なんかない」「僕にはふさわしくない」と感じてしまう。注文したものがあっさり手に入ると、ズルをしているような気分になるかもしれない。

ほかの誰かが気を悪くするのを恐れて、自分の幸せなニュースをシェアするのをためらう人を、私は大勢見てきた。2020年のコロナ禍には、成功している多くの人が罪悪感のあまり、「うちは拡大している」とは言えなかった。私が、コロナ禍のおかげで「家族の絆が深まった」「何年も先延ばししていたプロジェクトを完遂できた」「ビジネスが、今までにないわくわくするような形で拡大している」と話すたびに、誰かが私を脇に連れ出して言うのだ。「実は、僕もずっと調子がいいんだ。でも、苦労している人がたくさんいるのに、うちが成長してるなんて言えないよ。何だか後ろめたくて」

自分の拡大を否定し、見くびり、無視し、軽んじるのをよしとするのは、時代遅れな世界だけ。

私は、ネットで拡散されているアメリカの作家、エスター・ヒックスのこの言葉が好きだ。

「あなたがどんなに病もうと、他人を健康にはできない。あなたがどんなに貧しくなろうと、他人を豊かにはできない」


この賢い言葉は、深い真実を突いている。コンフォート・ゾーンで生きることが当たり前になれば、誰もが気づくだろう。周りの人を助ける唯一の方法は、自分が人生で成功すること。あなたの人生がどんどん拡大すれば、周りの人の人生も拡大する。自分の成功や幸せを喜べば喜ぶほど、人生にますます多くの幸せがやってくる。すると、あなたを通して、さらに多くの幸せが、身近な人の人生にも舞い込むだろう。多くの人が苦しんでいるときにあなたが成功すれば、「成功してもいい」という許可をほかの人にも与えられる。結局のところ、これが周りの人を引き上げる方法なのだ。そう、自分の成功を喜ぶことで、みんなが自身の成功を喜べるようサポートする。この波及効果は本物だ。

気軽に降参し、手綱を手放す

すばやい勢いに身を任せるのをためらう理由は、ほかにもある。物事がとんでもない勢いで人生になだれ込んでくると、「コントロールが利かなくなる」と不安になるのだ。人生のあれやこれやが、自分の手に負えなくなるのではないか、と。注文したすべてのものを受け入れようと人生が拡大し始めると、目を向けなくてはならない新しい多くの事柄に、圧倒されそうになる。

私にも、同じことが起こった。コンフォート・ゾーンで意図的に創造する方法をまだ知らなかった頃に、情熱を持てば楽々と創造できるフェーズに入ってしまったのだ。未熟で経験不足だから、どんどん増していく勢いにどう対処すればいいのかわからず、すっかり圧倒されてしまった。成功を重ねても、楽しむどころか重圧で押しつぶされそうになって、そのうち燃え尽きて動けなくなり、精神的にボロボロになった。

あのときは、勢いを増し、とんでもないスピードでやってくる新しいチャンスに対応できず、ぶちのめされた気分だった。自分が経験している拡大に目を丸くするばかりで、すばやく動いたり長時間働いたりして、うまくやりこなせなかった。いっそドアを閉めて、新しいものは何も入れず、やるべきことを淡々とこなしたい、と思ったり、訪れたすべてのチャンスがありがたくて、１つも逃したくない、と考えたりした。

この状況で一番役に立ったのは、手綱を手放したこと。人生がスピードアップすると、人はつい神経を尖らせる。人間の本能は、「もっとコントロールしたい」というものだから。でも、しがみつこうとすればするほど、人はさらに頑なに、融通がきかなくなる。そして、その頑なさが、心を緊張させ、抵抗を生み出してしまう。


雪山をスキーで滑り降りるところを想像してみよう。スピードが出てきたら、コントロールしようとせず、勢いに身を任せることが大切だ。緊張して、膝を伸ばしたままでいたら、大けがをするだろう。実際、スピードが出れば出るほど、雪山に降参し、自分のスキルや能力を信じ、道具を信じ、ゲレンデで出会うほかのスキーヤーを信じることが大切になる。

今の私は、すべてが急ピッチで成長し、心の余裕を失いかけたときこそ、コンフォート・ゾーンを離れない。圧倒されたり、必死で頑張ったり、恐怖で凍りついたりする代わりに、自分にとって重要なことをさっと書き出して、「優先順位リスト」をつくる。このリストには、仕事の目標だけでなく、家族のことやセルフケア、自分との約束も含まれている。こうして大事なことをはっきりさせたら、リストを見れば、どこで手綱を手放せばいいかがわかる。何を人に任せられる？　何を延期できる？　何をやめられる？　私が頑張らなくてもうまくいきそうなことはどれ？

コンフォート・ゾーンで生きることは、何もかも自分でやることとは違う。それは、サバイバル・ゾーンの生き方だ。コンフォート・ゾーンで生きていると、他人と快く協力し合える。必要なときには助けを求め、コミュニティを受け入れられる。「何もかも自分でやらないとうまくいかない」と感じているなら、サバイバル・ゾーンで生きている可能性が高い。そこでは、生き残れるかどうかは常に、努力の度合いと結びついている。

こんなことを読んだり、考えたりしたことはないだろうか？「他人に任せるには、金銭的な投資が必要だ。自分でやったほうが安くつく」。わかる。私もそう思っていたから。でも、副業であれ、本業であれ、家事であれ、子育てであれ、全部自分でこなすのは、長い目で見ると、自分のためにならない。成長の初期段階には、降参して助っ人を雇うのは難しいかもしれない。でも、経験から言えるのは、それが大きな変革をもたらしてくれること。ほかの誰かに投資して、その人を信頼する。そのときあなたは、自分の時間と価値を高く評価しているのだ。友人のジョナサン・ブランクが、助っ人を雇うのが好きだ、と話してくれたことがある。「それぞれの人がドアのカギを持っていて、君のために開けてくれるんだ。君1人ではなかなか開けられなかったドアをね」と。彼の言葉が心に残っているのは、私の人生で、それが真実だという証拠を目にしてきたからだ。この言葉のおかげで、私は勢いを増し、勢いにうまく乗ることができている。

人生が拡大すればするほど、「世の中は自分の思い通りになるように仕組まれている」と信じることが大切なのだ。

世の中は、助けてくれる人たちでいっぱいだ。コンフォート・ゾーンで生きていると、自分に正直に目を向けて、どんな助けが必要なのかを見極め、恥も罪悪感もなく、助けを求めることができる。そんなふうに生きていると、心の余裕をなくしてもきちんと分析し、人に任せたり、やめたり、今すぐ取り組まなくていいものは延期したりできるようになる。優先順位リストを短くしたら、コンフォート・ゾーンの高速車線に、ずっと留まっていられる。

こんな生き方をすればするほど、自分に対する信頼も、人生をあまねく導いてくれる知性に対する信頼も高まっていく。信頼し、手綱を手放す時間が長くなればなるほど、物質を超えた神聖な知性との関係も強くなる。人生は本来安心で、心地よく、充実したものだ、と気づけば、世の中の善いところや公正さ、世の中がますます拡大していくことへの信頼も深まるだろう。「自分より大きな存在が人生を導いてくれる」と信じていれば、勢いに身を任せ、手綱を手放すことができるから、自分に届くあらゆる幸せを楽しめる。私はそう信じている。人生が拡大すればするほど、「世の中は自分の思い通りになるように仕組まれている」と信じることが大切なのだ。

スピリチュアルな関係を深めると、さらにたやすく手綱を手放せるのは、自分より大きな存在が自分のためにすべてを指揮してくれている、と信じているからだ。物質を超えた存在がどのような働きをしているのかを理解していなくても、何らかの形で、人生を正しい方向に導いてくれている、と信頼している。同じように、飛行機に乗ったら、どのようなからくりでこんな長距離を空中移動できるのか、知る必要はない。ただ、それができると信頼するだけ。今いる場所を常に正確に把握する必要はないし、どこに向かっているか、乗務員に尋ね続ける必要もない。ただ、飛行機が目的地に連れていってくれる、と信じていればいいのだ。飛行機には空中に浮かんでいられる機能があり、パイロットには目的地まで案内する能力がある、と信じているから、くつろいで旅を楽しんでいられる。

コンフォート・ゾーンで生きているときも同じだ。わりあいスムーズな旅になる、と信じているのは、物質を超えた全知全能のパイロットが、行きたい場所に連れていってくれるから。それがどのような仕組みかは問題ではない。ただゆったり座って、くつろいで、旅を楽しもう。

行き詰まったときの切り替え法

行き詰まりを感じたり、圧倒されたりしたときは、次のことをしよう。

- 今行き詰まりを感じたり、圧倒されたりしていることに目を向けるのをやめよう。その代わり、何かアクティブで面白いことをしよう。たとえば、ハイキングやウォーキングに出かける、美術や工芸に取り組む、楽器を演奏する、コメディを観る、パズルを解く、など。
- 日記に、次の質問に対する答えを書こう。
  - ・私は楽しめていただろうか?
  - ・私は自分自身とつながることができていた?
  - ・今、自分の身体の中にいるのは、どんな感じ?
- 注意をセルフケアに向けよう。日記に、次の質問への答えを書こう。

・何をすれば、気分がよくなるだろう?
・どのように身体をケアすればいいだろう? 心は? スピリチュアルなつながりは、どうケアすればいい?
・疲れ果てているとき、どうすればエネルギーを補充できるだろう?

あなたが成し遂げたこと

たった今、Chapter19を完了したね。残りはあと3章のみ。素晴らしい！　自分自身と丁寧に向き合い、大切にすれば、のちに大きな実りをもたらし、人生に奇跡のような、目を見張るような成果をくれる、と私は知っている。

今やあなたは、コンフォート・ゾーンで生き、コンフォート・ゾーンで拡大していくために知る必要のあることはすべて学んだ。パート3の各章は、あなたを次のレベルへと引き上げてくれる！　各章で紹介している手段《ツール》を実践できるようになればなるほど、あなたの拡大の旅はペースを上げ、どんどんラクになるだろう。実際、この生き方を極めるのに役立つようなら、各章を何度も読み返してほしい。

コンフォート・ゾーンで生きる大きな副産物の1つは、勢いよく夢に近づき始めた自分に気づくことだ。私たちはサバイバル・ゾーンや自己満足ゾーンで生きることに慣れきっているから、勢いがつくと恐ろしく感じるだろう。たとえコンフォート・ゾーンに身を置いていても、勢いに気づきながら身を委ねるのは綱渡りのようで、到底うまくやれない、と感じるかもしれない。でも、いったんコツをつかめば、ベテランのサーファーが海でさっと波に乗るように楽々と人生の波に乗れる。

次の章では、どんな状況でもバランスが取れるよう、私が日常的に使っている、とくに効果の高い心のツールをご紹介したいと思う。

Chapter 20

パワー・スタンスが心のバランスを保つ

あなたは、走行中の電車の中で立っていたことはある？　電車の旅はたいてい穏やかなので、わりとラクに歩き回れるはずだ。ふらふらしないように何かにつかまらなくてはいけない場合もあるけれど、体幹と足の筋肉を使って、バランスを取れるだろう。

では、走行中のバスの中で立っているところをイメージしてみよう。やはり、よほどガタガタ揺れない限り、目の前の座席の背もたれをそっとつかんでいれば乗り切れるだろう。調子に乗って手を離し、足と体幹だけでバランスを取ることもできそうだ。ただし、激しく揺れだしたら、ややしっかりつかまっていなくてはならない。突然の揺れに対応するには、つかみ方を調整しなくてはならないだろう。膝を曲げて、足に弾みを持たせるといいかもしれない。あるいは、足を少し開いて、重心を低くして、よりバランスの取れた姿勢《スタンス》を取らなくてはいけないかもしれない。

こうした調整が無意識にできるのは、身体が賢いからだ。必要なときにどうバランスを取ればいいのか、生まれながらに心得ている。外の世界に反応してどう姿勢を調整するかを知っているから、周りで何が起ころうと、心地よい安定性を保っていられる。

もちろん、さらに身体の能力を磨いて、もっと不安定な状態でもバランスを保てるよう、自分を鍛えることもできる。周りを見回せば、さまざまな状況でバランスを取るトレーニングをしている人たちを見かける。ヨガのポーズを取る、薄いブレードの上でアイススケートをする、岩棚の上や、ロープの上、棒の上などでバランス感覚を磨く。コロコロ転がるボールの上を歩いたり、波を切り裂くように進むサーフボードに飛び乗ったり、全速力で駆ける馬の背に立ったり。人間の身体がどこまでのバランスを達成できるのか、どんなさまざまな方法でそれを体験できるのかには、畏《おそ》れすら感じる。

身体がバランスを取るために姿勢を調整し続けるのは、当たり前のことだ。幼い頃に、初めて自分の足で立ち上がったときからずっと、してきたことだから。最初の歩みがどんなによろよろしていても、誰もくじけない。いずれバランスが取れるようになる、と知っているのは、身体が文字通り、そうなるようにできているからだ。

ただし、私が興味を引かれるのは、身体のバランスが整うことは予期しているのに、心のバランスが整うことについては、私たちが何の期待もしていないこと。バランスや安定性は、身体的な概念に留まるものではない。身体のバランスが整ったり崩れたりするように、心のバランスも整ったり崩れたりするのだ。

コンフォート・ゾーンの外で暮らしながら心のバランスを取ろうとするのは、走行中のバスの中を歩こうとするのに似ている。舗装されていないくねくね道を爆走していなくても、バランスを取るのは結構大変だ。コンフォート・ゾーンから離れれば離れるほど、揺れはどんどんひどくなり、バランスを取りにくくなる。コンフォート・ゾーンには強固な地盤があるので、楽々と立って、安全に動くことができる。

コンフォート・ゾーンの外に出ると、地盤はどんどん不安定になるから、どれだけ安定していられるかは、取り組む課題に対する自分の心地よさに左右される。直立歩行に慣れている大人は、2本の足でバランスを取る練習をしている幼児より、ずっとたやすく走行中のバスの中で立ったり歩いたりできる。同じように、課題やスキルに心地よさを感じていれば、移ろいやすく不安定で予測のつかない状況でも、うまくこなせるよう自分を鍛えられるし、適応できる。要するに、サーファーが気まぐれな海に適応するように、あなたもそうした状況を自分のコンフォート・ゾーンに取り込んでいける。その結果、不安定な状況でも、バランスを取ることができるようになるのだ。

物理的な世界で物理的なバランスを取るために、人は姿勢《スタンス》――立っているときの身体の位置や向き――を調整する。毎日毎日、周りの世界に反応して、身体の姿勢を調整している。家の前の私道のわずかな傾きにも、歩道のでこぼこの舗装にも、階段の高さにも、自分でも気づかないほどやすやすと対応している。

同じように、心の姿勢——意識の中で取る、非物理的なスタンス——も、絶えず外の世界に適応している。人は常に身の回りの情報をチェックし、反応しているからだ。たいてい、あるいは、常にコンフォート・ゾーンで暮らしていると、心の姿勢はおのずと、よりバランスが取れて、より安定した、より心地よい、より安心した、より穏やかなものになる。私は、内なるバランスを整える心の姿勢を「パワー・スタンス」と呼んでいる。パワー・スタンスは、コンフォート・ゾーンで生きていると身につけられる。

「知っている」ということの強さ

心の世界であなたが取るスタンスは、あなたが「真実だ」と知っていることに根差している。「知っている」というのは、疑念や疑問がまったくない状態のこと。何かが一点の疑いもない絶対的な真実だと知っているときは、心の中でその真実がはっきりと主張するので、その真実を否定するなんてとんでもないことのように感じる。

朝日が昇ることや海が広くて大きいこと、両足が自分のものであることを疑う人はいない。どれもこれも真実だ、と知っているからだ。

知っていることは、信念よりも強い。信念とは、あなたが自分にとっての真実だ、と決めた思考のことだが、信念は、疑問を抱くことも意図的に変えることもできる。でも、何かが真実だと知っているなら、それに対する絶対的な信頼を揺るがすのは、不可能ではないにしろ、至難の業だ。

あなたが取るスタンスは、真実だと知っていることから生まれる。だから、心のスタンスは、かなりの確信を持って表現される。心の奥底にあるアイデンティティの表現だからだ。

人は人生において、常に何らかの心のスタンスを取っている。政治、食べものの選択、行動スタイル、子育ての仕方、人生の優先事項、生き方の選択など。あなたが真実だと間違いなく知っていることに根差した信念や考えや決断はすべて、あなたが取っているスタンスだと言えるだろう。あるテーマについて「意見を変えたくない」という思いが強ければ強いほど、強いスタンスを取っていることになる。

人はたいてい、自分が取っているスタンスを誇りに思っている。少なくとも、そのスタンスを進んで擁護する。自分が取っているスタンスが疑問視されたり脅かされたりしたら、自分自身や人生について真実だと知っていることも、疑問視され、脅かされることになるからだ。それでいて、自分が真実だと知っていることを誰かが疑問視しても、まったく身構えたりしない場合もある。要するに、あなたが青いと知っている空の色を誰かが「黒だ」と言ったところで、何か問題がある?

また、あなたが成長して変われば、あなたが真実だと知っていることも変わるし、スタンスも変わるだろう。

パワー・スタンスは安心感をもたらす

パワー・スタンスとは、自分に力をくれる知識（知っていること）に根差した姿勢のこと。パワー・スタンスが常に心地いいのは、「世の中は、自分の思い通りになるように仕組まれている」という内なる知識と歩を合わせているからだ。

このスタンスには、破壊的な、自分を制限する思考パターンからあなたを救い出し、パッと明かりをつけたみたいに、一瞬で状況を明るくするパワーがある。パワー・スタンスはコンフォート・ゾーンで生まれ、あなたの理想を強化するから、安心感や自信や安堵感をくれる。

「パワー・スタンスは、打たれ強さ《レジリエンス》を育む。
それは何が起こっていようと、
あなたをよりしなやかに、今この瞬間に存在させてくれる、
ぶれることのない揺るぎない知識だ。」

コンフォート・ゾーンの外で活動しているときに、パワー・スタンスを取るのはほぼ不可能だ。風に翻弄されているような状態だから。しっかり立とうにも地盤がないから、世の中や人生の本質に対する理解も、シニカルで身構えたものになりがちだ。絶えず不安な気分で過ごしていたら、世の中を危険で不当な場所だと考えるようになり、破れかぶれで支離滅裂なスタンスを取るようになる。それはスピンして制御不能になったバスの中で、足場を見つけようとしているようなもの。命がけで闘う方法しか学んでいなければ、自分を導く善きものの存在に気づけないだろう。

いったんコンフォート・ゾーンに入れば、パワー・スタンスを理解し、それを育むことで、コンフォート・ゾーンとの関係を深められる。これは、ヨガや武道に取り組んで、身体のしなやかさや

力やバランスを育てるのとよく似ている。パワー・スタンスが魂のしなやかさや力やバランスを育んでくれるので、あなたはコンフォート・ゾーンを離れることなく、楽々とコンフォート・ゾーンを広げ、拡大することができる。パワー・スタンスは、打たれ強さ《レジリエンス》を育む。それは何が起こっていようと、あなたをよりしなやかに、今この瞬間に存在させてくれる、ぶれることのない揺るぎない知識だ。

パワー・スタンスを実践しているとき、あなたは、自分に力をくれる心の真実を選択している。文章の形で表現されたパワー・スタンスは、アファメーションよりも強い。アファメーションは、あなたが人生で「真実にしよう」と努めている思考を文章化したものだけど、パワー・スタンスは心の中ですでに働いている知識を表現したものだから。

人間として、私たちは何らかのスタンスを取らずにいられない。それが人間の本質だ。何らかのスタンスを取る必要があるなら、自分のパワーやコンフォート・ゾーンから生み出された姿勢——パワー・スタンス——を取ったほうがいい。

では、文章で表現された、私のお気に入りのパワー・スタンスを、いくつかご紹介しよう。それぞれに、内なる知識が示されている。

●**私にとって、すべてはいつもうまくいっている**：このパワー・スタンスを取るとき、私は一点の疑いもなく知っている。たとえそう見えなくても、私が遭遇するどんな状況も私のためになる、と。だから、何かが思い通りに進まなくても、たいていこう考える。「うん、面白い。こうなったことで、一体どんなチャンスがめぐってくるんだろう?」。驚いたことに、このスタンスを取ると、最終的にすべてが必ず、一番いい形でまとまる。

●**不確実性は可能性だ**：以前は、不確実なことが怖かった。命綱もつけずにスカイダイビングするような、あの感覚がイヤだったのだ。うまくいかないかもしれない恐ろしい事態に、ぺしゃんこにされそうな気がした。でも、「可能性と拡大は、不確実性から生まれる」と心から理解したとき、まさに一夜にして人生が変わった。不確実性が可能性を意味するなら、不確実性にはわくわくさせられる。今では、人生の先が見えなくなると、胸が高鳴り始める。どんな素晴らしい拡大を経験できるのかわくわくし、期待が高まるからだ。このパワー・スタンスは、実は、次のパワー・スタンスと対になっている。

●**神さまのエネルギーが、私を守ってくれている**：人生が不確実・不透明になると、たいてい窮地に追い込まれる。そこから抜け出すには、握りしめている手綱を手放すしかない。手綱を手放して、自分より優れた、物質を超えた知性に引き継いでもらえば、自由になれる。神さまがすでに私のために、すべての答えを出し、私を導き、成功を応援してくれている、と知れば、安心できるだろう。このパワー・スタンスを取ると思い出すのは、物事はいつだってうまくいく可能性があるし、奇跡は決して不可能ではないこと。人生にはもっと大きな意味があるし、私の限られた視点からは見えないものを見守っている、万物の創造主が存在するのだから。

●**これもまた、過ぎ去っていく：**初めてこの言葉を耳にしたときのことを覚えている。そのシンプルさに、心を打たれた。当時はこのシンプルな言葉がどれほどとてつもないパワー・スタンスなのか、わかっていなかった。これが真実だと知っていたら、人生最悪の事態に打ちのめされることも、人生最高の状態を当たり前だと思うこともなくなる。すべての経験は、楽しいものもそうでないものも、過ぎ去っていく。それを知っているのは、何と素晴らしいことだろう。このパワー・スタンスのおかげで、つらい時期にはくよくよせず、楽しい時期にはそれを見逃さずにいられる。

●**私はいつも支えられている：**人生において、人はいとも簡単に孤独を感じる。とくに自分より大きなものや、自分の能力を超えた何かを生み出そうとしているときは。このパワー・スタンスは、たとえ孤独を感じても、「一人ぼっちじゃない」と思い出させてくれる。私は、神さまや神さまのエネルギーが常に存在し、すべての中を流れている、と知ることで、「どんなときも頼りにできる、自分より大きな存在がそばにいてくれる」と感じられる。あなたにとって、この支えは別の名前や別の意味を持つものかもしれないが、要するに、物質を超えた存在に対する気づきや信頼の話だ。できるときは、心を癒やしてくれるスピリチュアルなエネルギーに身を委ね、そうしたエネルギーを育てよう。そうすれば、このパワー・スタンスをフルに活用できる。

●私が注文したものは、私のところへやってくる：ほしかったものが、大した努力もせずに手に入ったことはないだろうか？　これは、年がら年中私に起こっていることだ。実は、ほしいものを気に病んだり、こだわったりしなければしないだけ、すばやく簡単にやってくる。「やってくる」と言ったのは、まさにそんな感じだからだ。時には、文字通りひょっこり転がり込んでくるから、私はただ感謝したり驚いたりしながら、にっこり笑っているだけ。たとえば、街で上演中のある劇を観たいと思っていたら、チケットをプレゼントされる。友達に会いたいな、と思っていたら、不意にその友達からメッセージが届く。こういうことは、誰の身にも常に起こっている。私はこのパワー・スタンスを取ると、それが起こるのを目の当たりにし始める。

人生を導く知性が、どんなときも、私が注文したあらゆるものを届けようと画策していることを知っているからだ。

●問題があれば、解決策もある：問題と解決策は、同時に生まれる。問題が生じた瞬間に、解決策もセットで存在しているのだ。疑問が生じた瞬間に、答えも出ている。この単純な真実を知ったことが、私の人生に革命を起こした。つまり、解決できない問題にはぶち当たらない、ということ。解決策がある、と知っていれば、たいてい答えが見つかる。

では、パワー・スタンスの例をもっと挙げてみよう。覚えておいてほしい。パワー・スタンスの中には、アファメーションに似ているように見えるものもあるが、両者の違いはひとえに、あなたが知っているかどうか。その言葉が真実だ、とあなたが知っているなら、大変な状況のときに、それをパワー・スタンスとして使って、心のバランスを取り戻すことができる。あなたに確信がなく、疑念や疑問がわくなら、その言葉への信頼がたしかなものになるまでは、アファメーションとして活用することもできる。

パワー・スタンスの例

- ●今すぐ決める必要はない。
- ●どんなことでも解決できる。
- ●私は何だって乗り越えられる。
- ●私のタイミングは、常に完璧だ。
- ●私は安全だ。
- ●そのときが来れば、私にはわかる。
- ●私は常に、あらゆる形で支えられている。
- ●可能性は無限だ。
- ●人生は公平だ。
- ●私は難しいことをこなせる。
- ●今はわからなくても大丈夫。
- ●愛はすべてに打ち克つ。
- ●忍耐が肝心だ。
- ●奇跡は起こり得るし、実際に起こる。
- ●人生は、私の幸せを支えている。
- ●すべては神さまのタイミングで起こる。
- ●なるようになる。なるようにしかならない。
- ●私がすることは重要だ。
- ●全部できなくても構わない。
- ●私には学習能力がある。
- ●私はこの旅を信頼している。
- ●今できることをすればいい。
- ●一歩一歩が大切だ。
- ●境界線は健全なものだ。
- ●私は自分の反応をコントロールできる。
- ●潮目は変わる。

コンフォート・ゾーンを拡大する練習―26

オリジナルのパワー・スタンスをつくろう

1. あなたの心にとくに響いたパワー・スタンスを、紙や日記、あるいは、スマホのメモアプリに書き留めるか、自分のパワー・スタンスをつくって書き留めよう。あなたにとって真実で、力をくれる、と知っている言葉をリストアップすること。それから、そのリストを手元に置いておこう。この1週間は、心がそわそわしたり、心のバランスが崩れたりするたびに、リストを取り出して目を通してほしい。そして、リストから1つか2つを選んで、そのスタンスを取ろう。

2. あるパワー・スタンスを取ったことで、その状況に対するあなたの経験がどう変わったのかを、日記に書こう。そのスタンスを取るのは簡単だった？　それとも難しかった？　なぜ簡単だったのだろう？　あるいは、なぜ難しかったのだろう？

あなたが成し遂げたこと

おめでとう! Chapter20を完了し、周りで何が起こっていようと、心のバランスを保つ新しい方法を身につけたね。これは、すごいことだ! 私たちの社会でほとんどの人が心のバランスを失っているのは、コンフォート・ゾーンの外で暮らし、それを変える方法を知らないからだ。パワー・スタンスを取れば、意図的・意識的に、自分に力をくれる心の真実を選び取れる。

この章で紹介した事例を、あなたが楽しみ、活用してくれることを祈っている。ここにリストアップした以外のパワー・スタンスを思いつくだろうか? もし思いつくなら、リストにしよう。私もあなたのパワー・スタンスをぜひ知りたい。あなたのアイデアは、私にとっても価値があるから。忘れずにハッシュタグ(#PowerStance)をつけて、私をタグづけしてほしい(@positivekristenと@powerofpositivity)。コミュニティの仲間もそれを見て、ひらめきをもらえるだろう。

次の章で、コンフォート・ゾーンでどのようにフローや成長を活用できるのか、私の発見をシェアできることに、今わくわくしている。

Chapter 21 コンフォート・ゾーンの中を探検する

あなたの自然な在り方、つまり、人間としての経験は、あなたがフローに入って、拡大に向かっているときに成功を収める。私の心からの願いは、あなたが望む成長を、あなたにとって自然で心地よい持続可能な方法で、ラクに達成してくれること。自分の能力を伸ばし、自分以外の何者かになるのではなく、本来の、最高のあなたになってくれることだ。コンフォート・ゾーンで生きていれば、自分の能力を伸ばそうと躍起にならなくても、おのずと人生を改善し、拡大する方法が見つかる。コンフォート・ゾーンを敵視しなければ、人は無意識に、自分の経験をレベルアップする方法を見つけて、人生を少しずつ拡大していくのだ。

創造力が最高に高まると、どんな頑張りも行動も及ばないくらい、アイデアが続々とわき出てくる。これは、何かを生み出す体験に夢中になり、われを忘れて没頭しているときに起こる。時間が消え、食べることも飲むことも忘れる。創造力が全身を満たし、あなたからどっとあふれ出てくる。

そんなすべてを通して、あなたは心から安心感を覚えるだろう。人々はこの状態を、「ふわふわ浮かんでいるような、空を飛んでいるような感覚」「この世の制限という重荷を捨てた無重力感」などと表現している。これは「フロー」と呼ばれる、最高に楽しい経験だ。

「ゾーン」に入る感覚をおぼえる

フローに入っているときは、物事がハイスピードで動いているけれど、本人には、すべてが心地よいペースで動いているように見える。これは、飛行機が地球のはるか上空で、信じられないほどのスピードで飛んでいるのとよく似ている。飛行機は時速何百キロという速さで飛んでいるが、中にいると、まったく動いていないように感じる。楽しい経験に没入しているときも、自分の勢いがとんでもないスピードなのを感じない。まるで時間がスローダウンして、楽しみを拡大するチャンスをくれているかのように。

「成長は、コンフォート・ゾーンの端っこで起こる。」

フローは、コンフォート・ゾーンの外ではなく、まさにど真ん中に存在している。そこにアクセスできるのは、今いる場所に心から安心し、自分の能力に心から自信を持ち、「私にとってすべてはうまくいっている」と心から信頼しているときだ。この状態にあるとき、人はリラックスして時間や空間を忘れ、自分のアイデアや才能に完全に身を委ねている。フローに入ると、厄介な課題にも落ち着いて取り組めるのは、難題に対処する力が備わっているからだ。問題がどんなに難しくても、必ず答えが見つかると知っている。

「自分は何があっても大丈夫」と知っていることほど、クリエイティブな探求の役に立つものはない。

多くの人は、恐れや欠乏、ストレス、不足感といった感情が渦巻く場所から、無理やりフローに入ろうとする。フローを求めて、自分をコンフォート・ゾーンから追い出してしまう。そんな感情でいるとフローにアクセスできないから、当然イライラが募るだろう。そうしてイヤな気分に陥り、恐れたりストレスを感じたりしていると、ますますコンフォート・ゾーンから遠ざかり、フローに入るのがどんどん難しくなる。

反対に、コンフォート・ゾーンで長く過ごし始めると、心が安心感、明晰さ、感謝、価値、愛といった感覚で満たされるので、自由自在にフロー状態に入れるようになる。

コンフォート・ゾーンの真ん中は、フローをラクに活用できる最高の場所《スイート・スポット》だ。いわゆる「ゾーンに入る」感覚になるのは、ここにいるとき。ここは、魔法が起こる場所だ。自分にとって何が自然で、何が自然でないのかがわかるようになれば、最適なフロー状態に入って、そこにうまく留まれるようになる。

コンフォート・ゾーンの端っこで過ごしてみる

コンフォート・ゾーンの真ん中にいるときは、すでに持っているツールやスキルを使ってレベルの高い創造ができる。一方、新たなスキルを学んだり、知識ベースを広げたり、ビジョンを拡大したりできるのは、コンフォート・ゾーンの外縁部にいるときだ。コンフォート・ゾーンで安心しているときは、外縁部を広げて自分のポテンシャルを拡大することにわくわくするだろう。コンフォート・ゾーンの端っこで心地よく過ごせるようになることは、おそらく自分に与えられる最高のプレゼントの1つだ。とくに、大きなビジョンを持っている場合は。

自分のコンフォート・ゾーンを、シャボン玉だと考えてほしい。シャボン玉の真ん中に近づくにつれて、安心し、心地よくなり、心が落ち着いていく。反対に、コンフォート・ゾーンの端っこに近づくにつれて、五感が鋭くなり、警戒心が強くなる。ここにはわくわく感も宿っているが、不安とごっちゃにされやすいのは、シャボン玉の向こう側、つまりコンフォート・ゾーンの外側には、

コンフォート・ゾーンをシャボン玉にたとえると

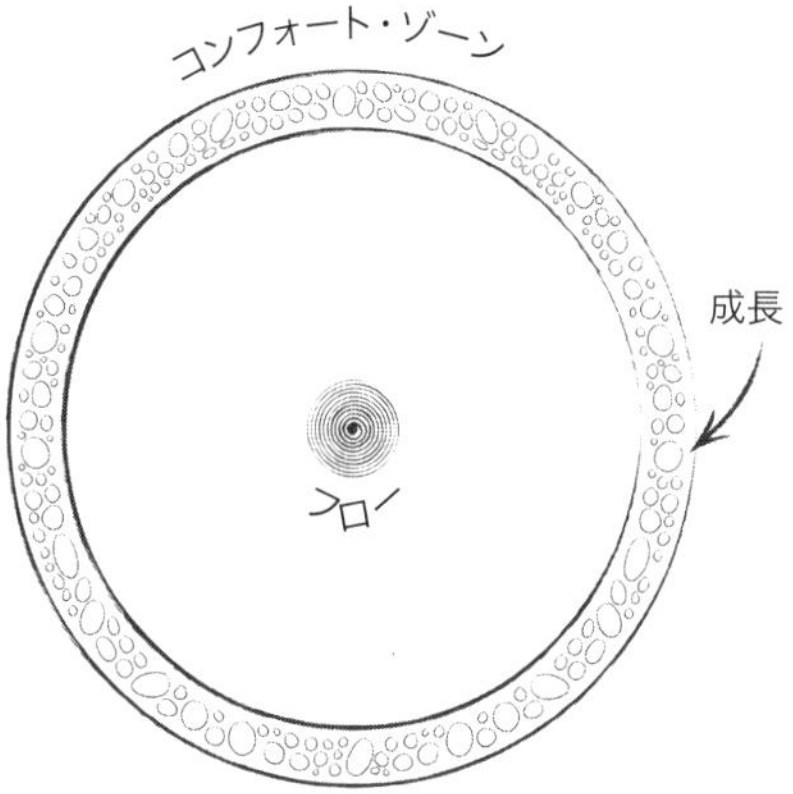

恐れや混乱が息づいているからだ。自分にとって心地よい空間の端っこに近づくにつれて、そうした感情を予期し始めるのかもしれない。

コンフォート・ゾーンの外縁部に近づけば近づくほど、イヤな気分が募り始める。この不快感は、(「どうすればいいのかわからない」という) 混乱、(「こんなのやる気がしない」という) 無気力、あるいは、(「わくわくしてじっとしていられない」という) 興奮の形で現れる。コンフォート・ゾーンの境界に近づくときは、自分がどんな感情面での試練を乗り越えようとしているのかに注意を払おう。

Chapter15で学んだ3段階の順応プロセスを思い出してほしい。コンフォート・ゾーンの端っこにいるとき、あなたはフェーズ2の「なじみはあるが不快」という状態にいる。ここであなたは、自分のスキルや知識の限界を押し広げながら、快と不快の微妙な境界線をまたごうとしている。

子どもは自然に、心地よいことと心地よくないことの境界線を、時間をかけて探検している。そこから、コンフォート・ゾーンの境界線を徐々に押し広げていくのだ。よちよち歩きの子どもを公園に連れていくと、その過程をたやすく観察できる。子どもにとって、親はコンフォート・ゾーンの象徴だ。親がそばにいるとわかっていれば、子どもは探検を始めるが、必ず親のもと――心地よさと安心の源――に戻ってくる。親がそこにいると確信していればいるほど、子どもは勇敢に世の中を探検できる。

たびたび考えてしまう。なぜ人は年を重ねるにつれて、コンフォート・ゾーンの端っこで心地よさを感じなくなるのだろう？　なぜ多くの人は、「成長は心地よさからは絶対に生まれない」と信じてしまうのだろう？

コンフォート・ゾーンの外縁部で過ごすのを心地よく感じ始めると、コツコツ行動できるようになり、心の中にわずかな変化が生じて、少しずつコンフォート・ゾーンを拡大できる。成長は、コンフォート・ゾーンの端っこで起こる。ここはとてもパワフルな場所だ。この場所で過ごすのを楽しめるようになれば、人生を拡大する能力も桁違いに高まる。

この場所を探検するときは、自分が遭遇する感情をなだめるために、どんなことをしているかに注意を払うこと。もしかしたら、ソーシャルメディアをチェックすることで、緊張をほぐそうとしているかもしれない。あるいは、やるべきことを先延ばしすることで、「自分は力不足だ」という気持ちをごまかしているかもしれない。テレビを観ることで、「私には価値がない」という思いをやわらげているかもしれない。それがどんな行動であれ、自分が何をしているか、その行動の裏にはどんな感情があるのかを書き留めよう。

フローと成長をつぶす最大の要因は、心地よさではなく、むしろ気晴らしの行動だ。そうした行動は、環境（周りの人たち、広告、同居人、スマホ）や自分自身（自分の思考、思い込み、行動）によって引き起こされている。

コンフォート・ゾーンをさらに深く探ったり、コンフォート・ゾーンの限界を広げたりしているとき、人はいとも簡単に気晴らしの行動に屈してしまう。この2つのエリア――コンフォート・ゾーンの中心部と外縁部――で過ごせば過ごすほど、それぞれのエリアになじんで、長く留まれるようになる。

この2つのエリアにいるときに、気晴らしの行動を排除するか、それに屈しずにいられれば、いつでも好きなときにフローに入り、そこに留まり、成長できるよう自分をトレーニングし始めるはず。コンフォート・ゾーンの2つのエリアを極めれば、魔法を得た気分になるだろう。自分に備わる創造し拡大する能力に、意図的に、たやすくアクセスできるようになるからだ。

ゾーンの中を行き来してみる

日々の活動をこなしながら、自分のコンフォート・ゾーンの端っこに近づいてみよう。新しい健康食品を試す、毎日の運動メニューを変える、新しいカフェに行く、知らない人に挨拶する、大切な人に正直だが心のこもった手紙を書く、ボランティアをする、新しいスキルを学ぶ、新たな目標を設定する、といったことで端っこに近づけるだろう。慣れない活動に取り組むことで、自分がどんな気分になるかに気づこう。どんな瞬間に、プレッシャーやストレス、緊張、恐れ、不安、混乱を感じるだろう？　コンフォート・ゾーンを離れ、サバイバル・ゾーンに足を踏み入れた瞬間に気づくだろうか？　すでに与えられたどのツールを使えば、コンフォート・ゾーンに戻れるだろう？

コンフォート・ゾーンに入り、そこに留まって成長していくためには、自分の感情を理解し、自分の行動を観察する必要がある。コンフォート・ゾーンに身を置くのはどんな感じかを知れば知るほど、そこで時間を過ごし、ささやかな変化でコンフォート・ゾーンを広げ、人生を拡大していくのが簡単になるだろう。

あなたが成し遂げたこと

Chapter21はここまで！　コンフォート・ゾーンで暮らしていれば、必ず成長する。コンフォート・ゾーンのどこで成長とフローが起こるのかに気づけば、意図的にその状態に足を踏み入れられるから、拡大を次のレベルに引き上げられる！　意図的に、自由自在に成長し、フローに入れるようになれば、わくわくした人生を送れるだろう。これは、最高に楽しみながら、驚くほどの成功を手に入れられる、素晴らしい方法なのだ！

あなたはすでに、とことん心地よい状態で、望み通りの人生を創造できる、すべてのツールを手にしている。だから、最終章では、これまでに学んだことを簡単にまとめて、世界中が心地よい状態で成功していくための、私なりのビジョンをお伝えしたいと思う。今日ここにあるすべてのものは、かつては夢だったものではないだろうか？　この本で一緒に大きな夢を見て、一緒に勢いよく目的地を目指していこう。では、始めよう！

「フローと成長をつぶす最大の要因は、
心地よさではなく、むしろ気晴らしの行動だ。」

Chapter 22

心から「大好きな人生」を極めるために

コンフォート・ゾーンは、危険地帯《デンジャー・ゾーン》ではない。**そこはあなたが成長し、人生を極めるための本物のタネが見つかる場所**だ。私がこの本を書いたのは、みんなに伝えたかったからだ――無理をしてコンフォート・ゾーンの外で活動しているときは、自分自身や自分の幸せ、自分の人生を危険にさらしている、と。

雪山の頂上に登って、急な坂をスキーで滑り降りようとしている自分をイメージしてほしい。スキーができる人なら、真っ白な雪原を見渡し、樹々の間を蛇行できることにわくわくするだろう。スキーで滑降することがコンフォート・ゾーンの内側にあるから、楽しくてうきうきするし、生きている実感や満足感が得られる。山で危険を感じるどころか自信にあふれ、怖がるどころか爽快感すら覚えるだろう。

ところが、スキーの経験がないなら、雪に覆われた美しい山を見ても、激しい不安に襲われるだろう。両足を長くて平べったい棒にしばりつけられ、不自由で危険すら感じるはずだ。いったん坂道を滑りだすと、どんなにゆっくり進んでも、パニックに陥るだろう。勢いがつけばつくほど、恐怖が全身を駆けめぐって、地面にたたきつけられる衝撃に備えて身構えずにはいられない。この状況だと、スキーはコンフォート・ゾーンの外側にあるから、即座に恐怖体験に変わる。

このわかりやすい事例が示しているのは、コンフォート・ゾーンという概念がなぜこうも大切なのかだ。スキーでうまく滑るコツを知らなくても何ら恥ずかしくないように、人前で話すこと、子どもを持つこと、ビジネスを始めること、数学を理解することなど、あなたが達成したいけれど、コンフォート・ゾーンの外側にあることに不安を覚えるのは、まったく恥ずかしいことではない。それどころか、本書で学んだように、夢やコンフォート・ゾーンをめぐって抱えている恥や罪悪感や批判を手放すのが早ければ早いほど、コンフォート・ゾーンのパワーに足を踏み入れ、夢に向かって歩きだすのも早くなる。

もう一度、スキーにたとえてみよう。スキーが今、コンフォート・ゾーンの外側にあるなら、それを自分の経験に取り込む方法を見つければ、順応できる。たとえば、スキーリゾートに旅をする、スキーのレッスンを受ける、初心者コースで練習する、などだ。雪に覆われた平坦な場所でスキーを履いて、しばりつけられた感覚に慣れるまでゆっくり動き回るのも一案だ。みんながスキーをする様子を観察したり、ほかのスキーヤーがいろんな状況でどんなことをしているのか、尋ねてみたり。オンラインでスキーの動画を観るのもお勧めだ。

簡単かつ安全な方法で、スキーを人生に取り込んでいくうちに、順応が起こり始める。心と身体がスキーの仕組みを理解し始めると、スキーがどういうもので、どんな感じで、どんなふうに滑ればいいのかがわかってくるだろう。

人生で一度もスキーをしたことがないなら、おそらくやらないだろうし、絶対にやってはいけないのは、リフトで山頂に登って、1人でエキスパートコースを滑り降りようとすること。これは、「成功したいなら、無理をしてでもコンフォート・ゾーンの外に出なくちゃダメ」という社会の誤った言いつけを守って、みんながしていることによく似ている。「エンジン全開でジャンプすべきだ。失敗したって大丈夫。それも成長の一環だから」。そう耳にしている。でも、スキーを学ぶのにこのアドバイスに従っても、絶対に成功しない。それどころか、恐ろしい体験をして、人けがをするばかりか、命も失いかねない。

それでも、「コンフォート・ゾーンは、夢が死ぬ場所だ」「コンフォート・ゾーンはデンジャー・ゾーンだ」という社会のメッセージに耳を傾けていたら、そういう無鉄砲で効果のない戦略を検討してしまうかもしれない。だから、「コンフォート・ゾーンは、自分がイキイキと生きて、成功できる場所だ」という信念を、ぜひ身につけてもらいたい。

「コンフォート・ゾーンは、危険地帯《デンジャー・ゾーン》ではない。
そこはあなたが成長し、
人生を極めるための本物のタネが見つかる場所だ。」

あなたは成功するために生きている

人は本来、夢を追いかけているときは、安心し、自信にあふれているはずだ。必要などんなスキルも、サポートを受けてさくさく学べるはずだから、人生のあらゆる状況で成功できるはずなのだ。成功とは、コンフォート・ゾーンで、望み通りの人生を極めていくこと。

おそらく、コンフォート・ゾーンの外で生きるという決断のほとんどは、スキーで難関コースを滑り降りるほど、今すぐ命に関わるものではない。それでも、サバイバル・ゾーンや自己満足ゾーンで生きる、心理的・生理学的影響はバカにできない。すでにお話ししたように、社会にまん延している激しいストレスやストレス性疾患の多くは、コンフォート・ゾーンの外ではなく中で生きることを優先し始めたら、軽くなり、消えていく可能性がある。

ここまでついてきてくれた人は、人生において、すでにコンフォート・ゾーンで生きるメリットを味わってくれているのではないかと思う。それによって、自分自身との関係を深め、自分の好みを明らかにして尊重し、将来のビジョンを磨き、ストレスをやわらげ、自分の幸せを大切にしてくれていたらうれしい。

コンフォート・ゾーンで生きることとは、基本的に、1人の人間として深く自分自身を知ること。そうすれば、自分の価値観や欲求を大切にし、自分の好みを表現して、恥の意識や制限なしに、自分の望みを追求できる。コンフォート・ゾーンで生きることは拡大することであり、同時に、肉体を超えた自分自身をさらに深く探求すること。つまり、自分の魂とつながって、自分の真実で自分の心をつくることなのだ。自分らしく生きることに失敗するはずがない、と知っていれば、心が解放されるだろう。

コンフォート・ゾーンで生きている人は、自分が成長したい分野で自身をサポートすることで、人生を拡大していく。あなたの望みが新しいスポーツを学ぶことでも、富を築くことでも、望みに順応することで目標に近づいていける。「ほしいものを持っていないのは、恥ずかしいことじゃない。自分のコンフォート・ゾーンにまだ取り込んでいないだけ」。そう知れば、心からホッとするだろう。この美しい場所で暮らし、創造していけば、心地よくて自然なことを徐々に拡大し、自分が望むあらゆるものを人生に取り込んでいける。

考えてみると、命は本来、あらゆる欲求に応えてもらえる、安全で温かい環境に宿るのが理想だ。誕生するときも、世話をし、守り、教え、あらゆる欲求に応え、ひたすら愛情を注いでくれる、優しい人たちの腕に抱かれているのが理想だ。人は本来、コンフォート・ゾーンに宿り、コンフォート・ゾーンに生まれ落ちるのではないだろうか。


この本で私は、コンフォート・ゾーンを重要なパートに分け、なるべく多くのツールを提供してきた。あなたがコンフォート・ゾーンに足を踏み入れ、そこに留まれるように。それが、「心地よい状態をつくるためのプロセス」「SEEピラミッド」「順応と足場かけ」「拡大自己」「コンフォート・ゾーン・ビジョンボード」「アファメーション」「パワー・スタンス」といったツールの目的だ。27個の「練習」は、単独でも、組み合わせても、自分のコンフォート・ゾーンを明らかにし、磨きをかけ、またそこに戻るのに役立つだろう。

さて、すべてのツールと練習に目を通した今、コンフォート・ゾーンを拡大する練習2「あなたはいま、どのゾーンにいる?」(P92)に戻ることをお勧めする。もう一度質問を読み、本書を読み進める中で自分の答えがどう変わったのかを確認しよう。あなたは今、どのゾーンにいる? この練習問題には、いつでも好きなときに、何度でも取り組んで、自分の心地よさの状態をチェックしてほしい。

また、この本を常に手元に置いておくことをお勧めする。サバイバル・ゾーンや自己満足ゾーンにつるりと足を滑らせたことに気づいたら、そのたびに本を取り出して、関連の章を読み返し、1つか2つ練習をして、自分をそっとコンフォート・ゾーンに戻してあげてほしい。

さらにサポートが必要なら、パワー・オブ・ポジティビティのコミュニティに連絡を取るか、こちらを訪問してほしい（https://thecomfortzonebook.com/resources）。私たちがそばにいるから！

人生は一人旅じゃない

さて、心地よく生きる人生とは、どんな感じなのだろう？

コンフォート・ゾーンで長く過ごせば過ごすほど、そこで生きることに取り組めば取り組むほど、安心感と自信と創造力が高まる。すると、あなたのコンフォート・ゾーンは拡大していく。絶えず新しいバージョンの自分に進化しているうちに、あなたのアイデンティティも変化していくだろう。

そんなふうに生きることは、自分自身と近しい人への最高のプレゼントだ、と私は信じている。

外の世界には、あなたが変化して、まったくの別人になりつつあるように見えるだろう。その変化を受け入れて、新しいあなたやあなたの歩みを喜んでくれる人もいる。彼らは、今までと違うどんなことをしているのか、あなたがなぜ自信にあふれ、心穏やかに見えるのか、どうすれば自分もあなたのように成長できるのか、知りたがるだろう。そしてあなたが、コンフォート・ゾーンでの気づきを伝えると、顔をパッと輝かせるはずだ。彼らも心のどこかで、「自分をコンフォート・ゾーンから追い出すのが、本当に正しいのだろうか？」と疑っていたのだ。それでも、世の中に合わせて、「とにかくサバイバル・ゾーンで生きなくちゃ」というプレッシャーを感じていたのだろう。

この新しい自分を、ほかの人たちにどう説明すればいい？　彼らはどう考えるだろう？　あなたがそう自問する理由が、私にはよくわかる。私もそうだったから。お勧めなのは、「人生でコンフォート・ゾーンに留まることの意味を、定義し直したの」と相手に伝えて、「人生の3つのゾーン」を紹介すること。これは、意外とすんなり受け入れてもらえる。とはいえ、まったく理解してもらえない場合もあるけど、それでいいのだ。あなたは誰かを変えるために生きているわけではない。誰もがそれぞれの旅をしている。本当の自分でいれば、他人が本当の自分でいることも許せるようになる。周りに何より影響を及ぼすのは、自分の光を輝かせるような生き方をすること。出会うべき人たちは、必ずあなたの人生に引き寄せられてくるだろう。そして、誰かがそうでなかったとしても、自身の道を歩んでもらえばいいのだ。

おそらくコンフォート・ゾーンで生きる最大のプレゼントの1つは、自分の人生の旅を受け入れることで、他人の人生の旅も受け入れて、尊重できるようになること。他人を変えようとせず、その人が今いる場所を認められたら、相手をコンフォート・ゾーンから追い出す、もう1つの力にならずにすむ。これがパワフルなのは、「今いる場所で大丈夫」と感じることが「コンフォート・ゾーンにいても大丈夫」と気づく第一歩だからだ。次の一歩をコンフォート・ゾーンに踏み出すのかそうでないのかは、100パーセントその人次第だ。それは、本人に任せなくてはならない選択なのだ。

あなたや私にできる最善のことは、自分のコンフォート・ゾーンで暮らし、成功するとはどういうことかを、行動で示すことだ。人は毎日、自分で選ぶことができる。自分自身と自分の好みを大切にするのか、それとも、無視するのかを。

実は、それほど単純な話なのだ。自分を大切にする習慣が身につけば、本書で紹介したツールを自然と使えるようになり、安心、自信、信頼、自己表現、喜びを育める。罪悪感を覚えることなく、ごく自然に自分の境界線を明らかにし、それをはっきり伝えることができるようになる。すると、おのずと状況や他人をコントロールしようとは思わなくなる。そして、ごく自然に、ほしいものをすべて持っている拡大自己に順応し始める。

コンフォート・ゾーンで味わう信頼、自信、安心感は、心の奥で「この人生は一人旅じゃない」

と知っていれば、さらに揺るぎないものになる。私たち一人一人の中には、人生を効率よく、不思議な形で導いてくれる、偉大な知性が宿っている。コンフォート・ゾーンにいれば、この知性とつながれる。だから、どのように夢がかなうのかについての細かいこだわりを手放せば手放すほど、夢がすばやくかなうのだ。コンフォート・ゾーンで出会った人や出来事、チャンス、アイデアが、あなたの成長を加速させてくれる。

ネットで何かを注文し、届くのを待っているときは、どのように届くのか、心配したりしない。どんな車やトラックや飛行機や船に乗ってくるのか、今誰の手元にあるのかなんて、気にならないだろう。ならば、どのように夢がかなうのかなんて、気にしなくてよくない？ コンフォート・ゾーンで生きていたら、外へ出て、注文したものを追跡しなくちゃ、なんて思わなくなる。安全な心の家で、ひらめきを頼りに心地よい行動を取っていれば、そのうち望んだものが届くだろう。ほしいものはすでに自分のもので、今こちらに向かっている、と知っているから、どんなパッケージに包まれていようが、どんなふうに届こうが、別に構わないのだ。至るところで奇跡に出会う心づもりをしていれば、うれしいことに、奇跡がしょっちゅう舞い込むようになる。

人生は常に広がり、大きくなっていく。あなたも常に、さらに素晴らしいバージョンのあなたへと進化している。この世のすべてのものは、拡大の途中なのだ。宇宙でさえ、拡大し続けている。拡大することは万物の本質だから、あなたの本質でもある。本当の自分と調和した――自分にとって自然で心地よい——生き方を選べば、あなたは拡大するようにできている。喜びを生み出せば生み出すほど、あなたはさらに多くの喜びを生み出すだろう。コンフォート・ゾーンで生きれば、そうした生命の絶え間なく美しい拡大の一翼を、担うことができる。

コンフォート・ゾーンは喜びをもたらす一番の場所

では、誰もがコンフォート・ゾーンで生きたら、世の中はどうなるのだろう?

ほんの少し、想像してみてほしい。コンフォート・ゾーンで生きることを100パーセント極めたら、あなたの人生はどうなるだろう? 安心して世の中に姿を現している自分を、イメージしてみよう。誰に対しても愛情を込めて、はっきりと自分を表現できているはずだ。自信があるからあらゆる夢を追いかけられるし、自分や世の中を信頼しているから恐れや疑いを抱くこともないし、「私には価値がある」と感じているから、どんな幸せがやってきても、すでに自分のものだから、丸ごと受け入れられるだろう。

では、家族や友人も同じ生き方をしている姿を思い描いてみよう。友達、妻、夫、きょうだい、親、いとこ、おば、おじをはじめ、家族や親戚が1人残らず安心し、心のバランスを保ち、「愛されている」と感じ、自信を持っていたら? みんなが突然、危険や不安を感じなくなったら、人間関係はどう変わるだろう？　彼らの人生の恐れや疑念が、深い帰属感や信頼に変わったら、家族の集まりはどう変わるだろう？　家族全員が自分の幸せを大切にし、心地のよい落ち着いた気分を優先させたら、それぞれがどんな姿を見せてくれるだろう？　彼らが自分の願いや好みや境界線を、愛情と広い心を持って明確に表現できたとしたら？　彼らが自分の身体や心や魂の幸せを大切にしたら？　彼らが自分の健康や健全な人間関係を優先させたとしたら？

　では、あなたの家族や友達のように、世の中のすべての人が、自身のコンフォート・ゾーンで生きたら、世の中はどう変わるだろう？　誰もが「愛されている」と感じ、心に満足感と安心感を抱いていたら、自分と違っている人たちにどんな行動を取るだろう？

　世界一疑り深い人でさえ、「私にとって、人生はいつもうまくいっている」と信頼し始めたとしたら？　停滞し、鬱や不安状態の中で生きていた人が、心の平和を見出し、心地よくてやりがいのある人生を生み出したい気持ちになったとしたら？

　すべての国のすべての街に住むすべての人が、「あなたにとって自然で楽しいことに力を入れていい」という許可をもらったら、世界規模の話し合いはどう変わるだろう？　世界のリーダーたちが、恐れやエゴや疑念にがんじがらめになるのをやめて、自分の権力や価値を常に行動で証明しなくちゃ、という思いから解放されたら、どんな姿を現すだろう？

地球上のすべての人が、そんなふうに生きたら実現できる、パラダイスを目にする日が来るだろうか？

そんな未来を思い描く私は、おめでたい理想主義者に見えるかもしれないけれど、私自身はそう思っていない。

私たちが生きる世界は、壮大で複雑だけど、結局のところ、個人で構成されている。マクロの健全性がミクロの健全性を映し出しているのは、人体の健康が身体を構成している個々の細胞の健康を反映しているのと同じだ。細胞が健康であればあるほど、身体は健康になる。私たち個人が穏やかな気分でいればいるほど、世の中はどんどん平和になっていく。

「コンフォート・ゾーンで生きていい」と自分に許可を出すのは、自分を愛する行為だけれど、これは社会運動でもある。自分の人生だけでなく、自分が出会うすべての人の人生の質を改善できるのだから。コンフォート・ゾーンで生きていると、暗闇から抜け出す方法を模索している人たちの灯台になれる。世の中に対するあなたの影響力は、たとえソーシャルメディアのフォロワーが5千万人いなくたって、計り知れない。あなた個人が起こす波及効果によって、あなたが見たい変化を、世の中に起こすことはできるのだ。

ちなみに、私のオンライン視聴者の数が5千万人を超えているのは、私がコンフォート・ゾーンで生きることを選んだからだ。パワー・オブ・ポジティビティは、この決断から生まれた。このコミュニティの成長は、私が安心できて、心地よく、わくわくする道を一貫して選び続けてきた結果なのだ。

この本を書いたのは、**あなたにもコンフォート・ゾーンで生きてほしい**からだ。コンフォート・ゾーンでは、自分のパワーの真の源にアクセスできる。この生き方をすれば、サバイバル・ゾーンや自己満足ゾーンに自分を追い込んでいる何百万人もの人たちより、パワフルになれる。一定数の人がコンフォート・ゾーンで生きれば、地球の健康にも、社会の幸福にもとてつもない影響を及ぼすだろう。私たちが共に生み出すつながりは、どんどん広がっていく。この本のアイデア自体が、私のコンフォート・ゾーンで、ひらめきや愛、喜び、フローから生まれたものだから。

私の人生も、あなたの人生と同じように、永遠に変化し続ける。コンフォート・ゾーンで生きることによって、あなたは人生の経験を、自分にとってもほかの人にとっても心地よいものに変えていける。自分の才能を開花させ、自分に成功する許可を与えられる。

あなたには価値があるし、あなたは愛され、支えられている。そして、あなたには、最高に楽しい人生を生きる資格がある。私はあなたに、そして世の中のすべての人に、そんな人生を送ってほしい。誰もが最高の人生を生きる姿を見たいのだ。ここでひとまず、あなたにバトンを渡すので、ぜひみんなを先導してほしい。

輝き続けよう！

資料《リソース》

心地よく生きることを目指すあなたの旅をサポートするために、無料のガイドつきリソースをご用意している。本書では、いくつかのエピソードを慎重に選んで紹介したが、下記のサイトでは、すべてのリソースを読むことができる（https://www.thecomfortzonebook.com/resources）。

謝辞

ある友人が以前、こんな知恵を授けてくれた。「それぞれの人がドアのカギを持っていて、君のために開けてくれるんだ。君1人ではなかなか開けられなかったドアをね」。この賢い友人はジョナサン・ブランクで、私は彼の言葉を一生忘れないだろう。この本は、彼が語った真実を証明している。私を助けてくれたそれぞれの人が、特別でユニークな何かを持ち、さらに素晴らしい本になるよう、それを提供してくれた。この本はコンフォート・ゾーンがフルに稼働した、その成果なのだ。

表紙には私の名前があるし、10年ほど前にアイデアを出したのは私だけれど、私を信じ、支え、コンフォート・ゾーンで生きることで、どのように成功したのかを整理して、言葉にするのを助けてくれた、驚くほど有能な多くの人たちに感謝している。この本を製作している間も、コンフォート・ゾーンで生きることに共感してくれる優秀なスタッフを探している間も、ずっと導かれていたと感じる。一人一人がこの本を形にするために、常に全力を尽くしてくれた。パラダイム・シフトを起こすこの概念を世に送り出すのに手を貸してくれた、みなさんのサポート、シンクロニシティ、励まし、天才的な創意工夫に、私は深く感動している。パワー・オブ・ポジティビティと同じように、このムーブメントも私自身よりも大きなものだ。特別な感謝を捧げたいと思う。

まずは、この本を書くために必要な時間と献身を理解してくれた家族に、感謝しなくてはいけない。夫のクリスは、私の最大のサポーターでいてくれる。私が、長年社会に受け入れられてきた常識に逆らって生き、創造し、成功することを恥ずかしく思っていた当初も、ずっと味方でいてくれた。執筆中は、2人の娘、オーロラとエヴリンも、常に敬意と愛情を持って、この本と向き合うための時間と自由をくれた。一緒に楽しくティーパーティーをしたり、公園で遊んだりするたびに元気をもらって、また執筆に戻ることができた。娘たちの話を本書に盛り込むことにしたのは、2人が歩けるようになったり、新しいことに挑戦したり、コンフォート・ゾーンでわくわく情熱を持って人生を楽しんだりしている姿を見ていたからだ。みんな、本当にありがとう。大好きだよ！

次に、同じく忘れてはならないのは、今や私の優しい友人であり、『The Comfort Zone』の原稿執筆に協力してくれた、ピース・アンリーシュド社のエリー・ショジャ。エリー、あなたは、私が一緒に仕事をしてきた人たちの中でも、とびっきりクリエイティブで、几帳面で、才能のある人。最初から、あなたが常識を破って、思うがままに好きな人生を生きることに、私に負けないくらい熱心なところが大好きだった。この2年間、数えきれないほどの時間をかけて、私を助けてくれてありがとう。協力的かつ「やる気にさせてくれる存在」でいてくれる仕事ぶりに、心から感謝している。クリエイティブな文章力も編集力も素晴らしく、プロジェクトを最後までやり抜く意欲も、たぐいまれなものだった。私とこの本のパワーを信じてくれたことに、感謝でいっぱいだ。私は神さまの導きを信じているけれど、もし運というものがあるなら、私たちが出会って一緒に仕事ができたのは、私が幸運だから。ありがとう、エリー。あなたは唯一無二の存在だ。

また、この本を形にしてくれた、ヘイ・ハウスの素晴らしいチームにも、果てしない感謝を捧げたい。リード・トレイシー、『The Comfort Zone』を信じてくれてありがとう。素晴らしいパートナーシップに感謝している。常に優しく支え、ひらめきをくれたパティ・ギフトにも、大きなハグと感謝を贈りたい。出会った瞬間に「歓迎されている」と感じさせてくれたことは、とても大きかった。この本に深く関わり、執筆中ずっと編集やアドバイスをしてくれてありがとう。ヘイ・ハウスの担当編集者であるアン・バーセルにも、深く感謝している。彼女の強烈な編集を喜んで受け入れたのは、常に的を射ていたからだ。あなたの誠実さと、編集の各段階で、私が言うべきことを絶妙に引き出してくれたユニークな手法には、感謝してもしきれない。ヘイ・ハウスのチームのほかのメンバーにも、感謝を捧げたい。ミシェル・ピリー、トリシア・ブライデンサル、パティ・ナイルズ、ローラ・グレイ、サラ・コット、モリー・ランガー、イヴェット・グラナドス、マリーン・ロビンソンをはじめとしたみなさんのサポートに、心から感謝している。

それから、素晴らしい才能の持ち主で、経験豊富なニュー・パラダイム・リタラリー・サービス社のナンシー・マリオットにも、最終校正でアドバイスをもらった。ここでも、シンクロニシティが起こって、タイミングよくご縁をもらい、一緒に仕事をすることができた。

そして、「本はうまくいってる?」と繰り返し尋ねてくれた友達や家族にも感謝している。そのチェックとサポートに、執筆中、大いに助けられた。また、この13年間私を支え、パワー・オブ・ポジティビティの活動をサポートしてくれているディミトラ・ハグルーにも、特別な感謝の気持ちを伝えたい。素晴らしい友人であるあなたを、私は家族のように信頼し、ソウル・シスターだと思っている。また、ヴェックス・キングがくれた励ましや親切な言葉、さらにはヘイ・ハウスに紹介してくれたことに、言葉にならないほど感謝している。あなたは本当に優しくて、人々を元気づけるポジティブな魂を持っている。ありがとう! 私の大切な優しい友人でありコーチでもあるクリオナ・オハラにも、セルフイメージのワークを共にしてくれたことに感謝している。あなたの直感は常に的確で、思いやりと愛情のこもった有意義なアドバイスを、いつもはっきりと口にしてくれる。ローレン・メジャーズにも、その友情とサポートと、私の使命を信じてくれることに感謝の意を表したい。あなたの愛、アドバイス、励まし、才能は、執筆中ずっとうれしい驚きをくれた。

また、本書の各パートで手を貸してくれたパワー・オブ・ポジティビティのチーム・メンバーと個人事業主《インディペンデント・コントラクター》のみなさん──クリス・バトラー、ブラニスラヴ・アレクソースキー、デイヴィッド・パパニコラウ、サーハット・オザルプ、ステファニー・ウォレス──にも感謝している。

そして最後に、あなた、そう、今この本を読んでくれているあなたに、とくに感謝を捧げたい。あなたのサポートと、個人としての成長を目指すひたむきさに感謝している。私たちが出会ったのには、きっと理由があるはず。これからも、ずっとつながっていよう！

私と一緒に旅をしてくれているすべての人へ。人としての成長と地球の向上に、これほどの強さやパワー、愛、忍耐力を示してくれるみなさんは、何て素晴らしい仲間なのだろう！

著者について

クリステン・バトラーの使命は、地球を向上させること！

クリステンは「パワー・オブ・ポジティビティ（ＰＯＰ）」の創設者兼ＣＥＯで、『3 Minute Positivity Journal（未邦訳：3分間のポジティブ日記）』を著したベストセラー作家だ。２００９年にどん底を経験し、ポジティブなパワーを使って立ち直ったあとに、ＰＯＰを立ち上げた。

クリステンは１９９８年以降、ソーシャルメディアとジャーナリズムの分野で研鑽《けんさん》を積んできた。人々が気分を高め、脳をトレーニングし、人生を改善するのをサポートすることに情熱を注いでいる。自然が大好きで、ノースカロライナ州のブルーリッジ山脈の奥深くに、夫と娘たちとモコモコの子どもたちと暮らしている。趣味は、ハイキング、勉強、執筆、健康とフィットネス、旅行、ヴィーガン栄養学だ。

クリステンは多くの分野で、劇的に人生を変え、人々の力になりたい、と強く願っている。

オンラインやソーシャルメディアで、ぜひ彼女とつながってほしい（https://www.thecomfortzonebook.com/resources)。

Development.html

足場かけ　ダン・カヴァラーリ(2022年)「ヴィゴツキーの足場かけとは何か?」(Practical Adult Insights／2022年10月31日) https://www.practicaladultinsights.com/what-is-vygotskys-scaffolding

1970年代の神経科学者たち　「自己肯定理論」[Encyclopedia.com(International Encyclopedia of the Social Sciences)／日付不明]　https://www.encyclopedia.com/social-sciences/applied-and-social-sciences-magazines/self-affirmation-theory

Chapter **17**

神経系　オープンスタックス・カレッジ「神経系の各部分」(『General Psychology (未邦訳：一般心理学)』セントラルフロリダ大学プレスブックス刊／日付不明) https://pressbooks.online.ucf.edu/lumenpsychology/chapter/parts-of-the-nervous-system/

瞑想とマインドフルネスの調査　アメリカ国立補完統合衛生センター (2022年)「瞑想とマインドフルネス：知る必要があること」(アメリカ保健福祉省／2022年6月) https://www.nccih.nih.gov/health/meditation-and-mindfulness-what-you-need-to-know

Chapter **7**

扁桃体　ケリー・J・レスラー（2010年）「扁桃体の活動、恐れ、不安：ストレスによる影響」（Biological Psychiatry 67, no. 12: pp. 1117–1119／2010年6月15日）https://doi.org/10.1016/j.biopsych.2010.04.027

闘争・逃走（闘うか逃げるか）　「闘争・逃走反応」（Psychology Tools／日付不明）https://www.psychologytools.com/resource/fight-or-flight-response/

ブレネー・ブラウン（2021年）『Atlas of the Heart（未邦訳：心の地図帳）』（ニューヨークのランダムハウス刊）

ジル・ボルト・テイラー『奇跡の脳――脳科学者の脳が壊れたとき』（新潮社／2012年）

Chapter **11**

パラダイム・シフト　タニア・ロンブローゾ「そもそもパラダイム・シフトとは何か？」（NPR／2016年7月18日）https://www.npr.org/sections/13.7/2016/07/18/486487713/what-is-aparadigm-shift-anyway

Chapter **12**

価値のタグづけ　タラ・スワート「価値のタグづけとは何か？」（Psychology Today／2019年10月14日）https://www.psychologytoday.com/us/blog/faith-in-science/201910/what-is-value-tagging
ジェード・シュピオニの「企業のトップは、成功のためにこのビジュアライゼーションのコツを活用している――神経科学者が解説する、それがうまくいく理由」（CNBC／2019年11月22日）も参照のこと。https://www.cnbc.com/2019/11/22/visualization-that-helps-executives-succeed-neuroscientist-tara-swart.html

Chapter **13**

アファメーション　自己肯定《セルフ・アファメーション》は、自身に関する情報処理や報酬にまつわる脳のシステムを活性化し、未来志向によって強化される。クリストファー・N・カシオ他（2016年）「自己肯定は、自分に関する情報処理や報酬にまつわる脳のシステムを活性化し、未来志向によって強化される」（Social Cognitive and Affective Neuroscience 11 (4) : 621–629）https://doi.org/10.1093/scan/nsv136

ルイーズ・ヘイ（1984年）『改訂新訳ライフヒーリング』（たま出版／2012年）

Chapter **14**

RARE Method（レアな方法）　クリステン・バトラー『3 Minute Positivity Journal（未邦訳：3分間のポジティブ日記）』（ノース・カロライナ州アシュビルのパワー・オブ・ポジティビティ刊）

Chapter **15**

レフ・ヴィゴツキーの「発達の最近接領域」　ソール・マクリード（2019年）「発達の最近接領域と足場かけ」（Simply Psychology）https://www.simplypsychology.org/Zone-of-Proximal-

https://www.heartmath.org/articles-of-the-heart/the-math-of-heartmath/heart-brain-interactions/
「心拍のコヒーレンス」(Natural Mental Health／2020年2月13日)も参照のこと。https://www.naturalmentalhealth.com/blog/heart-rate-coherence

ジェームズ・クリアー『ジェームズ・クリアー式　複利で伸びる1つの習慣』(パンローリング刊／2019年)

ストレッチで筋肉をほぐす　「ストレッチの重要性」(2022年)［Harvard Health（ハーバード大学医学部)／2022年3月14日］https://www.health.harvard.edu/staying-healthy/the-importance-of-stretching

ソール・マクリード(2019年)「発達の最近接領域と足場かけ」(Simply Psychology) https://www.simplypsychology.org/Zone-of-Proximal-Development.html

Chapter **4**

クレイグ・W・エリソン、アイラ・J・ファイアストン(1974年)「信頼関係の構築は、自尊心・相手の地位・相手のコミュニケーションスタイルによって変わる」(Journal of Personality and Social Psychology, 29(5), 655–663) https://doi.org/10.1037/h0036629; https://psycnet.apa.org/record/1974-32307-001

ブレネー・ブラウン(2015年)「スーパーソウル・セッション：信頼の構造」(2015年11月1日) https://brenebrown.com/videos/anatomy-trust-video/

ジル・ボルト・テイラー『奇跡の脳――脳科学者の脳が壊れたとき』(新潮社／2012年)

Chapter **5**

教育に対する画一的なアプローチ　ニコラス・C・ドナヒュー(2015年)「画一的な教育をやめると、いかに不公平が解消されるか」(The Hechinger Report／2015年6月4日) https://hechingerreport.org/how-scrapping-the-one-size-fits-all-education-defeats-inequity/

私たちは、自分の言葉がどんなにパワフルで、自分の独り言がどれほど自分の経験を左右するのかを、見くびっている　「独り言」［healthdirect（政府による健康相談「ヘルスダイレクト・オーストラリア」）／2022年2月］https://www.healthdirect.gov.au/self-talk

Chapter **6**

魔法のような効果　ブルース・リプトン(2014年)『The Honeymoon Effect（未邦訳：ハネムーン効果)』(カリフォルニア州カールスバッドのヘイハウス刊)。次の動画も参照のこと。https://www.youtube.com/watch?v=JKe43Ak1y1c

アブラハム・マズローの「自己実現理論」　アブラハム・マズロー(1954年)『改訂新版 人間性の心理学――モチベーションとパーソナリティ』(産業能率大学出版部／1987年)

10月7日） https://www.psychologytoday.com/us/blog/finding-purpose/201810/what-actually-is-belief-and-why-is-it-so-hard-change

思い込み（信念体系）が、あなたの幸せや健康、充足感や成功を奪っている　スコット・マウツ（2019年）「ハーバード大学の心理学者が示す、あなたがいまだに自身に抱くリミッティング・ビリーフを変える方法」（Inc.／2019年3月1日） https://www.inc.com/scott-mautz/a-harvard-psychologist-shows-how-to-change-those-limiting-beliefs-you-still-have-about-yourself.html

マイケル・シャーマー『The Believing Brain: From Ghosts and Gods to Politics and Conspiracies—How We Construct Beliefs and Reinforce Them as Truths（未邦訳：信じやすい脳：幽霊や神から政治や陰謀まで——人はどのように信念を構築し、真実として強化するのか）』（ニューヨークのセント・マーティンズ・グリフィン刊／2012年）。A・C・グレイリングの「心理学：人はどのように信念を形成するのか」（Nature 474 (7352): 446–447／2011年）も参照のこと。https://doi.org/10.1038/474446a

なぜ思い込みをなかなか変えられないのか　アイメッド・ボウシュリカ（2022年）「なぜ事実で人の考えは変わらないのか、なぜ思い込みを変えるのはこうも難しいのか？」（Research.com／2022年9月30日） https://research.com/education/why-facts-dont-change-our-mind

Chapter **3**

本物の人間関係の構築・維持に苦労する　パメラ・S・ウィルジー（2021年）「本物のつながりを構築する」（Psychology Today／2021年8月24日） https://www.psychologytoday.com/us/blog/packing-success/202108/creating-authentic-connections

アメリカンドリーム　アダム・バローン（2022年）「アメリカンドリームとは何か？　その例と評価の方法」（Investopedia／2022年8月1日） https://www.investopedia.com/terms/a/american-dream.asp

燃え尽き症候群《バーンアウト》　アシュリー・エイブラムソン（2022年）「バーンアウトとストレスは至るところにある」（Monitor on Psychology／2022年1月1日） https://www.apa.org/monitor/2022/01/special-burnout-stress

セルフケアを優先しているか？　J・E・バーネット、L・C・ジョンストン、D・ヒラード（2005年）「倫理規範としての心理療法士《サイコセラピスト》の健康」（L・ヴァンクリーク、J・B・アレン編『Innovations in Clinical Practice: Focus on health & wellness［未邦訳：臨床業務のイノベーション：健康と幸福《ウェルネス》を重視しよう（pp.257–271）』に収録。フロリダ州サラソタのプロフェッショナル・リソース・プレス刊）

扁桃体　「自分の脳を知ろう：扁桃体」（Neuroscientifically Challenged／日付不明） https://neuroscientificallychallenged.com/posts/know-your-brain-amygdala

コヒーレンス　安心していると、身体的にも、心拍のリズムが安定《コヒーレンス》した状態になりやすいことは、アメリカのハートマス研究所が行った「心臓と脳の相互作用」という科学研究で明らかになっている。「心臓と脳の相互作用」［The Math of HeartMath（ハートマス研究所）／2012年10月7日］

原注

はじめに

鬱病と不安症の有病率　アンドリュー・デュガン(2021年)「世界のほぼ10人に4人が重度の鬱病や不安症にかかっている」(Gallup／2021年10月20日)
https://news.gallup.com/opinion/gallup/356261/serious-depression-anxiety-affect-nearly-worldwide.aspx

ヤーキーズ・ドットソンの法則(いわゆる「コンフォート・ゾーン」の起源)　ロバート・M・ヤーキーズ、ジョン・D・ドットソン(1908年)「刺激の強さと習慣形成の速さとの関係」(Journal of Comparative Neurology and Psychology, no. 18. ヨーク大学(カナダ)のオンラインリソース『Classics in the History of Psychology』に収録されている) https://psychclassics.yorku.ca/Yerkes/Law/

Chapter 1

「コンフォート・ゾーン」の定義　心理学者はコンフォート・ゾーンを、次のように定義している。「人が不安のない状態で活動する行動状態のこと。その領域では、たいていリスクを感じることなく、限られた行動を取り、一定レベルの力を発揮できる」。アラスデア・ホワイト(2009年)『From Comfort Zone to Performance Management (未邦訳:コンフォート・ゾーンから業績管理へ)』(ベルギー・ベジーティのホワイト&マクリーン・パブリッシング刊)

身体がシャットダウンする　クリスティン・ロー (2021年)「いかに働きすぎが、文字通り私たちを殺しているか」[BBCワークライフ(BBC) ／2021年5月19日] https://www.bbc.com/worklife/article/20210518-how-overwork-is-literally-killing-us

仕事の燃え尽き症候群《バーンアウト》　仕事のバーンアウトは、仕事絡みの特殊なストレスだ――身体や心が疲労状態に陥り、達成感が薄れ、アイデンティティの喪失感を覚える。メイヨー・クリニックのスタッフ(2021年)「仕事のバーンアウトの兆候を知ろう」[メイヨー・クリニック(Mayo Foundation for Medical Education and Research)／2021年6月5日]
https://www.mayoclinic.org/healthylifestyle/adult-health/in-depth/burnout/art-20046642

生産性や競争力を高め、頑張りすぎることが今のトレンドだ　ブリジッド・シュルト(2014年)『Overwhelmed: Work, Love, and Play When No One Has the Time (未邦訳:圧倒されて:誰もが時間がない時代の仕事・愛・遊び)』(ニューヨークのサラ・クライトン・ブックス刊)。ハンナ・ロージンの「あなたは自分で言うほど忙しくない」も参照のこと。(Slate／2014年3月23日)
https://slate.com/human-interest/2014/03/brigid-schultes-overwhelmed-and-our-epidemic-of-busyness.html

アメリカは世界一働きすぎの先進国だ　G・E・ミラー (2022年)「アメリカは世界一働きすぎの先進国だ」(20somethingfinance.com／2022年1月30日) https://20somethingfinance.com/american-hours-worked-productivity-vacation/

Chapter 2

信念《ビリーフ》／思い込みとは実は何なのかを理解する　ラルフ・ルイス(2018年)「信念《ビリーフ》／思い込みとは実は何なのか?　そして、なぜそれを変えるのはこうも難しいのか?」(Psychology Today／2018年

◉著者
クリステン・バトラー（Kristen Butler）
作家、ジャーナリスト。全世界で5000万人以上のフォロワーを持つオンラインコミュニティ「The Power of Positivity」の創設者兼CEO。幼い頃からパニック障害などに見舞われ続けた経験をもとに、ありのままの自分を大切にする考え方を伝授する「The Power of Positivity」を設立し、10年以上にわたって「人生をよく生きること」について考察してきた。アメリカ・ペンシルベニア州出身。

◉訳者
長澤あかね（ながさわ・あかね）
奈良県生まれ。関西学院大学社会学部卒業。広告会社に勤務したのち、通訳を経て翻訳者に。訳書に『メンタルが強い人がやめた13の習慣』（講談社）、『25年後のセックス・アンド・ザ・シティ』（大和書房）、『マルチ・ポテンシャライト　好きなことを次々と仕事にして、一生食っていく方法』（PHP研究所）などがある。

COMFORT ZONE
コンフォート・ゾーン　「居心地《いごこち》のいい場所《ばしょ》」でこそ成功《せいこう》できる
2024年9月30日　第1刷発行

著者　クリステン・バトラー
訳者　長澤あかね
発行者　宇都宮健太朗
発行所　朝日新聞出版
〒104-8011　東京都中央区築地5-3-2
電話　03-5541-8814（編集）
03-5540-7793（販売）
印刷所　大日本印刷株式会社

ISBN 978-4-02-332368-1